코로나19 바이러스
"친환경 99.9% 항균잉크 인쇄"
전격 도입

항균잉크란?

언제 끝날지 모를 코로나19 바이러스
99.9% 항균잉크(V−CLEAN99)를 도입하여 「안심도서」로
독자분들의 건강과 안전을 위해 노력하겠습니다.

시대교육그룹

Clean Zone

본 도서는 항균잉크로 인쇄하였습니다.

항균+
99.9%
안심도서

항균잉크(V-CLEAN99)의 특징

◉ 바이러스, 박테리아, 곰팡이 등에 항균효과가 있는 산화아연을 적용

◉ 산화아연은 한국의 식약처와 미국의 FDA에서 식품첨가물로 인증받아 **강력한 항균력**을
구현하는 소재

◉ 황색포도상구균과 대장균에 대한 테스트를 완료하여 **99.9%의 강력한 항균효과** 확인

◉ 잉크 내 중금속, 잔류성 오염물질 등 **유해 물질 저감**

TEST REPORT

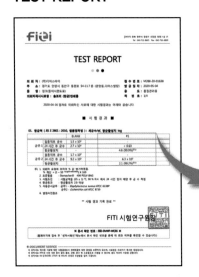

#1
-
< 0.63
4.6 (99.9%)주1)
6.3 x 10³
2.1 (99.2%)주1)

Clean Zone

🔆 시대교육그룹

대전도시철도공사

신규직원(일반직 · 공무직)채용

일반상식 + NCS + 무료동영상

Always **with you**

사람이 길에서 우연하게 만나거나 함께 살아가는 것만이 인연은 아니라고 생각합니다.
책을 펴내는 출판사와 그 책을 읽는 독자의 만남도 소중한 인연입니다.
(주)시대고시기획은 항상 독자의 마음을 헤아리기 위해 노력하고 있습니다.
늘 독자와 함께하겠습니다.

대전도시철도공사 신규직원채용, 합격의 문을 열어드립니다!

대전 시민의 행복을 실어 나르는 대전도시철도공사가 2021년 10월 원서접수를 시작으로 신규직원채용을 실시합니다. 채용의 규모는 일반직 10명과 공무직 76명 등 총 86명입니다. 대전광역시 공공기관 통합채용 홈페이지의 대전도시철도공사 게시판에서 상세한 채용일정과 내용을 살펴볼 수 있고 지원서 접수가 가능합니다.

필기시험과목은 일반상식과 NCS 직업기초능력평가, 직렬별 전공과목, 인성검사로 모집 직렬에 따라 다르게 출제하므로, 응시자들은 공고문을 자세히 살펴볼 필요가 있습니다. 최종 합격자는 통합채용 홈페이지 등을 통해 발표될 예정입니다.

이 한권만 보고 합격할 수 있도록 필요한 모든 내용을 정성껏 담았습니다!

본서는 대전도시철도공사 채용을 준비하는 수험생 분들이 확실하게 필기시험을 대비할 수 있도록 공기업 · 공공기관 최신기출 복원문제와 최신상식, 일반상식, NCS 직업기초능력평가를 엮어 한 권의 책으로 출간하게 되었습니다.

본서의 특징

첫 째 주요 공공기관에서 출제되었던 일반상식과 한국사 기출문제를 학습하며, 필기시험 유형을 파악할 수 있도록 했습니다.

둘 째 자주 출제되는 최신시사상식은 물론, 출제될만한 국제 수상 내역과 상식 용어 등을 한눈에 확인하기 쉽도록 정리해 낯선 시사분야도 쉽게 학습할 수 있습니다.

셋 째 주요 공공기관 필기시험에서 치러지는 NCS 직업기초능력평가 기출예상문제를 수록해, 시험 대비에 만전을 기할 수 있도록 했습니다.

대전도시철도공사 채용을 준비하는 수험생 여러분들이 본서를 통해 합격의 길로 나아가시길 바랍니다.

SD적성검사연구소 씀

이 책의 구성과 특징

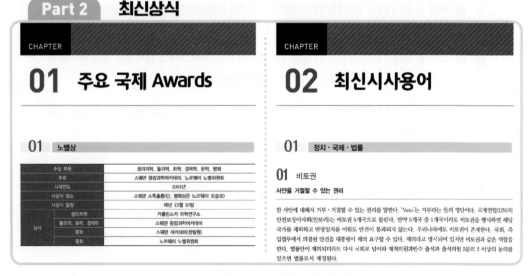

Part 1 최신기출복원문제

CHAPTER 01 주요 공공기관 일반상식 기출문제

01 정치 · 국제 · 법률

| 영화진흥위원회

01 다음 중 국회의 동의 없이 대통령이 임명할 수 있는 공직은?
① 국무총리
② 경찰총장
③ 대법원장
④ 헌법재판소장

해설
국회의 동의를 받아 임명해야 하는 직위에는 국무총리와 감사원장, 대법원장 및 대법관(16인), 헌법재판소장이 있다. 검찰총장과 경찰청장, 국세청장, 국가정보원장 등은 국회 인사청문을 거쳐 임명하게 된다.

CHAPTER 02 주요 공공기관 한국사 기출문제

| 서울공공보건의료재단

01 서울시 암사동, 황해도 봉산 지탑리, 경남 김해 수가리에 위치한 유적이 발견된 시기에 해당되는 유물은?
① 빗살무늬 토기
② 비파 모양 동검
③ 붉은 간토기
④ 세형동검

해설
신석기 시대 유물은 서울시 암사동, 황해도 봉산 지탑리, 경남 김해 수가리 유적에서 발견된다. 대표적인 유물로는 간석기와 빗살무늬 토기가 있다. ② · ③ · ④는 청동기 시대 유물이다.

주요 공공기관 일반상식 기출문제 / 주요 공공기관 한국사 기출문제

공공기관에서 가장 최근에 출제된 각 분야별 기출문제를 선별 수록하여 최신 출제경향을 한눈에 파악할 수 있도록 하였습니다. 또한 일반상식 출제분야 중 한국사 기출문제는 별도로 수록하여 빈틈없이 시험에 대비할 수 있도록 하였습니다.

Part 2 최신상식

CHAPTER 01 주요 국제 Awards

01 노벨상

수상 부문		생리의학, 물리학, 화학, 경제학, 문학, 평화
주최		스웨덴 왕립과학아카데미, 노르웨이 노벨위원회
시작연도		1901년
시상식 장소		스웨덴 스톡홀름(단, 평화상은 노르웨이 오슬로)
시상식 일정		매년 12월 10일
심사	생리의학	카롤린스카 의학연구소
	물리학, 화학, 경제학	스웨덴 왕립과학아카데미
	문학	스웨덴 아카데미(한림원)
	평화	노르웨이 노벨위원회

CHAPTER 02 최신시사용어

01 정치 · 국제 · 법률

01 비토권
사안을 거절할 수 있는 권리

한 사안에 대해서 거부 · 거절할 수 있는 권리를 말한다. 'Veto'는 거부라는 뜻의 영단어다. 국제연합(UN)의 안전보장이사회(안보리)는 비토권 5개국으로 불린다. 만약 5개국 중 1개국이라도 비토권을 행사하면 해당 국가를 제외하고 만장일치를 이뤄도 안건이 통과되지 않는다. 우리나라에도 비토권이 존재한다. 국회, 즉 입법부에서 의결된 안건을 대통령이 재의 요구할 수 있다. 재의라고 명시되어 있지만 비토권과 같은 역할을 한다. 법률안이 재의되더라도 다시 국회로 넘어와 재적의원과반수 출석과 출석의원 3분의 2 이상의 동의를 얻으면 법률로서 개정된다.

주요 국제 Awards / 최신시사용어

공공기관의 상식문제들은 일반상식은 물론이고 최신시사상식의 출제빈도도 높습니다. 하지만 매일 쏟아져 나오는 많은 이슈들을 다 공부할 수는 없기 때문에 단기간에 빠르게 학습할 수 있도록 꼭 필요한 최신상식만을 선별하여 정리하였습니다.

FEATURES

Part 3 분야별 일반상식 적중예상문제

CHAPTER

01 정치 · 국제 · 법률

01 선거에 출마한 후보가 내놓은 공약을 검증하는 운동을 무엇이라 하는가?
① 아그레망
② 로그롤링
③ 플리바게닝
④ 매니페스토

해설
매니페스토는 선거와 관련하여 유권자에게 확고한 정치적 의도와 견해를 밝히는 것으로, 연설이나 문서의 형태로 구체적인 공약을 제시한다.

02 전당대회 후에 정당의 지지율이 상승하는 현상을 뜻하는 용어는?
① 빨대효과
② 컨벤션효과

CHAPTER

03 사회 · 노동 · 환경

01 부자의 부의 독식을 부정적으로 보고 사회적 책임을 강조하는 용어로 월가 시위에서 1대 99라는 슬로건이 등장하며 1%의 탐욕과 부의 집중을 공격하는 이 용어는 무엇인가?
① 뉴바슴
② 노블레스 오블리주
③ 뉴리치현상
④ 리세스 오블리주

해설
노블레스 오블리주가 지도자들의 도덕의식과 책임감을 요구하는 것이라면, 리세스 오블리주는 부자들의 부의 독식을 부정적으로 보며 사회적 책임을 강조하는 것을 말한다.

02 도시에서 생활하던 노동자가 고향과 가까운 지방 도시로 취직하려는 현상은?
① U턴 현상
② J턴 현상
③ T턴 현상
④ Y턴 현상

공공기관 일반상식 시험에 자주 출제되는 적중예상문제를 엄선하여 분야별로 정리하였습니다. 문제를 풀며 전 범위의 상식 출제 형태를 점검하고 유형을 충분히 익힐 수 있도록 구성했습니다.

Part 4 NCS 직업기초능력평가

CHAPTER

02 수리능력

01 집에서 약수터까지 가는 데 형은 $\frac{1}{2}$ m/s로 걸어서 10분 걸리고, 동생은 15분이 걸린다. 두 사람이 동시에 집에서 출발하여 약수터를 다녀오는 데 형이 집에 도착했다면 동생은 집에서 몇 m 떨어진 곳에 있는가?(단, 약수터에서 머문 시간은 생각하지 않는다)
① 150m
② 200m
③ 250m
④ 300m
⑤ 350m

CHAPTER

04 정보능력

01 다음 중 빈칸에 알맞은 것은 무엇인가?

기업이 경쟁우위를 확보하기 위하여 구축, 이용하는 정시시스템. 기존의 정보시스템이 기업 내 업무의 합리화나 효율화에 역점을 두었던 것에 반하여, 기업이 경쟁에서 승리하여 살아남기 위한 필수적인 시스템이라는 뜻에서 _____ 이라고 한다. 그 요건으로는 경쟁 우위의 확보, 신규 사업의 창출이나 상권의 확대, 업계 구조의 변혁 등을 들 수 있다. 실례로는 금융 기관의 대규모 온라인시스템, 항공 회사의 좌석예약시스템, 슈퍼마켓(체인점) 등에서의 판매 시점관리(POS)를 들 수 있다. 최근에는 대외지향적인 전략시스템뿐만 아니라 기업 구조의 재구축을 위한 업무 재설계(BPR)와 같이 경영 전략을 수립하여 그에 맞는 정보시스템을 재구축하는 접근 방식을 채용하고 있다.

① 비즈니스 프로세스 관리(BPM; Business Process Management)
② 전사적자원관리(ERP; Enterprise Resource Planning)
③ 경영정보시스템(MIS; Management Information System)

직업기초능력평가 시험에서 출제될만한 기출예상문제를 유형별로 알차게 담아, 출제유형과 경향을 파악하고 대비할 수 있도록 하였습니다.

대전도시철도공사 신규직원 채용시험 시험안내

❖ 2021년 하반기 대전도시철도공사 채용 공고 기준

 ## 선발인원

❶ **직종** : 일반직(사무, 차량, 전기, 신호, 통신), 공무직(역무, 시설관리, 위생설비, 전동차정비, 미화, 경비)
❷ **인원** : 일반직 10명, 공무직 76명 등 총 86명

 ## 시험과목 및 방법

❶ **제1차 시험** : 필기시험

시험명		필기시험 과목	문항수
2021년도 하반기 대전도시철도공사 신규직원 채용시험	일반직	NCS, 전공, 인성검사 ※ 전공과목은 직렬별 상이	NCS 50문항, 전공과목별 20문항, 인성검사 210문항
	공무직	일반상식, 인성검사	일반상식 20문항 , 인성검사 210문항

※ 합격기준
  ⋯ 시험과목별(인성검사 제외) 40점 이상이며, 평균 60점 이상인 자 중 가산점을 적용한 평균점수 고득점 순서에 따라 선정, 다만, 취업 지원가산점은 시험과목별(인성검사 제외) 40점 이상인 경우 적용
  ⋯ 인성검사는 40점 미만 또는 부적격 판정 시 불합격(과락)
  ⋯ 합격결정 최저점수(소수점 둘째자리) 동점자는 모두 합격

❷ **제2차 시험** : 서류심사
• 응시자격 등 적격여부 심사(부적격자는 "불합격" 처리)
• 제출기한 내 미제출, 응시지원서 기재사항과 다르거나 증빙이 안 되는 경우, 가점내역을 높게 기재한 경우 "불합격" 처리
※ 공무직 미화 · 경비 서류심사 합격자는 체력 실기시험 별도 실시

❸ **제3차 시험** : 면접시험(일반직 : PT · 경험면접, 공무직 : 경험면접)
❹ **최종합격자 결정방법** : 필기시험 70% + 면접시험 30%

 ## 시험일정

원서접수	필기시험	서류심사	면접시험
9.29.(수)~10.19.(화) 18:00	11.7.(일)	11.16.(화) 14:00~11.18.(목) 18:00	• 일반직 : 11.26.(금) • 공무직 : 12.6.(월), 7(화)

응시자격(공통)

❶ 응시결격사유 등 : 공고일 2021.9.29. 기준으로 「공사 인사규정」 제11조(결격사유)에 의하여 응시자격이 정지되지 아니한 자

공사 인사규정 제11조

제11조(결격사유) 다음 각 호의 어느 하나에 해당하는 자는 직원으로 채용할 수 없다.
1. 피성년후견인과 피한정후견인
2. 파산자로서 복권되지 아니한 자
3. 금고이상의 형을 받고 그 집행이 종료되거나 집행을 받지 아니하기로 확정된 후 5년을 경과하지 아니한 자
4. 금고 이상의 형을 받고 그 집행유예의 기간이 만료된 날로부터 2년을 경과하지 아니한 자
5. 금고 이상의 형의 선고유예를 받은 경우에 그 선고유예 기간 중에 있는 자
6. 법원의 판결 또는 법률에 의하여 자격이 상실 또는 정지된 자
7. 징계에 의하여 파면의 처분을 받은 날로부터 5년을 경과하지 아니한 자
8. 징계에 의하여 해임의 처분을 받은 날로부터 3년을 경과하지 아니한 자
9. 「병역법」에 따른 병역의무자로서 병역기피의 사실이 있는 자
10. 「부패방지 및 국민권익위원회의 설치와 운영에 관한 법률」 제82조에 따른 비위 면직자 등의 취업제한 적용을 받는 자
11. 「성폭력범죄의 처벌 등에 관한 특례법」 제2조에 규정된 죄를 범한 사람으로서 100만원 이상의 벌금형을 선고받고 그 형이 확정된 후 3년이 지나지 아니한 사람
12. 미성년자에 대한 다음 각 목의 어느 하나에 해당하는 죄를 저질러 파면 · 해임되거나 형 또는 치료감호를 선고받아 그 형 또는 치료감호가 확정된 사람(집행유예를 선고 받은 후 그 집행유예기간이 경과한 사람을 포함한다)
    가. 「성폭력범죄의 처벌 등에 관한 특례법」 제2조에 따른 성폭력범죄
    나. 「아동 · 청소년의 성보호에 관한 법률」 제2조 제2호에 따른 아동 · 청소년대상 성범죄)

❷ 응시연령 : 일반직 및 공무직 역무 · 시설관리 · 위생설비 · 전동차정비는 18세 이상 60세 미만(2003년~1962년 출생자), 공무직 미화 · 경비는 고령자 친화직종으로 50세 이상 60세 미만(1971년~1962년 출생자)

❸ 학력 : 제한 없음

❹ 거주지 제한 : 다음 요건 중 하나를 충족하는 자
- 2021년 1월 1일 이전부터 최종시험일(면접시험)까지 계속하여 대전광역시에 주민등록상 거주하는 사람
- 2021년 1월 1일 이전까지 대전광역시의 주민등록상 주소지를 두고 있었던 기간을 모두 합산하여 총 3년 이상인 사람
- 공고일 이전까지 대전 소재 지방대학 또는 고등학교를 졸업한 사람

응시자 유의사항

❶ 응시원서접수 상의 기재 착오 또는 누락, 연락불능, 자격미비자의 응시, 거주지제한 미확인, 합격자발표 미확인 등은 응시자의 책임이므로 이를 확인하지 않았을 경우 본인에게 불이익이 될 수 있으며, 공고문을 통해 시험일정과 합격여부 등을 응시자 본인이 반드시 확인하시기 바랍니다.

❷ 필기시험 합격자는 반드시 필기시험 합격자 발표일에 안내하는 서류제출기간에 서류를 제출하여야 하며, 제출하지 않을 경우 면접시험에 응시할 수 없습니다.

※ 제출서류 : 이력서, 자기소개서, 경력 및 자격증명서(사본), 자격요건 검증을 위한 동의서, 기타 증빙자료 등(필기시험 합격자 공고 시 첨부된 서식 활용)

❖ 본 시험안내는 2021년 하반기 대전도시철도공사 신규직원 채용공고를 바탕으로 정리한 것입니다. 상세한 사항은 통합채용 홈페이지(http://daejeon.saramin.co.kr) 대전도시철도공사 게시판을 이용해 주시기 바랍니다.

이 책의 차례

CONTENT

Part 1	최신기출복원문제

CHAPTER 01 주요 공공기관 일반상식 기출문제 · · · · · · · · · · · · · · · 003
CHAPTER 02 주요 공공기관 한국사 기출문제 · · · · · · · · · · · · · · · 036

Part 2	최신상식

CHAPTER 01 주요 국제 Awards · · · · · · · · · · · · · · · · · · 057
CHAPTER 02 최신시사용어 · 064

Part 3	분야별 일반상식 적중예상문제

CHAPTER 01 정치 · 국제 · 법률 · · · · · · · · · · · · · · · · · 107
CHAPTER 02 경제 · 경영 · 금융 · · · · · · · · · · · · · · · · · 124
CHAPTER 03 사회 · 노동 · 환경 · · · · · · · · · · · · · · · · · 142
CHAPTER 04 과학 · 컴퓨터 · IT · 우주 · · · · · · · · · · · · · · 154
CHAPTER 05 문화 · 미디어 · 스포츠 · · · · · · · · · · · · · · · 166
CHAPTER 06 한국사 · 세계사 · · · · · · · · · · · · · · · · · · 182

Part 4	NCS 직업기초능력평가

CHAPTER 01 의사소통능력 · · · · · · · · · · · · · · · · · · · 203
CHAPTER 02 수리능력 · 220
CHAPTER 03 문제해결능력 · · · · · · · · · · · · · · · · · · · 231
CHAPTER 04 정보능력 · 244
CHAPTER 05 대인관계능력 · · · · · · · · · · · · · · · · · · · 249
CHAPTER 06 정답 및 해설 · · · · · · · · · · · · · · · · · · · 254

PART
1

최신기출복원문제

CHAPTER 01 주요 공공기관 일반상식 기출문제

CHAPTER 02 주요 공공기관 한국사 기출문제

01 주요 공공기관 일반상식 기출문제

01 정치 · 국제 · 법률

┃ 영화진흥위원회

01 다음 중 국회의 동의 없이 대통령이 임명할 수 있는 공직은?

① 국무총리
② 검찰총장
③ 대법원장
④ 헌법재판소장

해설

국회의 동의를 받아 임명해야 하는 직위에는 국무총리와 감사원장, 대법원장 및 대법관(16인), 헌법재판소장이 있다. 검찰총장과 경찰청장, 국세청장, 국가정보원장 등은 국회 인사청문을 거쳐 임명하게 된다.

┃ 부산교통공사

02 국가예산이 수반되는 법안을 낼 때 그 재원을 확보하는 방안도 함께 제출하는 것은?

① 네포티즘
② 치킨호크
③ 페이고 원칙
④ 추가경정예산

해설

페이고(Pay-Go)는 'Pay as you go(번만큼 쓴다)'의 약자로 국가의 예산이 쓰이는 입법을 할 때, 여기에 필요한 재정조달 방안도 동시에 입법할 수 있도록 법제화하는 것을 말한다. 국가의 재정건전성을 높이고 정부의 무분별한 재정예산지출을 방지하기 위함이다.

┃ 영화진흥위원회

03 미국에서 연 매출 10억달러 미만의 신생기업들의 기업공개 절차 · 규제를 대폭 간소화한 법률은?

① 산마리노법
② 잡스법
③ 실리콘밸리법
④ 휠러 · 리 개정법

해설

잡스법은 미국의 신생기업을 지원하기 위해 2012년 4월에 제정되었다. 'Jumpstart Our Business Startups Act'의 앞 글자를 따 '잡스법(JOBS Act)'이라고 칭한다. 잡스법에 따르면 연 매출 10억달러 미만의 신생기업들은 대기업에 적용되는 회계공시기준을 면제받을 수 있다. 또한 투자자금유치와 기업공개(IPO)에 대한 절차 및 규제도 대폭 간소화해 스타트업 기업이 증시에 진입할 수 있도록 통로를 크게 개방했다.

┃한국수력원자력

04 우리나라 헌법이 보장하는 기본권 중 하나로 안락하고 만족스러운 삶을 추구할 수 있는 권리는?

① 행복기본권   ② 평등권

③ 행복추구권   ④ 기본생활영위권

해설

행복추구권(幸福追求權)은 고통이 없는 상태나 만족감을 느낄 수 있는 상태를 실현할 권리를 말한다. 우리나라「헌법」 제10조는 "모든 국민은 인간으로서의 존엄과 가치를 가지며, 행복을 추구할 권리를 가진다"라고 규정하고 있다. 고통과 불쾌감이 없는 상태를 추구하며, 더 나아가 안락하고 만족스러운 삶을 영위할 권리이다. 행복추구권은 행동의 자유권과 인격의 자유발현권 및 생존권의 의미를 포함하고 있다.

┃한국디자인진흥원

05 각국 정부와 지도자의 연결이 맞지 않는 것은?

① 인도 – 나렌드라 모디 대통령

② 일본 – 스가 요시히데 총리

③ 미국 – 조 바이든 대통령

④ 영국 – 보리스 존슨 총리

해설

인도의 대통령은 람 나트 코빈드(Ram Nath Kovind)다. 인도는 의원내각제이기 때문에 대통령은 상징적인 존재이며 총리가 행정부 수반으로 실질적인 권력을 행사한다. 나렌드라 모디(Narendra Modi)는 인도의 총리이다. 인도 총리 중 5번째로 연임에 성공했으며 하층 카스트 제도 출신 중에 인도 총리까지 오른 첫 번째 인물이다.

┃한국보훈복지공단

06 다음 중 범죄와 형벌에 대해 미리 법률로서 정해놓아야 한다는 원칙은?

① 죄형법정주의   ② 특별법우선주의

③ 법률유보원칙   ④ 법률우위의 원칙

해설

죄형법정주의는 범죄와 형벌에 대하여 미리 법률로 정해놓아야 한다는 기본원칙으로, 법적 안정성을 보호하고 형벌권의 자의적 행사로부터 개인의 권리를 보장하기 위한 것이다.

| 폴리텍

07 다음 중 국교가 이슬람교가 아닌 국가는?

① 사우디아라비아   ② 예 멘

③ 터 키   ④ 파키스탄

해설

터키에서는 이슬람교가 가장 영향력 있는 종교이기는 하나, 1928년부터 헌법상으로 국교를 정하고 있지 않다. 또한 정치와 종교를 분리하는 세속주의 중심의 국가로서 공식적인 이슬람 국가는 아니다. 제도적으로 이슬람 국가임을 표방하는 국가에는 모리타니, 사우디아라비아, 아랍에미리트, 아프가니스탄, 예멘, 파키스탄, 이란, 이라크가 있다.

| 경기도공무직통합채용

08 예산안이 국회를 통과하지 못했을 때 국정상의 지장을 막기 위하여 1개월 내의 예산을 의회가 의결케 하여 잠정 편성하는 예산은?

① 준예산   ② 보정예산

③ 잠정예산   ④ 가예산

해설

가예산은 예산안이 의결되지 못한 때에 국정상의 지장을 막기 위하여 단기간에 걸쳐 잠정적으로 편성하는 예산이다. 최초의 1개월분으로 제한된다는 점에서 잠정예산과 차이가 있다.

| 폴리텍

09 다음 중 '쿼드'라고 불리는 4자 안보 대화에 포함된 국가가 아닌 것은?

① 호 주   ② 중 국

③ 인 도   ④ 미 국

해설

쿼드(Quad ; Quadrilateral Security Dialogue)는 미국, 일본, 인도, 호주로 구성된 안보협의체다. 2007년 당시 아베 신조 일본총리의 주도로 시작됐으며 2020년 8월 미국의 제안 아래 공식적인 국제기구로 출범했다. '법치를 기반으로 한 자유롭고 개방된 인도·태평양(FOIP ; Free and Open Indo-Pacific)' 전략의 일환으로 시진핑 중국주석이 이끄는 일대일로를 견제하기 위한 목적도 갖고 있다. 이 때문에 반(反)중국의 성격을 가지고 있는데, 당시 미국은 쿼드를 인도-태평양판 나토(NATO, 북대서양조약기구)로 추진했다.

10 1935년 미국에서 뉴딜정책의 일환으로 제정된 노동법인 '와그너법'을 수정ㆍ강화한 법의 명칭은?

① 클레이튼법

② 셔먼법

③ 산마리노법

④ 태프트–하틀리법

해설

태프트–하틀리법은 미국이 2차 세계대전 이후 기존의 '와그너법'을 수정하여 강화한 법률이다. 태프트–하틀리라는 명칭은 당시 법안을 발의한 의원들의 이름에서 따왔다. 현재까지도 시행되고 있는 현행법이며 노사간의 쟁의를 해결하기 위한 최종적인 수단이다. 노동자의 파업이 국가 경제에 심각한 위기를 초래할 경우, 이 법을 발동하면 대통령이 법원의 허가를 받아 노동자들이 직장에 복귀하도록 명령할 수 있다.

11 프랑스의 남동부에 위치한 세계에서 두 번째로 작은 국가는?

① 산마리노 공화국

② 리히텐슈타인 공국

③ 안도라 공국

④ 모나코 공국

해설

모나코(Monaco) 공국은 바티칸시국에 이어 세계에서 두 번째로 작은 나라다. 프랑스 남동부에 위치해 있으며 지중해를 접하고 있다. 전체 면적은 $1.9km^2$이며 인구는 3만명 정도 된다. 관광 휴양지로 유명하며 도박업이 성행하는 국가다.

12 여러 가지 죄가 동시에 형량에 적용되는 것을 의미하는 법률 용어는?

① 실체적 경합

② 상상적 경합

③ 포괄적 경합

④ 동시적 경합

해설

실체적 경합은 여러 가지 행위로 여러 가지의 범죄를 일으켜 이 범죄들이 동시에 형량에 적용되는 것을 의미한다. 가령 1월에 사기죄를 저지르고, 2월에 횡령죄를 저질렀다고 했을 때, 3월에 재판을 받게 되면 앞선 두 범죄가 한꺼번에 형량에 영향을 미치게 된다. 반면 상상적 경합은 한 가지 행위가 여러 가지 죄명에 해당하는 경우를 말한다.

▌경기도공무직통합채용

13 판결 이외의 재판인 결정, 명령에 대한 독립적인 불복신청은?

① 항 소   ② 상 고
③ 항 고   ④ 상 소

해설

① 항소(抗訴) : 지방법원의 제1심 종국판결에 대하여 제2심 법원에 하는 불복신청
② 상고(上告) : 판결에 대해 대법원에 상소하는 것
④ 상소(上訴) : 미확정인 재판에 대하여 상급법원에 하는 불복신청

▌폴리텍

14 다음 중 유로화를 국가통화로 도입하지 않은 국가는?

① 스위스   ② 포르투갈
③ 아일랜드   ④ 핀란드

해설

유럽연합의 단일화폐인 유로를 국가통화로 도입하여 사용하는 국가나 지역을 유로존(Eurozone)이라고 한다. 오스트리아, 핀란드, 독일, 포르투갈, 프랑스, 아일랜드, 스페인 등 총 19개국이 가입되어 있다. 스위스는 유로존에 포함되어 있지 않기 때문에 자국 통화인 스위스프랑을 사용한다.

▌한국보훈복지공단

15 다음 중 정치행정이원론에 대한 설명으로 옳은 것은?

① 엽관주의를 지향한다.
② 행정을 정치와는 다른 중립적이고 전문적인 업무로 본다.
③ 기능적 행정학이라고도 한다.
④ 정치가 정책 결정과 집행을 담당해야 한다고 본다.

해설

정치행정이원론은 미국의 28대 대통령이었던 우드로 윌슨(W. Wilson)이 1887년 발표한 논문에 등장한 개념이다. 정치와 행정을 구분하려는 것으로 정치는 정책 결정을, 행정은 정책의 집행을 담당해야 한다고 역설했다. 엽관주의를 지양하며, 행정을 정치와는 다른 중립적이고 전문적인 고유한 영역으로 보았다. 기술적 행정학이라고도 한다.

16 특정 정치인 또는 고위관료의 최측근에서 대변인 구실을 하는 사람을 뜻하는 말은?

① 퍼스트젠틀맨　　　　　　　　② 자이로콥터
③ 브래들리　　　　　　　　　　④ 스핀닥터

해설

스핀닥터(Spin Doctor)는 정치인과 고위관료의 곁에서 대변인처럼 행동하는 사람을 말한다. 스핀닥터는 정치적인 목적으로 여론을 조작하고 시민들을 기만한다. 여론을 의도하는 방향으로 유도하기 위해 관련 없는 사실들을 엮어 충격을 일으키기도 한다.

17 다음 중 현재 미얀마의 수도는?

① 양 곤　　　　　　　　　　　② 네피도
③ 만달레이　　　　　　　　　　④ 모니와

해설

미얀마의 수도는 네피도다. 2005년 수도를 양곤(Yangon)에서 핀마나(Pyinmana)로 이전한 뒤 2006년 네피도(Naypyidaw)로 명칭을 바꾸었다.

18 다음 중 형사소송에서 약식기소에 대한 설명으로 옳은 것은?

① 피의자가 저지른 범죄가 징역 또는 금고에 해당한다고 판단될 때 청구한다.
② 피의자가 구속 중인 경우에 약식기소를 청구하면 석방할 수 없다.
③ 약식기소에 의한 재판 시 피의자는 법정에 반드시 출석해야 한다.
④ 피의자와 피해자 모두에게 경제적이고 편리한 절차라 할 수 있다.

해설

약식기소는 피의자가 저지른 범죄가 징역이나 금고가 아닌, 벌금형에 해당된다고 판단될 때 검찰이 청구한다. 보통 재산형 재판에 해당하는 사건이 약식기소가 된다. 재판이 약식절차로 써면 진행되이 피의자는 재판에 출석하지 않아도 되고, 피의자가 구속 중인 경우에는 석방해야 한다. 가벼운 범죄의 소송·재판 절차를 간소화해 피의자와 피해자 모두에게 경제적이고 편리하다 할 수 있다.

02 경제·경영·금융

┃ 한국보훈복지공단

19 초지·삼림과 같이 공동체가 사용해야 할 자원을 시장에 맡기게 되면 자원의 고갈과 황폐화를 일으 키다는 이론은?

① 죄수의 딜레마

② 공유지의 비극

③ 침묵의 봄

④ 피구 효과

해설

공유지의 비극은 미국의 생태학자 개릿 하딘이 1968년 발표한 논문에서 등장한 이론이다. 모두에게 개방된 목초지가 있다면, 목동들은 자신이 가진 땅이 아닌 공유된 목초지에 소를 방목할 것이고, 그러면 목초지는 끝내 황폐화될 것이라고 설명했다. 이는 초지·삼림·지하자원과 같이 공동체 모두가 공유해야 할 자원들을 시장 원리에 맡겨두게 되면, 시장 구성원의 이기심 때문에 자원들이 남용되어 고갈되고 황폐화된다는 의미를 담고 있다.

┃ 천안시시설관리공단

20 경제지표 평가 시 기준·비교시점의 상대적 차이에 따라 결과가 왜곡돼 보이는 현상은?

① 분수효과

② 백로효과

③ 기저효과

④ 낙수효과

해설

기저효과는 어떤 지표를 평가하는 과정에서 기준시점과 비교시점의 상대적 수치에 따라 그 결과가 실제보다 왜곡돼 나타 나는 현상을 말한다. 가령 호황기의 경제상황을 기준으로 현재의 경제상황을 비교할 경우, 경제지표는 실제보다 상당히 위축된 모습을 보이고, 불황기가 기준시점이 되면, 현재의 경제지표는 실제보다 부풀려져 개선된 것처럼 보인다.

┃ 경기도공무직통합채용

21 한 제품을 여럿이 공유하는 협업소비를 통해 자원 활용을 극대화하는 경제활동은?

① 창조경제

② 공유경제

③ 구독경제

④ 상업경제

해설

공유경제(Sharing Economy)는 물품을 서로 대여하고 공유하여 협업소비를 하는 경제활동을 말한다. '에어비앤비', '쏘 카'처럼 자동차나 빈방 등 즉각 활용도가 낮은 물품 등을 다른 사람과 함께 공유함으로써 자원 활용을 극대화한다.

22 주식시장에서 개별종목 주가의 급변을 완화하기 위한 가격 안정화 장치는?

① 사이드카   ② 어닝쇼크

③ 서킷브레이커   ④ VI

해설

VI(Volatility Interruption, 변동성 완화장치)는 2014년 9월 1일부터 도입된 개별종목 주가의 급격한 변동을 막는 가격 안정화 제도다. 개별종목의 체결가격이 일정범위를 벗어날 경우 주가급변 등을 완화하기 위해 VI가 발동된다. 일반매매가 정지된 후 2 ~ 10분간 단일가 매매 및 임의연장 30초의 냉각기간을 진행한다.

23 친환경 정책을 바탕으로 새로운 부가가치를 창출하는 시장을 일컫는 말은?

① 그린오션   ② 블루오션

③ 레드오션   ④ 퍼플오션

해설

그린오션(Green Ocean)은 경제·사회·환경 분야에서 '지속 가능한 성장'을 달성하기 위한 핵심 개념으로, 친환경 정책을 바탕으로 새로운 경제적 부가가치를 창출하는 경영 전략이나 시장을 말한다. 레드오션(Red Ocean)은 이미 경쟁이 매우 치열한 특정 산업 내의 기존 시장을 말하고, 블루오션(Blue Ocean)은 아직 없거나 알려져 있지 않아 경쟁자가 없는 유망한 시장을 뜻한다. 퍼플오션(Purple Ocean)은 레드오션과 블루오션의 장점만을 활용해 새로운 가치의 시장을 만드는 경영전략이다.

24 10명 이하의 적은 인원이 작은 사무실이나 자택에서 근무하는 지적 소규모 사업장을 뜻하는 말은?

① 알티이(RTE)   ② 소호(SOHO)

③ 셈(SEM)   ④ 비피엠(BPM)

해설

소호는 'Small Office Home Office'의 약자로 작은 사무실이나 자택 등에서 1명 ~ 10명 정도의 소규모 인원이 일하는 사업장을 말한다. 아이디어와 전문성을 갖춘 인원이 첨단통신기기나 사무기기를 활용하여 비지니스를 주체적으로 전개한다. 정보통신기술의 발달로 적은 비용으로도 훌륭한 네트워크를 갖출 수 있게 되었고, 다운사이징 등의 경영혁신이 일어나면서 소호가 각광을 받고 있다.

▌ 부천문화재단

25 신용등급이 낮은 기업이 발행하는 고위험 채권을 가리키는 말은?

① 하이드리드채권 　　　　　　② 수쿠크

③ 후순위채권 　　　　　　　　④ 정크본드

> **해설**
>
> '정크(Junk)'는 '쓰레기'라는 뜻으로, '정크본드(Junk Bond)'는 쓰레기 같은 채권을 의미한다. 고위험·고수익 채권으로, 회사채 발행이 불가능한 신용도가 매우 낮은 기업이 발행한 채권이며 열등채라고도 부른다. 본래는 갑자기 경영 악화를 맞은 우량기업이 과거에 발행했던 채권을 일컫는 말이었다. 현재는 열등채나 성장 가능성이 높은 중소기업이 발행한 채권, 기업이 M&A를 하기 위한 자금 조달을 목적으로 발행한 채권 등을 의미한다.

▌ 부산교통공사

26 특정 저축은행들을 가리키는 88클럽에 대한 설명으로 맞는 것은?

① 저축은행을 강하게 규제하기 위한 제도다.

② 저축은행의 재정 건전성을 판단하는 지표로 활용된다.

③ 국제결제은행 기준 자기자본비율 8% 이하인 은행들에 해당한다.

④ 고정 이하 여신비율 8% 이상인 은행들에 해당한다.

> **해설**
>
> 88클럽은 국제결제은행(BIS) 기준 자기자본비율이 8% 이상이면서, 고정 이하 여신비율이 8% 이하인 우량 저축은행들을 말한다. 저축은행들에게 인센티브를 주기 위해 2005년에 만들어진 제도. 88클럽은 해당 저축은행이 재정적으로 건전한 지 판단하는 기준이 된다.

▌ 한국소비자원

27 수입품이 정상가보다 낮게 유통돼 국내제품에 타격을 주는 것을 방지하고자 부과하는 관세는?

① 덤핑관세 　　　　　　　　　② 반덤핑관세

③ 상계관세 　　　　　　　　　④ 차별관세

> **해설**
>
> 반덤핑관세는 덤핑을 방지하기 위하여 덤핑 상품에 매기는 징벌적인 관세를 말한다. 여기서 덤핑(Dumping)이란 국제 가격경쟁력을 위해 국내 판매 가격보다 낮은 가격으로 상품을 수출하는 것을 말한다. 이는 수입품이 국내 산업에 타격을 줄 수 있어 정상가격과 덤핑가격 사이에 차액 범위 내에서 반덤핑관세를 부과한다.

28 기업의 신제품이 기존 제품의 영역을 침범해 매출에 부정적 영향을 끼치는 것을 뜻하는 용어는?

① 사이니지

② 카니발라이제이션

③ 콘체른

④ 오픈 이노베이션

해설

카니발라이제이션(Cannibalization)은 '자기잠식효과'라는 뜻으로 식인풍습을 뜻하는 '카니발(Cannibal)'에서 유래했다. 기업에서 새롭게 출시한 제품 또는 기술이 그 기업의 기존 제품과 기술의 영역을 침범해 매출에 부정적인 영향을 끼치게 된다는 것을 의미한다. 매년 새롭게 출시되는 휴대전화처럼 비슷한 포지션에 놓인 기존 제품의 매출이 하락하고 사장되는 현상에서 카니발라이제이션을 발견할 수 있다.

29 기업이 담합행위를 자진으로 신고한 경우 처벌을 경감하거나 면제해주는 제도는?

① 신디케이트

② 엠네스티 플러스

③ 리니언시

④ 플리바게닝

해설

리니언시(Leniency)는 담합행위를 한 기업이 자진신고를 할 경우 처벌을 경감하거나 면제하는 제도로 기업들 간의 불신을 자극하여 담합을 방지하는 효과를 얻을 수 있다.

30 다음 중 마케팅믹스의 4C에 해당하지 않는 것은?

① Customer value(고객 가치)

② Communication(고객과의 소통)

③ Convenience(고객 편의성)

④ Credit(고객 신용)

해설

마케팅믹스는 성공적인 목표달성을 위해 마케팅에서 사용되는 여러 가지 방법들을 전체적으로 균형 있게 조정·구성하는 것을 말한다. 마케팅믹스에는 판매자(기업)의 관점에서 마케팅을 펼치는 4P가 있고, 구매자(고객)의 입장에서 생각하는 4C가 있다. 이 4C에 해당하는 핵심전략에는 Customer value(고객 가치), Customer cost(구매 비용), Convenience(고객 편의성), Communication(고객과의 소통)이 있다.

▌IBK기업은행

31 해외투자자들이 한국채권·주식을 거래할 때 금융자산을 대신 보관하고 관리해주는 서비스는?

① 브로커리지

② 랩어카운트

③ 커스터디

④ 백워데이션

해설

커스터디(Custody)는 '수탁'이라는 의미로, 금융자산을 대신 보관하고 관리해주는 서비스를 일컫는다. 해외투자자들이 우리나라의 주식 등을 매수할 때 자금과 주식을 관리해주고, 한편으로는 환전이나 주식 매매를 대행하기도 한다. 최근 암호화폐시장이 팽창하면서, 은행권에서는 가상자산에 대한 커스터디로까지 서비스의 영역을 넓히고 있다.

▌의정부시설관리공단

32 비금융기업이 자사의 상품과 서비스를 판매하는 과정에서 관련된 금융상품을 함께 제공하는 것은?

① 레드칩

② 프로젝트 파이낸싱

③ 그림자 금융

④ 임베디드 금융

해설

임베디드 금융(Embedded Finance)은 비금융기업이 자사의 플랫폼에 금융상품을 제공하는 핀테크 기능을 내장하는 것을 의미한다. 코로나19 팬데믹 이후 금융서비스를 비대면·모바일로 이용하려는 수요가 늘면서 임베디드 금융이 기업들 사이에 확대되고 있다. 테슬라는 자동차 시스템에 수집되는 정보로 운전자의 사고 위험과 수리비용을 예측하는 보험 서비스를 제공하고 있다.

▌부산교통공사, IBK기업은행

33 기업의 비재무적 요소인 환경·사회·지배구조를 뜻하는 경영 용어는?

① CSR

② ESG

③ CSV

④ CRM

해설

기업의 환경·사회·지배구조를 뜻하는 용어는 ESG다. 기업이 친환경적이고 사회에 공헌하며 투명한 경영구조를 유지하는 것이 기업의 장기적인 성장에 도움이 된다는 경영철학이다.

┃ 부산교통공사

34 매년 특정한 시점에 주식시장이 일정한 흐름을 보이는 것을 뜻하는 용어는?

① 다이어리 효과　　　　　　　　　② 시제 효과
③ 순환 효과　　　　　　　　　　　④ 캘린더 효과

해설
캘린더 효과(Calender Effect)는 매년 특정한 기간에 주식시장이 일정한 흐름을 보여주는 것을 말한다. '산타랠리', '1월 효과', '서머랠리' 등이 이에 해당한다. 산타랠리는 성탄절 즈음 소비심리가 상승하면서 이것이 주가에 영향을 끼친다는 것이고, 이 흐름이 이듬해 1월까지 이어진다는 것이 1월 효과다. 서머랠리는 여름철 휴가를 떠나기 전에 미리 주식을 매입하면서 주가에 변동이 발생한다는 의미다.

┃ 부천시공공기관통합채용

35 국가에서 통용되는 화폐의 액면가를 동일한 비율의 낮은 숫자로 변경하는 조치는?

① 리디노미네이션　　　　　　　　② 소프트패치
③ 테이퍼링　　　　　　　　　　　④ 스테그플레이션

해설
리디노미네이션(Redenomination)은 화폐의 가치적인 변동 없이 액면을 동일 비율로 하향 조정하는 것을 말한다. 경제 규모가 커지고 물가가 상승함에 따라 거래되는 숫자의 자릿수가 늘어나는 계산상의 불편을 해소하기 위해 도입한다.

┃ 영화진흥위원회

36 신기술에 대한 정보를 원천봉쇄하기 위해 특허출원을 하지 않는 전략은?

① 니블링 전략　　　　　　　　　　② 스키밍 전략
③ 갈라파고스 전략　　　　　　　　④ 블랙박스 전략

해설
블랙박스 전략은 신기술을 개발한 기업이 관련된 특허를 출원할 경우 경쟁업체가 이 기술을 참고하여 신기술이 공개되는 것을 막기 위해 아예 특허출원을 하지 않은 채 기술을 숨기는 전략을 말한다. 특허출원으로 인한 수입보다 자신들만이 보유한 기술력으로 시장에서 경쟁하는 것이 더 나은 효과를 얻는다는 판단에서 활용되고 있다.

03 사회·노동·환경

┃ 부산교통공사

37 상황조작을 통해 상대방의 판단력을 잃게 만들어 상대에 대한 지배력을 강화하는 심리적 학대방식은?

① 중상모략   ② 그루밍 범죄

③ 프레이밍   ④ 가스라이팅

해설

가스라이팅(Gaslighting)은 타인의 심리나 상황을 조작해 그 사람이 스스로를 의심하게 만들어 자존감과 판단력을 약화시킴으로써 타인에 대한 지배력을 강화하는 행위이다. 영국의 연극 〈가스등(Gas Light)〉(1938)에서 유래했다.

┃ 부산교통공사

38 한 개의 손가락에만 매니큐어를 바름으로써 아동학대의 근절을 표현하는 캠페인은?

① 폴리시드맨   ② 미닝아웃

③ 베리어프리   ④ 노멀크러시

해설

폴리시드맨(Polished man)은 호주의 비영리단체 YGAP가 기획한 아동학대 근절 캠페인이다. 캠페인에 참여하는 이들은 다섯 손가락 중 한 손가락에만 매니큐어를 바름으로써 폭력으로 고통 받는 어린이들에 대한 관심을 촉구한다. 이는 아동 다섯 명 중 한 명이 학대 피해자라는 호주의 통계를 근거로 정해진 것이다.

┃ 폴리텍

39 19세기 초 영국 노동자들이 생산기계를 파괴하는 등 자본가에 맞서 계급투쟁을 벌인 운동은?

① 차티스트 운동   ② 7월 혁명

③ 생디칼리즘   ④ 러다이트 운동

해설

19세기 초 산업혁명이 도래하고, 기계의 생산력이 인간을 능가하면서 수공업자들은 점차 도태된다. 수공업자들은 기계를 보유한 자본가의 밑에서 노동자로 살아갈 수밖에 없었는데, 수공업자들은 이 빈곤과 불행의 원인이 기계 때문이라 여기고 기계를 파괴하는 등 자본가에 맞서 계급투쟁을 벌인다. 이 운동을 러다이트 운동이라 부른다.

안심Touch

┃ 부산교통공사

40 네덜란드 정부를 상대로 낸 기후 변화 소송에서 승리한 환경단체는?

① 유넵엔젤   ② 지구의 벗
③ 우르헨다   ④ 그린피스

해설

네덜란드의 환경단체인 우르헨다(Urgenda) 재단은 지난 2015년 네덜란드 정부가 기후 위기로부터 국민들을 제대로 보호하지 못한다며, 이는 국가로서의 헌법상 의무를 위반한 것이라 주장하며 소송을 제기했다. 이 소송은 현지 대법원으로까지 진행됐는데, 2020년 12월 대법원은 네덜란드 정부가 기후 변화 위기로부터 시민을 보호할 의무를 다해야 한다며 우르헨다에게 최종 승소판결을 내렸다.

┃ 서울시공공의료재단

41 일할 의사가 있지만 일자리를 얻지 못해 일어나는 비자발적 실업의 형태는 무엇인가?

① 경기적 실업   ② 구조적 실업
③ 마찰적 실업   ④ 계절적 실업

해설

문제에서 말하는 실업의 형태는 '경기적 실업'이다. '구조적 실업'은 자본주의 경제구조의 변화에서 오는 실업형태로 산업부문간 노동수급의 불균형으로 발생하는 실업이다. '마찰적 실업'은 산업간 또는 지역간에 노동력이 이동하는 과정에서 일시적 수급불균형으로 인해 생기는 실업이며, '계절적 실업'은 어떠한 산업이 계절적으로 변동했기 때문에 일어나는 단기적인 실업을 말한다.

┃ 지방공기업평가원

42 산업현장의 수요충족을 위해 필요에 따라 임시직을 고용해 단기계약직이 확산되는 현상은?

① 임금피크제   ② 긱이코노미
③ 워케이션   ④ 쿠어츠아르바이트

해설

긱이코노미(Gig Economy)는 필요에 따라 정규직보다는 임시직이나 단기계약직 등이 인력을 고용해 산업현장의 수요를 충족하는 노동방식을 말한다. 최근 '배달의 민족'같은 온라인 플랫폼이 폭발적으로 성장하고, 코로나19의 영향으로 재택・비대면・온라인근무 등의 근로형태가 활성화되면서 긱이코노미에 대한 관심이 증대되고 있다.

▌ 화성시인재육성재단

43 '용광로'라는 뜻을 갖고 있으며, 다양한 민족과 문화가 융합 · 동화되는 현상을 뜻하는 용어는?

① 포지 효과　　　　　　　　　② 퍼니스 효과
③ 샐러드볼　　　　　　　　　④ 멜팅팟

해설

멜팅팟은 용광로 안에서 다양한 금속들이 융화되어 새로운 물질로 재탄생하는 것처럼, 다양한 민족과 문화가 융합되고 동화되는 사회 또는 현상을 말한다. 반면 샐러드볼은 같은 사회 안에 있더라도 민족이나 문화의 고유한 특징은 섞이거나 결합되지 않는 것을 뜻한다.

▌ 서울공공보건의료재단

44 다음 중 우리나라 법률에서 정하는 촉법소년의 연령은?

① 만 11세 이상 만 15세 미만
② 만 10세 이상 만 14세 미만
③ 만 14세 미만
④ 만 13세 미만

해설

촉법소년은 형법에 저촉되는 행위를 한 만 10세 이상 만 14세 미만인 소년, 소녀를 말한다. 형사책임능력이 없어 형사처벌을 받지 않고, 가정법원의 처분에 따라 보호처분을 받거나 소년원에 송치된다.

▌ 폴리텍

45 한 여성이 가임기간에 낳을 것으로 기대되는 평균 출생아 수를 설정한 지표는?

① 합계출생아　　　　　　　　② 평균출산율
③ 가임출산율　　　　　　　　④ 합계출산율

해설

합계출산율이란 인구동향조사에서 15 ~ 49세의 가임 여성 1명이 평생 동안 낳을 것으로 추정되는 출생아 명수를 통계화한 것이다. 한 나라의 인구 증감과 출산 수준을 비교하기 위해 대표적으로 활용되는 지표로서 일반적으로 연령별 출산율의 합으로 계산된다.

46 1930년대 미국의 남부 평원지역에서 일어난 먼지폭풍을 가리키는 말은?

① 더스트스톰

② 더스트템페스트

③ 더스트블라스트

④ 더스트볼

해설

더스트볼(Dust Bowl)은 1930년대 초반부터 미국 남부 평원지대를 휩쓸었던 먼지폭풍을 일컫는 말이다. 한치 앞을 분간할 수 없는 먼지 폭풍에 갇혀 있으면 마치 먼지 구덩이(Bowl) 속에 있는 것 같다고 해서 이러한 이름이 붙었다. 농부들이 본래 목초지였던 평원을 무분별하게 경작지로 갈아엎으면서 사막처럼 변했고, 여기에 가뭄이 겹치면서 거대한 모래폭풍이 발생한 것이다.

47 어떤 신념이나 규범에 거부감을 느끼나, 나를 제외한 다른 이들은 이를 기꺼이 따르고 있으리라는 잘못된 판단을 의미하는 사회학 용어는?

① 사회학적 상상력

② 다원적 무지

③ 합의성 착각

④ 집합의식

해설

다원적 무지는 특정한 규범이나 신념·이슈에 대해 거부감을 느끼고 지지하고 싶지 않으나, 나를 제외한 다른 이들은 이를 기꺼이 지지하고 있다고 오판하는 것을 가리킨다. 예를 들어 나는 직장의 회식 자리에서 음주하는 것을 원하지 않으나, 동료 직원들은 모두 음주를 즐기고 있다는 착각을 하는 것이다. 나는 동료의 비판이 두려워 음주하는 것에 이의를 제기하지 못하지만, 동료 직원들 가운데서도 음주에 거부감을 느끼는 이가 있을 수 있다는 생각을 하지 않는다.

48 다음 중 실존주의 철학자가 아닌 사람은?

① 하이데거

② 키에르케고르

③ 사르트르

④ 미셸 푸코

해설

실존주의는 보편적·필연적인 본질의 존재를 규정하는 기존철학에 대항하여 현실존재인 개개인의 삶과 자유를 강조하는 철학이다. 2차 세계대전 이후 20세기의 문학·예술을 포함한 사상운동으로 번지게 되었다. 실존주의의 대표 철학자는 하이데거, 사르트르, 키에르케고르, 니체 등이 있다.

▮ 경기도공무직통합채용

49 철저한 개인주의적 사고를 말하며, 자신에게 손해가 없다면 비록 그것이 타인과 사회에 악영향을 끼친다 하더라도 관심을 갖지 않는 현상은?

① 디터미니즘
② 노비즘
③ 노라이즘
④ 쇼비니즘

해설

노비즘은 철저한 개인주의에 인한 사고로 다른 사람이나 사회에 손해가 된다 하더라도, 자신에게 피해가 없다면 무관심한 현상을 말한다. 이웃집이나 공공장소에 쓰레기를 버리는 것은 괜찮지만, 나의 집 앞에 버리는 것은 용납하지 못하는 현상이 노비즘이라 할 수 있다.

▮ 의정부시설관리공단

50 다음 〈보기〉의 상황과 어울리는 효과는 무엇인가?

> **보기**
>
> A씨는 집 근처에 새로 생긴 카페의 외관이 이상하다고 생각했지만 매일 카페 앞을 지나다니고 익숙해지면서 카페에 호감을 갖게 됐다.

① 에펠탑 효과
② 콜로세움 효과
③ 피사의 사탑 효과
④ 바벨 효과

해설

에펠탑 효과는 첫인상은 좋지 않으나 자주 접하면서 호감을 갖게 되는 심리효과를 말한다. 프랑스 파리의 에펠탑이 처음 세워질 당시 파리의 많은 예술가와 시민은 거대한 철골구조물의 건립을 반대했지만 에펠탑에 익숙해지면서 점차 호감을 갖는 파리 시민의 모습에서 생겨난 용어다.

▮ 부천시공공기관통합채용

51 다음 중 경제적 자립을 통해 빠른 시기에 은퇴하려는 사람들을 일컫는 말은?

① 킨포크족
② 파이어족
③ 딘트족
④ 여피족

해설

파이어는 'Financial Independence, Retire Early'의 약자로 젊었을 때 극단적으로 절약한 후 노후자금을 빨리 모아 30대, 늦어도 40대에는 퇴직하고자 하는 사람들을 의미한다. 파이어족은 심플한 라이프스타일을 통해 저축금을 빨리 마련하고 조기에 은퇴함으로써 승진, 월급, 은행 대출 등의 고민에서 벗어나고자 한다.

52 다음 중 경제활동이 가능한 인구 가운데, 취업 상태가 불안정하고 불규칙한 인구를 뜻하는 말은?

① 경제적 과잉인구

② 제도적 과잉인구

③ 현상적 과잉인구

④ 정체적 과잉인구

해설

독일의 경제·사회학자인 칼 마르크스는 자본주의 사회에서 자본이 축적되고 생산기술이 고도화될수록 노동자의 일부는 과잉한 인구가 된다고 보았다. 자본이 발달할수록 잉여 노동자들도 뒤따라 발생하게 되는데 이들을 상대적 과잉인구라고 한다. 이 상대적 과잉인구 중 정체적 과잉인구는 노동 환경이 불안정하고 취업이 불규칙한 인구를 일컫는 말이다.

53 실제 일어날 가능성이 없는 일을 걱정하거나 막연한 불안감을 끊임없이 겪는 심리를 나타내는 증후군은?

① 스탕달 증후군

② 파랑새 증후군

③ 램프 증후군

④ 앨리스 증후군

해설

램프 증후군은 디즈니의 애니메이션 '알라딘'에서 램프를 문지르면 요정 '지니'가 나타나듯, 실제 일어날 가능성이 낮거나 먼 미래의 막연한 걱정거리로 끊임없이 불안감을 겪는 심리를 말한다. 의학용어로는 '범불안장애'라고 한다.

54 세계보건기구가 주관하는 '세계 보건의 날'은 언제인가?

① 4월 7일

② 5월 7일

③ 6월 7일

④ 7월 7일

해설

'세계 보건의 날'은 세계보건기구(WHO)의 헌장이 공식 발효된 날인 1948년 4월 7일을 해마다 기념하는 날이다. WHO는 보건위생 활동을 촉진하기 위해 이 날에 그해의 중점과제를 각국에 표어로 제시하고, 세계 각지에서 보건위생 활동을 위한 행사가 펼쳐진다.

04 국어·한자·문학

| 부산교통공사

55 다음 중 밑줄 친 단어의 맞춤법이 어긋나는 것은?

① 샛노란 개나리가 지천에 피어 있었다.
② 더 이상 문제의 초점을 흐리지 말아주세요.
③ 하루만에 머리가 하얗게 세어버렸다.
④ 청소를 해야 하니 쓰레받기를 가져오너라.

해설

'앞말이 가리키는 동안이나 거리'를 나타내는 말을 뜻하는 '만'은 의존 명사로서 '하루 만'으로 앞말과 띄어 써야 한다. '만'이 보조사로 쓰여 '한정', '비교'와 같은 뜻을 나타낼 때는 '너만 오너라.'와 같이 붙여 쓴다.

| 부산교통공사

56 다음에서 설명하는 시인으로 올바른 것은?

> 그의 시는 크게 세 시기로 구분된다. 첫 번째 시기에 그는 모더니즘의 영향을 받아 이미지를 중시하면서도 향토적 정서를 형상화한 순수 서정시의 가능성을 개척했다. 특히 그는 우리말을 아름답게 가다듬은 절제된 표현을 사용하여 다른 시인들에게도 큰 영향을 끼쳤다. 지금까지도 널리 사랑을 받고 있는 〈향수〉가 이 시기의 대표작이다. 두 번째 시기에 그는 가톨릭 신앙에 바탕을 둔 여러 편의 종교적인 시들을 발표했다. 〈그의 반〉, 〈불사조〉 등이 이 시기에 발표된 작품들이다. 세 번째 시기에는 전통적인 미학에 바탕을 둔 자연시들을 발표했다. 〈장수산〉, 〈백록담〉 등이 이 시기를 대표하는 작품들로, 자연을 정교한 언어로 표현하여 한 폭의 산수화를 보는 듯한 인상을 준다고 해서 산수시(山水詩)라고 불리기도 한다.

① 김소월
② 박목월
③ 조지훈
④ 정지용

해설

① 김소월 : 짙은 향토성을 바탕으로 한국의 전통적인 한을 노래했다.
② 박목월 : 자연과의 교감을 바탕으로 향토적 서정에 민요적 율조를 재창조했다.
③ 조지훈 : 전통의식과 민족의식을 바탕으로 식민지 치하의 아픔과 전쟁의 비극을 그렸다.

┃ 서울시공공의료재단

57 다음 단어 중 장음으로 발음되는 것은?

① 사과(沙果)
② 부자(父子)
③ 유서(類書)
④ 성인(成人)

해설
같은 책이라는 뜻의 '유서(類書)'는 [유:서]로 발음된다. 예로부터 전하여 내려오는 까닭과 내력이라는 뜻의 '유서(由緖)'가 단음으로 발음된다. ①, ②, ④는 모두 단음이다.

┃ 부산교통공사

58 다음 단어 중 표준 발음이 아닌 것은?

① 삼일절[사밀쩔]
② 솜이불[소미불]
③ 담요[담뇨]
④ 꽃잎[꼰닙]

해설
솜이불의 올바른 발음은 [솜니불]이다. 솜이불은 '솜'과 '이불'의 합성어로서, 앞 단어나 접두사의 끝이 자음이고 뒤 단어나 접미사의 첫음절이 '이, 야, 여, 요, 유'인 경우에는, 'ㄴ' 음을 첨가하여 [니, 냐, 녀, 뇨, 뉴]로 발음한다.

┃ 천안시시설관리공단

59 다음 24절기 중 여름에 해당하지 않는 것은?

① 망종(芒種)
② 백로(白露)
③ 대서(大暑)
④ 하지(夏至)

해설
백로는 9월 7일 ~ 8일경에 해당하며, 가을의 절기 중 이슬이 내리고 본격적으로 가을 기운이 만연하게 되는 시기를 가리킨다. 망종은 6월 6일경으로 보리가 익고 모를 심기 좋은 때, 대서는 7월 24일경으로 더위가 가장 심한 때를 의미하고, 하지는 6월 21일경 낮이 일 년 중 가장 긴 시기를 뜻한다.

┃ 폴리텍

60 다음 중 남북 분단과 관련된 작품을 쓴 작가와 작품이 바르게 연결된 것은?

① 채만식 – 태평천하
② 최인훈 – 광장
③ 염상섭 – 삼대
④ 박경리 – 토지

해설

최인훈의 〈광장〉은 1960년 11월 「새벽」에 발표된 작품으로 남북 분단 이후 극심한 이념의 대립 속에서 고뇌하는 주인공의 모습을 다루고 있다.
① 고리대금업자 윤직원 일가의 몰락과 해체 과정을 보여줌으로써 식민지 시대의 어두운 현실을 풍자한 작품
③ 조씨 집안의 삼대가 몰락해가는 과정을 통해 식민지의 현실을 사실적으로 묘사한 작품
④ 구한말과 일제강점기를 배경으로 쓴 최씨 가문의 일대기이자 민족사를 다룬 대하소설

┃ 경기도공무직통합채용

61 '출세하여 고향에 돌아간다'라는 뜻의 고사성어로 적절한 것은?

① 금의환향
② 입신양명
③ 일장춘몽
④ 군계일학

해설

① 금의환향(錦衣還鄉) : '화려하게 수놓은 비단옷'이라는 뜻으로 출세하여 고향에 돌아간다는 의미이다.
② 입신양명(立身揚名) : 출세하여 (부모의) 이름을 세상에 널리 드날림
③ 일장춘몽(一場春夢) : 한바탕의 봄꿈처럼 헛된 부귀영화
④ 군계일학(群鷄一鶴) : 많은 닭 가운데의 한 마리의 학이라는 뜻으로, 평범한 사람들 가운데 뛰어난 한 명의 인물

┃ 부산교통공사

62 다음 중 밑줄 친 단어의 표기가 잘못된 것은?

① 내일 <u>등굣길</u>에는 잠시 문구점에 들르자.
② 나이 서른에 벌써 <u>아랫니</u>의 절반이 틀니라니.
③ 빨갛게 물든 <u>나뭇잎</u>이 비로소 떨어지기 시작했다.
④ 우리 집 <u>윗층</u>에는 금슬 좋은 노부부가 산다.

해설

사이시옷은 합성어의 구성 요소 중 적어도 하나가 순 우리말일 때 쓴다. 뒤에 된소리나 거센소리로 시작하는 말이 오면 사이시옷을 쓰지 않는다. '윗층'이 아닌, '위층'으로 써야 맞다.

63 다음 문장의 밑줄 친 단어 중 공통된 한자가 쓰이지 않은 것은?

① 그 오류를 <u>수정</u>하려면 오랜 시일이 걸릴 것이다.
② 행사 일정을 <u>조정</u>해야 해서 골치가 아프다.
③ 오탈자가 <u>정정</u>된 부분은 반드시 공지해야 한다.
④ 아버지의 정원이 <u>단정</u>하게 가꾸어져 있었다.

> **해설**
>
> 수정(修整), 조정(調整), 단정(端整)에는 공통적으로 '整(가지런할 정)'이 쓰였다. 잘못을 고쳐서 바로잡는다는 뜻의 '정정(訂正)'은 바로잡을 정(訂)과 바를 정(正)자가 쓰인다.

64 소설에서 작가의 사상이 직접 드러나며, 독자의 상상적 참여가 제한되는 서술 시점은?

① 1인칭 주인공 시점
② 전지적 작가 시점
③ 1인칭 관찰자 시점
④ 작가 관찰적 시점

> **해설**
>
> 전지적 작가 시점에서는 작품 밖 서술자가 인물의 내면과 사건에 대한 모든 것을 알고 서술하게 된다. 작가의 사상과 인생관이 직접 드러나고, 작품에 대한 독자의 상상적 참여가 제한되는 시점이다.

65 발 들여놓을 데가 없을 정도로 많은 사람들이 꽉 들어찬 경우를 비유적으로 이르는 속담은?

① 거미는 작아도 줄만 잘 친다
② 입추의 여지가 없다
③ 벼룩도 낯짝이 있다
④ 바늘구멍으로 하늘 보기

> **해설**
>
> '입추(立錐)의 여지가 없다'는 속담은 '송곳 끝도 세울 수 없을 정도'라는 뜻으로, 발 들여놓을 데가 없을 정도로 많은 사람들이 꽉 들어찬 경우를 비유적으로 이르는 말이다.

┃ 서울시공공의료재단, 서대문구도시관리공단

66 한글창제 당시에 자음과 모음의 개수로 적절한 것은?

① 자음 19자, 모음 11자
② 자음 17자, 모음 11자
③ 자음 19자, 모음 21자
④ 자음 17자, 모음 10자

> **해설**
> 훈민정음(訓民正音)은 '백성을 가르치는 바른 소리'라는 의미로 1443년(세종 25년) 음력 12월, 세종대왕(世宗大王)이 창제하고 3년 뒤인 1446년(세종 28년) 음력 9월에 반포한 우리나라 글자이다. 창제 당시 28자로 만들어졌으며 자음 17자, 모음 11자이다. 이중 현재까지 쓰이는 것은 자음 14자, 모음 10자이다.

┃ 부천문화재단

67 다음 중 30세를 한자로 이르는 말은?

① 이립(而立)
② 종심(從心)
③ 약관(弱冠)
④ 지학(志學)

> **해설**
> 30세는 한자어로 이립(而立)으로 지칭하며, 모든 기초를 세우는 나이라는 의미이다. 종심(從心)은 70세, 약관(弱冠)은 20세, 지학(志學)은 15세를 가리킨다.

┃ 부산산업과학혁신원

68 다음 중 외래어표기법이 모두 맞는 것은?

① 랍스터 – 워크숍 – 꽁트
② 네비게이션 – 프로젝트 – 도우넛
③ 리더십 – 재즈 – 커닝
④ 글래스 – 토너먼트 – 미스테리

> **해설**
> 낱말 끝에 오는 [ʃ], [tʃ]는 '시, 치'로 적어야 한다. 따라서 '리더쉽'이 아니라 '리더십'이 맞다. 또 파열음은 된소리로 표기하지 않는다. '째즈'가 아니라 '재즈'가 맞다. 또 Com-(Con-)은 단어의 강세에 따라 '코' 혹은 '커'로 발음된다(첫 음절에 강세가 있으면 'ㅗ'로, 두 번째 음절에 강세가 있으면 'ㅓ'로 씀). 따라서 '컨닝'이 아니라 '커닝'이 맞는 표현이다.

05 　문화 · 미디어 · 스포츠

┃부평구문화재단

69 다음 중 발달장애인이 출전하는 올림픽의 명칭은?

① 핸딜림픽　　　　　　　　　　　② 데플림픽
③ 스페셜올림픽　　　　　　　　　④ 패럴림픽

> **해설**
> 스페셜올림픽은 지적장애인과 자폐성 장애인 등의 발달장애인을 위한 국제 스포츠 대회다. 1968년에 시작되었고, 4년마다 하계 · 동계대회를 개최한다. 세계대회는 미국 워싱턴에 본부가 있는 국제스페셜올림픽위원회가 주관하고 있다.

┃한국디자인진흥원

70 다음 동계올림픽 종목 중 가장 늦게 정식으로 편입된 것은 무엇인가?

① 알파인스키　　　　　　　　　　② 스피드 스케이팅
③ 바이애슬론　　　　　　　　　　④ 루 지

> **해설**
> 루지가 1964년으로 가장 늦게 편입되었다. 스피드 스케이팅은 1924년, 바이애슬론은 1960년에 편입되었으며, 알파인스키는 1936년 정식 종목으로 채택되었다.

┃부평구문화재단

71 다음 중 스포츠 팀의 전체 소속 선수의 연봉 총액에 상한선을 두는 제도는?

① 드래프트　　　　　　　　　　　② 트라이아웃
③ 샐러리캡　　　　　　　　　　　④ 웨이버 공시

> **해설**
> 샐러리캡(Salary Cap)은 팀에 소속된 전체 선수의 연봉 총액에 상한선을 두는 제도로 미국프로농구협회(NBA)에서 먼저 도입됐다. 스포츠 스타들의 몸값이 과도하게 상승하는 것을 막아 구단이 적자로 운영되는 것을 방지하고, 부유한 구단들이 유명 선수를 독점하여 구단끼리의 격차가 지나치게 벌어지는 것을 막기 위함이다.

┃서대문구도시관리공단

72 다음 중 조선 초기의 화가인 안견의 작품에 해당하는 것은?

① 미인도　　　　　　　　　　　　② 단오풍정
③ 몽유도원도　　　　　　　　　　④ 파적도

해설

〈몽유도원도〉는 안견이 안평대군의 꿈에 등장한 무릉도원을 바탕으로 그린 그의 대표적인 작품이다. 〈미인도〉와 〈단오풍정〉은 신윤복의 작품이며, 〈파적도〉는 조선 후기의 화가 김득신이 그렸다.

┃ 광주관광재단

73 1957년 젊은 기자들이 창립하여 현재는 중견 언론인들로 조직된 언론 연구 · 친목단체는?

① 한국언론인협회   ② 한국기자협회
③ 관훈클럽   ④ 한국언론정보학회

해설

관훈클럽은 1957년 언론의 자유를 확립하고 언론인들의 공동이익과 친목을 도모하기 위해 창립된 언론인의 모임이다. 창립 당시에는 일선의 젊은 기자들이 활동을 주도했으나, 현재는 중견 언론인들로 구성되어 있다. 정치 · 경제인이나 학계 주요 인사들을 초청해 관훈토론회을 여는 것으로 유명하다.

┃ 천안시시설관리공단

74 정체불명의 영국 예술가로 몰래 작품을 만들고 사라지기로 유명한 인물은?

① 닉 워커   ② 오베이 자이언트
③ 크래시   ④ 뱅크시

해설

뱅크시는 베일이 싸인 영국의 미술가이자 그래피티 아티스트로 사람들이 보지 않을 때 몰래 작품을 남기고 사라지는 것으로 유명하며, 정확한 실체는 거의 알려지지 않았다. 그의 작품은 주로 블랙유머와 반전주의, 진보주의를 표방하고 있다.

┃ 광주관광재단

75 캐나다의 문화비평가 마셜 맥루한이 제시한 개념으로서 풍부한 정보 전달량을 지녔고, 정보를 수용하는 이의 낮은 참여가 요구되는 미디어는?

① 침묵의 나선   ② 핫미디어
③ 프라이밍 미디어   ④ 퍼블릭 액세스

해설

문화비평가 마셜 맥루한은 저서 〈미디어의 이해〉를 통해 핫미디어와 쿨미디어라는 개념을 제시했다. 정보량이 많지만 참여를 요구하지 않는 것을 핫미디어, 참여를 요구하지만 정보량이 적은 것을 쿨미디어라고 설명했다. 예를 들어 사진 · 라디오는 핫미디어, TV · 만화책은 쿨미디어라고 할 수 있다. 사진이나 라디오처럼 직접적이고 분명하게 전달되는 정보들은 정보 수신자가 이에 관여하거나 정보의 빈틈을 메울 여지가 없다. 그러나 TV나 만화책 등은 정보를 수신하는 이들의 적극적인 참여를 이끌어내 더 많은 정보를 재생산할 수 있다.

안심Touch

76 다음 중 2022년 동계올림픽을 개최하는 도시는?

① 중국 베이징
② 스웨덴 스톡홀름
③ 카자흐스탄 알마티
④ 우크라이나 리비우

해설

2022년 동계올림픽을 개최하는 도시는 중국 베이징이다. 2015년 7월 31일 말레이시아 쿠알라룸푸르에서 개최지 투표가 열렸으며, 베이징은 카자흐스탄의 알마티를 4표차로 누르고 개최지로 선정됐다. 한편 2026년 동계올림픽은 이탈리아의 밀라노와 코르티나담페초에서 열릴 예정이다.

77 다음 중 조선시대 유학자 율곡 이이를 추모하기 위해 창건된 서원은?

① 병산서원
② 소수서원
③ 도산서원
④ 자운서원

해설

자운서원은 경기도 파주시에 위치한 서원으로 율곡 이이의 위패를 모시고 제를 지낸다. 자운서원 뒤편으로 이이와 신사임당 등 일가의 묘가 있다. 소수서원은 백운동서원으로도 불리며, 경상북도 영주시 순흥면 내죽리에 위치해있다. 조선 최초의 사액서원으로 1963년 사적 제55호로 지정되었으며 2019년에는 '한국의 서원' 중 하나로 유네스코 세계유산에 등재되었다.

78 다음 중 독일 출신의 음악가가 아닌 사람은?

① 베토벤
② 브람스
③ 슈 만
④ 드뷔시

해설

드뷔시는 프랑스 출신의 음악가다. 독일 출신의 대표적 음악가는 베토벤, 슈만, 하이든, 바흐, 브람스, 헨델 등이 있다.

79 다음 중 음악의 빠르기 순서가 바르게 나열된 것은?

① 아다지오 → 안단테 → 모데라토 → 알레그로
② 안단테 → 아다지오 → 알레그로 → 모데라토
③ 모데라토 → 안단테 → 아다지오 → 모데라토
④ 아다지오 → 알레그로 → 모데라토 → 안단테

해설

음악의 빠르기

라르고(Largo) : 아주 느리고 폭넓게 → 아다지오(Adagio) : 아주 느리고 침착하게 → 안단테(Andante) : 느리게 →
모데라토(Moderato) : 보통 빠르게 → 알레그레토(Allegretto) : 조금 빠르게 → 알레그로(Allegro) : 빠르게 → 비바체
(Vivace) : 빠르고 경쾌하게 → 프레스토(Presto) : 빠르고 성급하게

▌**천안시시설관리공단**

80 문학에서 진부하고 판에 박힌 표현을 가리키는 용어는?

① 그로테스크   ② 플 롯
③ 골 계   ④ 클리셰

해설

클리셰(Cliche)는 인쇄에서 '연판'을 뜻하는 프랑스어에서 기원했으며, 현재는 문학·영화에 등장하는 진부하고 상투적인
표현을 뜻하는 용어로 쓰인다. 지나친 클리셰는 극의 전개를 정형화하고 예측가능하게 만들어 독자와 관객의 흥미를 반감
시킨다.

▌**부산교통공사**

81 형상을 단순화하여 간결하고 원색적인 색채를 즐겨 사용한 20세기 초의 미술사조는?

① 사실주의   ② 낭만주의
③ 표현주의   ④ 인상주의

해설

표현주의는 20세기 초에 나타난 미술사조로 인상주의에 반하여 대상의 형상을 단순화하고, 강렬하고 원색적인 색채를
통해 작품에 역동성을 부여하려 한 양식이다. 표현주의의 대표적인 화가로는 마르크 샤갈과 에드바르트 뭉크 등이 있다.

▌**광주관광재단**

82 저작권이 소멸되었거나 저작자가 저작권을 포기한 저작물을 일컫는 말은?

① 퍼블릭 도메인   ② 카피레프트
③ 모닝 페이지   ④ 액세스권

해설

퍼블릭 도메인(Public Domain)은 자유 이용 저작물이라고도 한다. 저작자가 사망한 후 일정 시간이 흘렀거나, 저작자가
저작권을 포기한 경우 누구나 저작물을 자유롭게 이용할 수 있다.

| 한국디자인진흥원

83 다음 작품을 그린 프랑스 화가는 누구인가?

① 프란시스 피카비아   ② 마르크 샤갈
③ 르네 마그리트   ④ 살바도르 달리

해설

마르크 샤갈(Marc Chagall)은 러시아 출신의 프랑스 초현실주의 화가이다. 그는 독창적이고 환상적인 작품을 강렬한 색채로 표현해 '색채의 마술사'로 불렸다. 예시 작품은 샤갈의 〈생일〉(1915)이다.

| 전남신용보증재단

84 다음 중 셰익스피어의 4대 비극으로 바르게 묶인 것은?

① 햄릿, 맥베스, 리어왕, 오셀로
② 오셀로, 리어왕, 로미오와 줄리엣, 템페스트
③ 햄릿, 줄리어스 시저, 로미오와 줄리엣, 베니스의 상인
④ 베니스의 상인, 맥베스, 줄리어스 시저, 십이야

해설

셰익스피어의 4대 비극은 〈햄릿〉, 〈맥베스〉, 〈리어왕〉, 〈오셀로〉이며, 5대 희극은 〈말괄량이 길들이기〉, 〈베니스의 상인〉, 〈뜻대로 하세요〉, 〈한여름 밤의 꿈〉, 〈십이야〉이다.

06 과학·컴퓨터·IT·우주

┃ 호국기념관

85 다음 중 색의 3요소에 포함되지 않는 것은?

① 색 상
② 휘 도
③ 채 도
④ 명 도

해설

색 공간을 이루는 요소인 색의 3요소에는 명도, 색상, 채도가 있다. 명도는 색의 밝고 어두운 정도를 뜻하며 밝을수록 명도가 높다. 색상은 명도나 채도와 상관없이 우리가 눈으로 색을 구분할 수 있는 빛깔이다. 채도는 색의 선명한 정도를 뜻하며 맑을수록 채도가 높다.

┃ 서울공공보건의료재단

86 데이터 분산처리 기술을 통해 거래정보를 참여자 모두가 나누어 가지는 기술은?

① 블록체인
② 더비체인
③ 데이터마이닝
④ 콜드체인

해설

모든 거래 당사자가 거래 장부 사본을 기록하고 관리하도록 거래가 기록되는 장부가 '블록(Block)'이 되고, 이 블록들은 시간의 흐름에 따라 연결된 '사슬(Chain)'을 이루게 된다. 주로 암호화폐인 비트코인에서 사용된다.

┃ 부산교통공사

87 반도체 설계와 기술개발만 하고 생산은 위탁하는 반도체 회사는?

① 퍼실리티
② 팹리스
③ 아이디엠
④ 파운드리

해설

팹리스(Fabless)는 반도체를 직접 생산하지 않고 반도체 설계와 기술개발에만 집중하며 생산은 위탁하는 회사를 말한다. 대표적인 팹리스 업체로는 '엔비디아', '애플', '퀄컴' 등이 있다. 아이디엠(IDM)은 '인텔'이나 '삼성전자'와 같이 생산과 설계를 종합적으로 다루는 회사며, 파운드리는 위탁생산만을 전문으로 한다.

| 폴리텍

88 생물 분류법인 이명법의 기초를 마련한 생물학자는?

① 리차드 오언 　　　　　　② 리차드 도킨스
③ 루이 파스퇴르 　　　　　　④ 칼 폰 린네

해설

1707년 스웨덴에서 태어난 식물학자 칼 폰 린네는 오늘날 사용하는 생물 분류법인 이명법의 기초를 닦는데 큰 역할을 했다. 이명법은 생물의 속명 다음에 종명 형용사를 붙여서 두 단어로 된 학명을 만드는 방법이다.

| 폴리텍

89 콘텐츠 업데이트가 자주 발생하는 블로그나 포털 사이트 등에서 이용자들이 업데이트 정보를 쉽게 자동으로 볼 수 있도록 하는 서비스는?

① UCC 　　　　　　　　　　② RSS
③ URL 　　　　　　　　　　④ RFID

해설

RSS(Rich Site Summary, Really Simple Syndication)는 뉴스·날씨·쇼핑·블로그 등 업데이트가 자주 발생하는 웹 사이트에서 이용자가 자동으로 업데이트 된 콘텐츠를 받아 볼 수 있도록 하는 서비스를 말한다. 가령 RSS 서비스를 이용하면 여러 언론사의 최신 기사를 읽기 위해 일일이 각 언론사의 사이트를 방문할 필요 없이, RSS로 취합된 다양한 언론사의 최신 업데이트 기사를 한 번에 읽을 수 있다.

| 소상공인시장진흥공단

90 첨단 디지털 기술에 아날로그의 특징을 융합하는 것을 뜻하는 용어는?

① 디지로그 　　　　　　　　② 그리드컴퓨팅
③ 마이데이터 　　　　　　　④ 디지털팜

해설

디지털 기술에 아날로그적인 정서와 요소들을 반영하는 것을 디지로그라고 한다. 디지털 기기 사용에 익숙하지 못하거나, 아날로그에 향수를 느끼는 사람들을 위함이다. 기술과 감성의 공존이라고 할 수 있는데, 태블릿PC에 키보드 대신 펜으로 글을 쓸 수 있다든지, 필름 카메라처럼 디자인되고 셔터음을 내는 디지털 카메라 등이 디지로그의 사례라 할 수 있다.

| 경기도공무직통합채용

91 디지털 기록과 정보를 범죄 단서를 찾는 데 활용하는 수사기법은?

① 나크웹 　　　　　　　　　② 디시털포렌식
③ 디가우징 　　　　　　　　④ 디지털디바이드

해설

디지털 증거를 수집·보존·처리하는 과학적·기술적인 기법을 말한다. 법정에서 증거로 사용되려면 증거능력이 있어야 하며 이를 위해 증거가 법정에 제출될 때까지 변조 혹은 오염되지 않는 온전한 상태를 유지하는 일련의 절차 내지 과정을 디지털포렌식이라고 부른다.

┃ 폴리텍

92 토성의 위성인 타이탄에 대한 설명으로 틀린 것은?

① 태양계의 위성 중 유일하게 대기를 갖고 있다.
② 생명체의 존재 가능성이 확인되었다.
③ 태양계에서 가장 큰 위성이다.
④ 액체로 된 호수와 강이 있다.

해설

태양계에서 가장 큰 위성은 목성의 위성 '가니메데'다. 타이탄은 토성의 위성 중 가장 큰 위성으로 태양계의 위성 가운데서도 대기와 액체 호수·강을 갖고 있는 것으로 밝혀져 주목을 받았다. 호수와 강의 주요 성분은 에테인과 메테인으로 지구처럼 액체가 증발해 다시 비로 내리는 순환이 일어나고 있음이 밝혀졌다.

┃ 천안시시설관리공단

93 우주에서 블랙홀을 이용해 먼 거리를 지름길로 가로질러 갈 수 있다고 이론상 추정되는 가설적 공간은?

① 웜 홀   ② 화이트홀
③ 밴 앨런 구역   ④ 퀘이사

해설

웜홀(Wormhole)은 블랙홀과 또 다른 블랙홀(화이트홀)을 이어 붙인 통로를 지름길로 이용해, 아주 먼 거리도 가로질러 여행할 수 있다고 추정되는 가설적 공간이다. 웜홀은 이론적으로는 가능하나 안정성 등의 문제 때문에 실제로 존재하고 또 인공적으로 만들 수 있을지에 대해서는 많은 의문이 있다.

┃ 수원시공공기관통합채용

94 다른 토큰과 대체·교환할 수 없는 가상화폐를 이르는 용어는?

① USDT   ② NFT
③ 핫월렛   ④ ICO

해설

NFT(Non Fungible Token, 대체불가토큰)는 하나의 토큰을 다른 토큰과 대체하거나 교환할 수 없는 가상화폐다. 2017년에 처음 시장이 들어서고 주로 미술품과 게임아이템 거래를 통해 성장했다. NFT는 토큰 하나마다 다른 가치와 특성을 갖고 있어 가격 또한 천차만별이다.

정답 ▶ 88 ④ 89 ② 90 ① 91 ② 92 ③ 93 ① 94 ②

95 감염 등으로 몸 안의 항체가 말초신경을 파괴해 마비를 유발하는 신경계 질병은?

① 데빅증후군　　　　　　　　　　② 다발경화증
③ 아나필락시스　　　　　　　　　　④ 길랑-바레증후군

해설

길랑-바레증후군(Guillain-Barre Syndrome)은 자가면역질환으로 인해 발생하는 것으로 추정되는 질병으로, 면역체계가 말초신경을 파괴해 근육의 마비를 일으키는 신경성 질병이다. 최근 코로나19 백신을 접종한 사람들 가운데 이 길랑-바레증후군이 일어난 것으로 의심되는 사례가 나타난 바 있다.

96 잘못된 정보나 루머 등이 IT 기기와 미디어를 통해 빠르게 확산되는 현상은?

① 웨바홀리즘　　　　　　　　　　② 네카시즘
③ 인포데믹　　　　　　　　　　　　④ 빅블러

해설

인포데믹은 '정보'와 '감염병 확산'을 뜻하는 영어 단어 '인포메이션(Information)'과 '에피데믹(Epidemic)'을 합친 신조어로, 정확하지 않은 정보나 악성 루머 등이 미디어를 통하거나 인터넷상에서 한꺼번에 급속도로 퍼지는 현상을 말한다. 사실 여부가 검증되지 않은 정보들이 동시다발적으로 유통되기 때문에 사회적으로 많은 혼란을 초래한다는 문제점이 있다.

97 가상공간에 실물과 같은 형태의 물체를 만들어 시뮬레이션을 통해 검증하는 기술은?

① 디지털 샌드박스　　　　　　　　② 콜 봇
③ 디지털 트윈　　　　　　　　　　④ 데브옵스

해설

디지털 트윈(Digital Twin)은 미국의 전자기기 기업 '제너럴 일렉트릭'이 만든 개념으로서, 컴퓨터 가상공간에 실물과 똑같은 물체(쌍둥이)를 만들어 시뮬레이션과 실험을 통해 검증하는 것을 말한다. 디지털 트윈은 다양한 산업분야에서 활용되어 제품 및 자산을 최적화하고 돌발 사고를 줄이는 데 도움을 줄 수 있다.

❘ 폴리텍

98 2021년 발사 예정인 우리나라의 저궤도 실용위성 발사용 로켓은?

① 나로호

② 누리호

③ 아리안

④ 아나시스

해설

누리호(KSLV-II, Korea Space Launch Vehicle-II)는 2021년 6월에 개발된 우리나라 최초의 저궤도 실용위성 발사용 로켓으로 2021년 10월 1차 발사를 계획하고 있고, 2022년 2차 발사 시험을 할 예정이다. 국내 독자 기술로 개발한 3단 액체로켓이다.

❘ 서울공공보건의료재단

99 다음 중 겨울철에 주로 발생하는 식중독균은?

① 살모넬라

② 바실러스 세레우스

③ 노로바이러스

④ 리스테리아

해설

노로바이러스는 계절적으로 겨울에 발생이 많은 수인성·식품매개 바이러스다. 다른 식중독 바이러스와는 달리 기온이 낮을수록 더욱 활발하게 움직이며, 영하의 날씨에도 생존이 가능하다. 감염되면 오한과 발열, 구토, 설사 등의 증상이 나타난다. 노로바이러스에 특수한 항바이러스제는 없으며, 감염되면 대개 특별한 치료 없이도 저절로 회복된다.

❘ 해양환경공단

100 다음 중 바이러스에 대한 설명으로 적절하지 않은 것은?

① 인수공통감염도 일으킬 수 있다.

② 숙주세포가 있어야 증식이 가능하다.

③ 박테리아는 바이러스에 감염되지 않는다.

④ AIDS나 독감 등 다양한 질환의 원인이다.

해설

바이러스(Virus)는 DNA나 RNA를 게놈(Genome)으로 가지며 단백질로 둘러싸여 있다. 바이러스는 혼자서 증식이 불가능하여 숙주 세포 내에서 복제를 하며, 세포 간에 감염(Infection)을 통해서 증식한다. 동물, 식물, 박테리아 등 거의 모든 생명체에는 각각 감염되는 바이러스가 존재하며, AIDS나 독감과 같은 다양한 질환의 원인이 된다.

안심Touch

02 주요 공공기관 한국사 기출문제

▌서울공공보건의료재단

01 서울시 암사동, 황해도 봉산 지탑리, 경남 김해 수가리에 위치한 유적이 발견된 시기에 해당되는 유물은?

① 빗살무늬 토기
② 비파 모양 동검
③ 붉은 간토기
④ 세형동검

해설

신석기 시대 유물은 서울시 암사동, 황해도 봉산 지탑리, 경남 김해 수가리 유적에서 발견됐다. 대표적인 유물로는 간석기와 빗살무늬 토기가 있다. ②·③·④는 청동기 시대 유물이다.

▌부산보훈병원

02 다음 유물이 사용되던 시기의 생활상으로 적절하지 않은 것은?

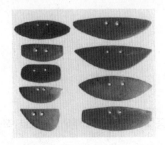

① 사유재산과 계급이 발생했다.
② 풍요를 기원하는 주술적 의미의 청동제 의기 등을 만들었다.
③ 조·피 등을 재배하는 농경이 시작되고 목축업이 활성화됐다.
④ 움집이 지상 가옥화되고 배산임수의 취락이 형성됐다.

해설

사진은 비파형동검과 반달돌칼로 청동기 시대의 대표적 유물이다. 조·피 등을 재배하는 농경이 시작되고 목축업이 활성화된 시가는 신석기 시대이다. 청동기 시대에는 밭농사 중심의 농경생활이 주를 이뤘고 벼농사가 시작됐다.

03 부여에 대한 설명으로 옳지 않은 것은?

① 법이 엄격하여 살인자와 그의 가족은 처형되었다.
② 왕호를 사용하였다.
③ 영고라는 제천 행사가 있었다.
④ 순장의 풍습이 있었다.

해설

부여의 법으로는, 살인자는 사형에 처하고 그 가족은 노비로 삼으며, 남의 물건을 훔쳤을 때에는 물건 값의 12배를 배상하게 하고, 간음한 자는 사형에 처한다는 것 등이 전해지고 있다.

04 삼한에 대한 설명으로 옳지 않은 것은?

① 신성 지역인 소도에는 군장의 세력이 미치지 못하였다.
② 천군은 농경과 종교에 대한 의례를 주관하였다.
③ 세력이 큰 지배자를 읍차, 세력이 작은 지배자를 신지라 불렀다.
④ 철기 문화를 바탕으로 하는 농경 사회였다.

해설

삼한의 지배자 중에서 세력이 큰 경우는 신지, 작은 경우는 읍차로 불렸다.

05 다음은 어느 나라에 대한 설명인가?

> • 특산물로 단궁이라는 활과 과하마, 반어피 등이 유명하였다.
> • 매년 10월에 무천이라는 제천 행사를 열었다.
> • 동해안에 위치하여 해산물이 풍부하였다.

① 부 여　　　　　　② 마 한
③ 옥 저　　　　　　④ 동 예

해설

동예는 강원도 북부 동해안 중심에 형성된 나라로 읍군과 삼로라는 군장이 통치하였다. 방직기술이 발달하였고 족외혼과 책화라는 풍속이 있었다.

06 〈보기〉에 제시된 시기의 백제의 왕은?

> **보기**
>
> 태화 4년 5월 16일 병오일의 한낮에 백 번이나 단련한 철로 된 칠지도를 ○○○○가 만들었다. 온
> 갖 적병을 물리칠 수 있으니 제후국의 왕(侯王)에게 주기에 알맞다. 지금까지 이런 칼이 없었는데
> 백제 왕세자 기생성음이 일부러 왜왕을 위하여 정교하게 만들었으니 후세에 전하여 보이라.
>
>   – 칠지도 명문 –

① 고국원왕
② 고이왕
③ 침류왕
④ 근초고왕

해설

근초고왕(346년 ~ 375년)은 백제 제13대 왕으로 활발한 정복활동을 펼쳐, 남쪽으로는 마한 세력을 통합하고 가야 지역까지 진출해 백제 역사상 최대 영토를 자랑하며 전성기를 이룩했다. 북쪽으로는 낙랑의 일부 지역을 확보했고, 평양성까지 진출해서 고구려 고국원왕을 전사시켰다. 그리고 요서지역과 왜에도 진출하여 왜에 칠지도를 하사하는 등 활발히 국제교류했다.

07 신라 내물왕부터 사용된 최고지배자의 칭호는 무엇인가?

① 거서간
② 이사금
③ 마립간
④ 차차웅

해설

'가장 높은 우두머리'라는 뜻을 지닌 마립간은 제17대 내물왕부터 제22대 지증왕까지 사용되었다.

08 삼국시대의 왕과 그의 업적을 올바르게 연결한 것은?

① 백제 무령왕 – 남조와 교류하고, 한강유역을 차지
② 고구려 장수왕 – 신라로 원병 출정하여 왜구 격퇴
③ 신라 법흥왕 – 율령을 반포하고 불교를 공인
④ 신라 눌지왕 – 나라의 이름을 신라로 확정

해설

① 백제 성왕이 남조와 교류하고 한강유역을 차지했다.
② 고구려 광개토대왕이 신라에 원병 출정하여 신라에 침입한 왜구를 격퇴시켰다.
④ 신라 지증왕이 나라의 이름을 신라로 확정했다.

▌한국산업인력공단

09 신라 진흥왕의 업적으로 맞는 것은?

① 불교를 정비하고 황룡사를 건립했다.
② 김씨에 의한 왕위계승권이 확립됐다.
③ 이차돈의 순교를 계기로 불교를 신라의 국교로 공인했다.
④ 김해금관가야를 복속시켰다.

해설

진흥왕의 주요 업적
• 화랑도를 국가조직으로 개편
• 불교 정비, 황룡사 건립
• 한강 유역 차지(나제동맹 결렬, 관산성 전투로 백제 성왕 전사) → 단양적성비, 북한산비
• 대가야 정복 → 창녕비
• 함경도 지역까지 진출 → 마운령비, 황초령비

▌한국산업단지공단

10 발해에 대한 설명으로 옳지 않은 것은?

① '대흥', '건흥' 등 독자적인 연호를 사용했다.
② 무왕 때 당나라의 관직명에 따라 관제를 정비했다.
③ 대조영이 고구려 유민과 말갈족을 연합하여 건국했다.
④ 당나라가 해동성국(海東盛國)으로 부르며 칭송했다.

해설

무왕은 당나라·신라와 대립하며 외교적으로 고립된 상황을 극복하고자 일본과의 외교를 시도했다. 문왕 때 당과 친선 관계를 맺으면서 당의 문물을 받아들이고 체제를 정비하였다.

▌수원시공공기관통합채용

11 다음 중 고려 태조의 정책으로 적절한 것은?

① 전시과 제도를 마련하여 관리에게 지급했다.
② 양현고를 두어 장학기금을 마련했다.
③ 전국에 12목을 설치하고 지방관을 파견했다.
④ 흑창을 설치하여 빈민을 구제했다.

해설

고려 태조왕건은 흑창을 설치하여 빈민을 구제했다(918).
① 경종은 전시과 제도를 마련하여 관리에게 지급했다(976).
② 예종은 양현고를 두어 장학기금을 마련했다(1119).
③ 광종은 전국에 12목을 설치하고 지방관을 파견했다(956).

12 다음 중 '무구정광대다라니경'에 대한 설명으로 옳은 것은?

① 소승불교 경전에 해당한다.
② 불국사 석가탑을 보수하는 과정에서 발견되었다.
③ 금속활자본이다.
④ 보물로 지정되었다.

해설

1966년 불국사 석가탑에서 발굴된 무구정광대다라니경은 대승불교 경전의 하나로서, 목판본이고 국보 126-6호로 지정되었다.

13 다음 중 고려시대의 노비에 대한 설명으로 틀린 것은?

① 공노비와 사노비로 구분되었다.
② 공노비 중 공역노비는 국가로부터 일정한 급료를 받았다.
③ 사노비는 상속과 매매·증여의 대상이 되었다.
④ 사노비 중 솔거노비는 재산의 소유가 가능했다.

해설

고려시대의 사노비는 주인집에 거주하는 솔거노비와 독립된 가정을 꾸려 자신의 재산을 소유할 수 있던 외거노비로 구분되었다. 솔거노비는 제대로 된 가정생활이 거의 불가능했고, 재산도 가질 수 없어 노비 가운데에서도 가장 낮은 계층에 해당했다.

14 거란의 고려 1 ~ 3차 침입으로 적절하지 않은 것은?

① 1차 침입은 고려의 북진정책과 친송정책이 원인이 됐다.
② 1차 침입 때 서희의 외교담판으로 고려는 강동 6주를 얻었다.
③ 2차 침입은 강조의 정변을 구실로 거란군이 쳐들어왔다.
④ 3차 침입은 천리장성을 쌓아서 막았다.

해설

거란의 침입

거란이 993년(성종 12), 1010년, 1018년(현종 9)의 총 3차에 걸쳐 고려에 침입한 사건이다. 거란(요나라)이 발해를 멸망시키고(926년) 고려와 국경을 접하자 고려 태조는 발해 유민을 포섭하고 북진정책을 추진했다. 이러한 고려의 북진정책과 친송정책으로 인해 불안감을 느낀 거란은 고려를 1차 침입했다. 이때 서희의 외교담판으로 강동 6주를 손에 넣고 고려는 압록강까지 영토를 넓히게 됐다. 이후 거란은 강조의 변이 일어나자 강조를 벌하겠다는 구실로 2차 침입했다. 거란은 고려가 친조한다는 조건에 다시 되돌아갔으나 이후 고려가 거란과 친조하지 않고 친송정책도 계속 유지하자 3차로 침입했다. 이때 강감찬의 귀주대첩으로 거란의 3차 침입을 격퇴했다. 고려는 거란과 화의를 맺은 후에도 11년에 걸쳐 압록강 입구부터 도련포에 이르는 천리장성을 쌓았다. 이를 고구려의 천리장성과 구별해 고려장성이라고도 한다.

∥ 한국산업인력공단

15 고려 향 · 부곡 · 소에 대한 설명으로 틀린 것은?

① 향 · 부곡은 신라시대부터 있었고 고려 때 소가 신설됐다.

② 향 · 부곡에는 농업종사자가 거주했다.

③ 소에 거주하는 주민은 수공업에 종사했다.

④ 천민들이 거주하는 특수행정구역이었다.

해설

향 · 부곡 · 소는 고려 시대의 지방에 있는 특수행정구역이다. 향 · 부곡(농업 종사) · 소(수공업 종사)에 거주하는 주민이 살았으며 신분은 양민이나 일반 양민에 비해 차별 우대를 받았다. 이곳 주민들이 다른 지역으로 이주하는 것은 원칙적으로 금지되었다.

∥ 서울공공보건의료재단

16 고려 충목왕 때 설치되었다고 알려진 '해아도감'의 역할은?

① 영유아를 보호하고 양육하는 영아원

② 태양과 달을 중심으로 천체를 관측하는 과학기관

③ 무기의 개발과 시험을 담당하는 군사기관

④ 인구의 변화 추이를 산출하는 통계기관

해설

고려 충목왕 3년에 설치되었다고 알려진 해아도감은 소속관원과 역할에 대해서는 분명하지 않으나, 명칭을 통해 영유아를 돌보기 위한 관립 영아원이라고 추측하고 있다.

∥ 한국산업인력공단

17 다음 중 음서제에 대한 설명으로 옳지 않은 것은?

① 가문에 기준을 두고 조상의 공로와 지위에 따라 그 자손을 관리로 임용하는 제도이다.

② 음서제로 관직에 오른 자가 과거제로 관직에 오른 자보다 우대받았다.

③ 조선시대에는 음서제를 통한 관직 진출이 크게 축소되었다.

④ 고려의 세습적 문벌귀족 가문을 형성하는 데 중요한 역할을 했다.

해설

음서제로 관직에 오른 자는 어느 정도 관직 임명에 제한을 받았기 때문에 고위 관직에 진출하기 위해서는 과거시험을 통과해야만 했다.

18 (가) 교육기관에 대한 설명으로 옳은 것은?

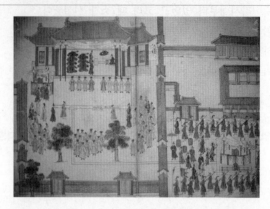

이 그림은 효명세자가 (가)에 입학하는 의식을 그린 〈왕세자입학도첩〉 중 〈입학도〉이다. 효명세자는 이날 궁을 나와 (가)에 도착하여 대성전의 공자 신위에 술을 올린 후, 명륜당에 가서 스승에게 교육을 받았다.

① 전국의 부·목·군·현마다 설립됐다.
② 중앙에서 교수나 훈도가 파견됐다.
③ 생원시·진사시 합격자에게 입학자격이 주어졌다.
④ 종래의 국자감을 명(明)의 제도를 따라 정식 종합대학으로 개편했다.

> **해설**
>
> 성균관은 고려 말과 조선시대의 최고의 교육기관으로 생원시와 진사시에 합격한 유생을 우선적으로 받아들였다. 한양의 숭교방(崇敎坊) 지역에 대성전(大成殿)과 동무(東廡)·서무(西廡)·명륜당(明倫堂)·동재(東齋)·서재(西齋)·양현고(養賢庫) 및 도서관인 존경각(尊敬閣) 등의 건물을 두었다.

19 1402년 김사형·이무·이회 등이 만든 우리나라 최초의 세계지도는?

① 천상열차분야지도
② 혼일강리역대국도지도
③ 곤여만국전도
④ 대동여지도

> **해설**
>
> 혼일강리역대국도지도(混一疆理歷代國都之圖)는 1402년에 좌정승 김사형, 우정승 이무가 발의하고 의정부 검상 이회가 그린 우리나라 최초의 세계지도이다. 원본은 존재하지 않으며 모사본만 일본 류코쿠 대학 도서관에 있다. 현전하는 동양 최고의 세계지도로 불리며, 중국을 중심으로 중국 주변의 오랑캐를 하나로 다스린다는 의미에서 조선을 상대적으로 크게 묘사했다.

20 다음 중 세종대왕이 재위하던 시기의 업적이 아닌 것은?

① 칠정산 간행   ② 훈민정음 창제

③ 측우기 발명   ④ 울릉도 정벌

> **해설**
>
> 세종대왕 때의 업적으로는 대마도 정벌(1419), 칠정산 간행(1430), 측우기 발명(1441), 훈민정음 창제(1443)가 있다. 울릉도는 신라 지증왕 때 신라 땅으로 복속되었다.

21 조선시대에 당대 시정을 기록하는 일을 맡아보던 관청은?

① 춘추관   ② 예문관

③ 홍문관   ④ 승정원

> **해설**
>
> ② 예문관 : 국왕의 말이나 명령을 담은 문서의 작성을 담당하기 위해 설치한 관서
> ③ 홍문관 : 궁중의 경서·사적 관리와 문한의 처리, 왕의 각종 자문을 관장하던 관서
> ④ 승정원 : 왕명의 출납을 관장하던 관청

22 다음과 관련된 인물은?

> • 현량과 실시를 주장
> • 〈여씨향약〉 간행 및 반포
> • 위훈삭제로 훈구파의 반발 초래
> • 기묘사화

① 김종직   ② 조광조

③ 정도전   ④ 신숙주

> **해설**
>
> 조광조는 조선 중종 때 신진사림파의 대표인물로 이상적인 유교정치를 지향했다. 천거를 통해 과거 급제자를 뽑는 현량과의 실시를 주장했고, 〈여씨향약〉을 간행하여 전국에 반포하는 등 적극적인 개혁정치를 추진했으나 위훈삭제 건으로 남곤, 홍경주 등 훈구파의 반발을 불러왔다. 결국 훈구파는 주초위왕 사건을 빌미로 조광조를 모함했고, 이에 조광조 등 신진사림들이 대거 숙청되는 기묘사화가 발생했다.

| 부산교통공사

23 조선시대에 대역죄인을 잡아들였던 왕의 직속기관은?

① 포도청   ② 사헌부
③ 사간원   ④ 의금부

해설

의금부는 조선시대 국왕의 직속사법기구로서 국가의 중죄인을 처벌하던 기관이다. 왕명을 출납하는 승정원과 함께 왕권을 강화하기 위한 기구 중 하나였다.

| 광주광역시공공기관통합채용

24 조선 후기 유득공이 발해의 역사를 기록하기 위해 쓴 책은?

① 발해고   ② 발해사
③ 택리지   ④ 해동역사

해설

발해고는 정조 8년(1784)에 유득공이 쓴 발해의 역사책이다. 발해가 고구려의 후계자임을 분명히 밝혀 한국사의 범주에 발해사를 적극적으로 수용한 도서로 역사적 의의가 깊다.

| 한국산업인력공단

25 다음 중 정조의 업적이 아닌 것은?

① 육의전을 제외한 시전 상인의 금난전권을 폐지했다.
② 국왕친위부대로 장용영을 설치했다.
③ 통치체제정비를 위해 대전통편을 편찬했다.
④ 경기도에 한해서 대동법을 실시했다.

해설

④ 광해군 때 공납의 폐단을 해결하기 위해 경기도부터 대동법을 실시했다.

정조의 업적
정조(1776~1800)는 조선 22대 왕이다. 즉위하자 규장각을 설치하고 초계문신제도를 통해 유능한 인사를 등용하였다. 법전으로는 통치체제정비를 위해 대전통편을 편찬했다(1785). 국왕의 친위 부대인 장용영을 설치하여 왕권을 강화했다(1785). 정치적, 군사적 기능을 지닌 수원화성을 세웠다. 경제적으로는 육의전 이외의 시전 상인에 대한 금난전권(전매특권)을 폐지시켰다(1791).

┃한국서부발전

26 '대동법'에 관한 설명으로 틀린 것은?

① 세금을 쌀로 통일한 납세제도이다.

② 광해군이 최초로 시행하여 전국적으로 확산시켰다.

③ 농민에게 과중하게 부과되던 세금이 어느 정도 경감되었다.

④ 전국적으로 확산되면서 쌀뿐만 아니라 옷감·동전으로도 납부할 수 있었다.

> **해설**
>
> 대동법은 광해군 때 최초로 경기도에 한해서 시행되다가 인조가 등극 후 강원도, 충청도, 전라도까지 확대되었고, 17세기 후반이 되어서 전국적으로 확산되었다.

┃한국동서발전

27 '향도'에 대한 설명으로 옳지 않은 것은?

① 17세기 이후 두레가 성장하면서 향도는 크게 위축되었다.

② 향촌 공동체에서 불교신앙 공동체로 변모하였다.

③ 매향활동을 하며 불상·석탑을 만들거나 절을 지을 때 주도적인 역할을 했다.

④ 마을 노역, 혼례와 상장례, 마을 제사 등 공동체 생활을 주도하기도 했다.

> **해설**
>
> 향도는 매향활동을 하던 불교신도들의 무리에서 비롯된 공동체이다. 조선시대에 이르러 숭유억불정책이 펼쳐지면서 향촌 공동체 성격이 더욱 강화되었다.

┃부산교통공사

28 다음 중 흥선대원군에 대한 설명으로 틀린 것은?

① 세도정치 가문의 인물을 축출하여 인재를 고르게 등용했다.

② 경복궁을 중건하여 왕실의 권위를 회복했다.

③ 전국의 서원을 정리하여 국가 재정을 확충했다.

④ 비변사를 재편하여 의정부와 삼군부의 기능을 약화시켰다.

> **해설**
>
> 흥선대원군의 개혁정치
> • 세도정치 가문의 인물을 축출하여 고른 인재 등용
> • 경복궁을 중건하여 왕실의 권위 회복
> • 서원 47개만 남기고 600여 개를 정리하여 국가 재정의 확충
> • 양전 사업을 실시하여 전정의 문란을 바로잡고 군역은 호포제를 실시하고 환곡제는 사창제로 전환하여 삼정의 문란을 개혁
> • 비변사를 폐지하고 의정부와 삼군부의 기능 회복

29 동학에 대한 설명으로 틀린 것은?

① 동학운동은 서학인 천주교 세력에 대항하는 신앙운동이다.

② 최제우가 민간 신앙과 유교, 불교, 도교를 융합하여 창시하였다.

③ 모든 사람이 평등하다는 '인내천(人乃天)' 사상을 강조하였다.

④ 동학의 기본경전은 〈용담유사〉와 〈동경대전〉이다.

> **해설**
>
> 동학운동은 단순한 신앙운동이 아니라, 어지러운 정치와 어두운 사회를 바로잡고 어려운 민중의 생활을 구제하려는 사회운동이라 할 수 있다.

30 신미양요 이후에 생긴 일로 적절한 것은?

① 병인박해   ② 척화비 건립

③ 서원 철폐   ④ 법전 편찬

> **해설**
>
> 신미양요는 1871년(고종 8)에 미국이 제너럴셔먼호 사건(1866)을 빌미로 조선을 개항시키기 위해 무력으로 침략한 사건이다. 신미양요 이후 흥선대원군은 척화비(1871)를 세우고 쇄국정책을 강화했다.

31 다음 사건의 결과로 옳은 것은?

> 1875년 8월 서해안에 출몰한 일본 군함 운요호의 선원 일부가 작은 배로 허가 없이 한강 하구를 거슬러 올라왔다. 이에 우리 군이 포를 쏘아 저지하자, 운요호가 함포를 발사하여 초지진을 파괴하였다. 다음 날 일본군은 영종진에 상륙하여 많은 피해를 입혔다.

① 5군영이 설치되었다.

② 강화도조약이 체결되었다.

③ 통신사가 파견되었다.

④ 병인양요가 일어났다.

> **해설**
>
> 제시된 자료는 운요호 사건이다. 일본은 1876년 무력을 앞세워 운요호 사건을 벌이고, 조선과 강화도조약을 맺어 강제로 문호를 개방하도록 강요했다. 이 조약에는 부산·원산·인천 등 3개 항구를 개항하는 조항, 해안측량권과 치외법권을 허용하는 불평등 조항이 포함되었다.

▮ 부산교통공사

32 박은식이 중국으로 망명한 뒤 민족사관에 입각해 지은 한국 역사서는?

① 조선상고사감   ② 조선사연구

③ 한국통사   ④ 조선상고사

해설

박은식은 대한제국이 주권을 잃자 중국으로 망명한 뒤, 한국 근대사에 대해 일제가 왜곡한 내용을 바로 잡아 민족주의 사관에 입각한 〈한국통사〉(1915)를 저술했다.

▮ 농수산물유통공사

33 다음 중 3 · 1운동에 관한 설명으로 옳지 않은 것은?

① 2 · 8 독립선언과 미국 월슨 대통령의 민족자결주의에 영향을 받았다.

② 일본의 통치 방식을 민족말살통치로 변화시키는 요인이 되었다.

③ 비폭력 시위에서 인원과 계층이 늘어나면서 폭력투쟁으로 발전하였다.

④ 1919년 3월 1일 33인의 민족대표가 탑골공원에서 독립선언서를 발표했다.

해설

일제의 식민통치방식이 3 · 1운동 이후 문화통치로 바뀌었다.

▮ 경기도일자리재단

34 의열단에 대한 설명으로 옳지 않은 것은?

① 1919년 11월 만주 지린성에서 조직되었다.

② 부산경찰서 폭파사건을 주도했다.

③ 대한민국 임시정부 산하의 의열투쟁단체였다.

④ 〈조선혁명선언〉을 활동 지침으로 삼았다.

해설

의열단은 1919년 11월 만주 지린성에서 조직된 항일 무력독립운동 단체이다. 신채호의 〈조선혁명선언〉을 활동지침으로 삼았으며, 부산경찰서 폭파사건, 조선총독부 폭탄투척 의거 등의 주요 활동을 했다. 대한민국 임시정부 산하의 의열투쟁단체는 한인애국단이다.

35 독립협회에 대한 설명으로 옳은 것은?

① 고종 강제퇴위 반대운동을 주도했다.

② 한일관계 사료집과 독립신문을 발행했다.

③ 일제의 황무지 개간권 요구를 저지했다.

④ 중추원 개편을 통한 의회설립을 추진했다.

> **해설**
>
> 독립협회(1896.7 ~ 1898.12)
> 외세의존정책에 반대한 개화지식인 층이 주류가 된 우리나라 최초의 근대적인 사회정치단체이다. 갑신정변의 주역인 서재필을 중심으로 이상재·이승만·윤치호 등이 적극적으로 참여했다. 독립협회는 자강개혁, 자주국권, 자유민권을 주장했으며 만민공동회와 관민공동회를 개최하여 헌의 6조를 결의했다. 또한 중추원 개편을 통한 의회설립을 추진했다. 그러나 보수세력을 동원한 황국협회의 방해로 해산됐다.
> ① 대한자강회 - 고종 강제퇴위 반대운동(1907)
> ② 대한민국 임시정부 - 사료편찬소 설치 및 한일관계사료집 편찬, 독립신문 발행
> ③ 보안회 - 일제의 황무지 개간권 반대운동(1904)

36 다음 중 지청천에 대한 설명 중 옳지 않은 것은?

① 한국독립군, 광복군 사령관 등을 역임하였다.

② 한국독립군은 중국군과 함께 흥경성에서 일본군과 전투를 벌였다.

③ 중국의용군과 연합하여 대전자령에서 승리를 거두었다.

④ 한국독립군을 이끌고 동경성을 공격하여 탈환하였다.

> **해설**
>
> ② 흥경성 전투는 양세봉이 이끄는 조선혁명군과 중국군이 연합하여 일제와 싸운 전투이다.
> ① 지청천은 한국독립군 총사령관으로 중국과 연합하여 일본군과 싸웠고, 광복군 창설 이후 광복군 사령관을 역임하면서 항일투쟁을 하였다.
> ③ 1933년 지청천이 이끄는 한국독립군은 중국의용군과 함께 중국 연병의 일본군을 기습하여 대전자령 대첩에서 승리를 거두었다.
> ④ 1933년 지청천이 이끄는 한국독립군은 중국군과 연합하여 일본군 점령지인 동경성을 탈환하였다.

┃ 경기도시공사

37 다음 중 신민회에 대한 옳은 설명만을 고른 것은?

> ㄱ. 형평 운동 실시 ㄴ. 105인 사건으로 해산
> ㄷ. 대성학교, 오산학교 설립 ㄹ. 화폐 정리 사업 추진

① ㄱ, ㄴ ② ㄱ, ㄹ
③ ㄴ, ㄷ ④ ㄷ, ㄹ

해설

신민회(1907 ~ 1911년)

안창호·양기탁 등의 사회계몽 운동가들이 결성한 항일 비밀 결사 조직이다. 국내에서는 평양의 대성학교와 정주의 오산학교를 설립하는 교육구국운동과, 계몽강연 및 서적·잡지 출판운동, 민족산업 자본의 부흥을 위한 실업장려 운동을 전개하며 자기제조주식회사와 태극 서관을 설립하였다. 국외에서는 만주지역에 무관학교를 설립하고 독립군기지를 창설해 독립군을 양성하였다. 그러나 1910년 경술국치 이후 탄압이 심해졌고, 결국 1911년 일제가 조작한 105인 사건으로 해산하였다.

┃ 한국산업인력공단

38 다음 상황이 나타난 시기의 모습으로 옳은 것은?

> 선생님 : 황국신민서사를 외우지 못한다면 제국의 신민이 될 자격이 없다.
> 학 생 : ……

① 토지조사사업을 실시하는 조선총독부
② 암태도 소작 쟁의에 참여하는 농민
③ 경성제국대학을 1회로 입학하는 학생
④ 창씨개명을 강요당하는 청년

해설

일제의 식민통치정책

구분 시기	통치 내용	경제 침탈
무단통치 (1910 ~ 1919)	• 조선총독부 설치 • 헌병경찰제 • 조선태형령	• 토지조사사업 • 회사령 실시
문화통치 (1919 ~ 1931)	• 3·1운동 이후 통치체제의 변화 • 보통경찰제 • 경성제국대학 설립	• 산미증식계획 시행 → 식량 일본 본토 반출 • 회사령 폐지 → 일본 자본의 유입
민족말살통치 (1931 ~ 1945)	• 황국신민화 정책 • 신사참배 강요 • 창씨개명 강요 • 황국신민서사 암송 • 조선어, 조선역사 등의 과목 폐지	• 국가 총동원령 시행 • 병참 기지화 정책 • 남면북양

39 대한민국 임시정부가 주도한 일이 아닌 것은?

① 독립운동자금 모금　　　　　　② 건국강령 발표
③ 한국광복군 창설　　　　　　　④ 물산장려운동 주도

해설
물산장려운동은 일제의 수탈정책에 맞선 운동으로서, 조선물산장려회에서 주도하였다.

40 신간회에 대한 설명으로 옳지 않은 것은?

① 1927년 2월에 창립하였고, 전국에 조직을 확산시켜 나갔다.
② 국내 최대 규모의 반일운동 조직이다.
③ 김원봉이 중심이 되어 결성되었다.
④ 민족주의 세력과 사회주의 세력이 연합하였다.

해설
신간회(1927 ~ 1931년)
'민족 유일당 민족협동전선'이라는 표어 아래 민족주의계와 사회주의계의 좌우익 세력이 합작해 결성된 항일단체이다. 언론·집회·결사·출판의 자유의 쟁취, 청소년·여성의 형평운동 지원, 동양척식회사 반대 등을 활동목표로 삼았다. 1929년 11월 광주학생운동이 일어나자 진상조사단을 파견하고 일제에 항의했다. 이를 계기로 독립운동 성격의 민중대회를 계획했다가 주요 인사 44인이 체포되면서 조직의 규모가 축소되었고, 평소 민족주의 진영에 불만이 많던 사회주의 진영의 해산운동이 전개되며 결국 1931년에 해산되었다.

41 다음 시정 방침의 발표 계기로 옳은 것은?

> 정부는 관제를 개혁하여 총독 임용의 범위를 확장하고 경찰제도를 개정하며, 또는 일반 관리나 교원 등의 복제를 폐지함으로써 시대의 흐름에 순응한다.

① 청산리 대첩　　　　　　　　② 3·1 운동
③ 윤봉길 의거　　　　　　　　④ 6·10 만세운동

해설
일제는 1919년 3·1 운동을 계기로 1910년대 무단통치정책을 1920년대는 문화통치정책으로 전환한다.

┃ 한국남동발전

42 다음 중 항일무장운동 단체가 아닌 것은?

① 의열단 　　　　　　　　② 한인애국단
③ 북로군정서 　　　　　　 ④ 신한청년단

해설

신한청년단은 1918년에 결성된 한인 청년독립운동단체로서, 파리강화회의와 대미외교 등 외교활동을 통해 독립운동을 펼쳐나갔다.
① 의열단 : 김원봉이 중심이 되어 결성된 항일무장조직이다.
② 한인애국단 : 김구가 조직했으며 이봉창·윤봉길 의거를 주도했다.
③ 북로군정서 : 1919년 북간도에서 결성된 항일무장조직으로 총사령관 김좌진 장군의 지휘로 청산리 대첩에서 승리하였다.

┃ 한국중부발전

43 통일을 위한 대한민국 정부의 노력으로 ㉠에 들어갈 내용은?

전두환 정부 : 남북 이산가족 최초 상봉 → 노태우 정부 : 남북기본합의서 채택 → 김영삼 정부 : (㉠)

① 남북조절위원회 구성
② 민족 공동체 통일 방안 제안
③ 7·4 남북공동성명 발표
④ 남북정상회담 최초 개최

해설

1994년 8월 15일 김영삼 정부는 통일로 가는 한민족공동체 건설을 위한 3단계 통일방안으로서 자주·평화·민주의 3원칙과 화해·협력, 남북연합, 통일국가 완성이라는 민족 공동체 통일 방안을 제안했다.

┃ 부산보훈병원

44 다음 사건과 관련된 인물은?

1970년 11월 13일 서울 청계천 평화시장 재단사였던 그는 열악한 노동환경에 항거해 "근로기준법을 준수하라", "우리는 기계가 아니다"라고 외치며 분신했다.

① 전태일 　　　　　　　　② 이소선
③ 박종철 　　　　　　　　④ 김주열

해설

전태일 열사는 한국의 노동운동을 상징하는 인물로 청계천 평화시장 재단사로 일하면서 열악한 노동조건의 개선을 위해 노력했다. 1970년 11월 노동자는 기계가 아니라고 외치며 분신하였다. 그의 죽음은 장기간 저임금노동에 시달렸던 당시의 노동환경을 고발하는 역할을 했으며, 한국 노동운동발전에 중요한 계기가 되었다.

| 경기도시공사

45 전두환 정부 때 있었던 일에 해당하는 것은?

① 남북 이산가족 최초 상봉　　　　② 남북기본합의서 채택
③ 남북정상회담 최초 개최　　　　④ 민족 공동체 통일 방안 제안

해설

전두환 정부 때 남북 이산가족 상봉(1985)이 최초로 이루어졌다.
② 남북기본합의서 채택(1991) : 노태우 정부
③ 남북정상회담 최초 개최(2000) : 김대중 정부
④ 민족 공동체 통일 방안 제안(1994) : 김영삼 정부

| 한국서부발전

46 다음 ㉠~㉣을 일어난 순서대로 옳게 나열한 것은?

| ㉠ 6월 민주항쟁 | ㉡ 4·19 혁명 |
| ㉢ 부마 민주항쟁 | ㉣ 5·18 민주화운동 |

① ㉠－㉡－㉢－㉣　　　　　　② ㉠－㉢－㉣－㉡
③ ㉡－㉢－㉣－㉠　　　　　　④ ㉡－㉢－㉠－㉣

해설

㉡ 4·19 혁명 : 1960년 4월, 이승만 정권의 부정선거를 규탄하며 일어난 시민혁명이다.
㉢ 부마 민주항쟁 : 1979년 10월 16일~20일, 박정희 유신체제에 대항하여 부산과 마산에서 일어난 항쟁이다.
㉣ 5·18 민주화운동 : 1980년 5월 18일~27일, 당시 최규하 대통령 아래 전두환 군부세력 퇴진과 계엄령 철폐를
　　요구하며 광주시민을 중심으로 일어난 민주화운동이다.
㉠ 6월 민주항쟁 : 1987년 6월, 전두환 군부독재에 맞서 일어난 민주화운동이다.

| 광주도시철도공사

47 밑줄 친 '이 사건'에 대한 설명으로 옳지 않은 것은?

> 이 사건은 1987년 6월에 전국에서 일어난 반독재 민주화 시위로 군사정권의 장기집권을 막기 위한
> 범국민적 민주화 운동이다.

① 시위에 참여한 박종철이 고문으로 죽었다.
② 이한열이 최루탄에 맞은 사건이 계기가 되었다.
③ 4·13 호헌조치에 반대하였다.
④ 이 사건의 결과 대통령 직선제로 개헌되었다.

해설

제시된 사건은 6월 민주항쟁이다. 1987년 1월에 발생한 박종철 고문치사 사건은 6월 민주항쟁의 원인 중 하나이다.

┃ 서울신용보증재단

48 다음 ㉠~㉣의 사건들을 시간 순서대로 나열한 것은?

㉠ 10월 유신	㉡ 7 · 4 남북공동성명
㉢ 10 · 26 사태	㉣ 5 · 16 군사정변

① ㉠-㉡-㉢-㉣　　　　　　② ㉣-㉡-㉠-㉢
③ ㉠-㉢-㉣-㉡　　　　　　④ ㉣-㉢-㉠-㉡

해설

㉣ 5 · 16 군사정변 : 1961년 5월 16일, 박정희를 중심으로 한 군사들이 정변을 일으켜 정권을 장악했다.
㉡ 7 · 4 남북공동성명 : 1972년 7월 4일, 남쪽과 북쪽의 정부관계자들이 비밀회담을 가진 후 통일을 위한 공동성명을 발표했다.
㉠ 10월 유신 : 1972년 10월, 박정희 장기 집권을 위해 유신을 선포하고 헌법을 개정했다.
㉢ 10 · 26 사태 : 1979년 10월 26일, 당시 중앙정보부장 김재규가 박정희 대통령을 살해한 사건이다.

┃ 한국산업인력공단

49 다음 중 김영삼 정권 때 일어난 일은?

① 제4공화국　　　　　　② 베트남 파병
③ 4 · 13 호헌 조치　　　　④ 금융실명제

해설

1993년 8월, 김영삼 정권은 '금융실명거래 및 비밀 보장에 관한 긴급재정경제명령'을 발표하면서 금융실명제를 실시했다.
① · ②는 박정희 정권과 관련된 것이다.
③ 1987년 4월 13일, 전두환 정권은 '헌법 개정 논의를 금지한다'라는 특별담화를 발표했다.

┃ 부산교통공사

50 다음 역사적 사건 중 가장 나중에 일어난 것은?

① 6 · 29 민주화 선언　　　　② 12 · 12 사태
③ 한일 국교 정상화　　　　　④ 서울 88 올림픽

해설

한일 국교 정상화(1965) → 12 · 12 사태(1979) → 6 · 29 민주화 선언(1987) → 서울 88 올림픽(1988) 순이다.

2 PART

최신상식

CHAPTER 01 주요 국제 Awards

CHAPTER 02 최신시사용어

합격의 공식 **시대에듀**

잠깐!

자격증·공무원·금융/보험·면허증·언어/외국어·검정고시/독학사·기업체/취업
이 시대의 모든 합격! 시대에듀에서 합격하세요!
www.youtube.com → 시대에듀 → 구독

01 주요 국제 Awards

01 노벨상

수상 부문		생리의학, 물리학, 화학, 경제학, 문학, 평화
주최		스웨덴 왕립과학아카데미, 노르웨이 노벨위원회
시작연도		1901년
시상식 장소		스웨덴 스톡홀름(단, 평화상은 노르웨이 오슬로)
시상식 일정		매년 12월 10일
심사	생리의학	카롤린스카 의학연구소
	물리학, 화학, 경제학	스웨덴 왕립과학아카데미
	문학	스웨덴 아카데미(한림원)
	평화	노르웨이 노벨위원회

01 노벨생리의학상

하비 올터   마이클 호턴   찰스 라이스

2020년 노벨생리의학상은 하비 올터 미국 국립보건원 부소장과 마이클 호턴 캐나다 앨버타대학 교수, 찰스 라이스 미국 록펠러대학 교수 등 3명이 선정됐다. 노벨위원회는 이들이 C형 간염 바이러스를 발견해 간암·간경변 등과 같은 질병에 맞설 수 있도록 이바지한 공로로 수상자로 선정했다고 밝혔다. 하비 올터는 기존의 A형 간염과 B형 간염이 아닌 다른 바이러스가 간염을 유발할 수 있다는 사실을 발견했고, 마이클 호턴은 바이러스에 감염된 침팬지의 혈액에서 DNA 조각을 찾아내 하비 올터의 발견이 C형 간염 바이러스 때문이라는 사실을 밝혀냈다. 또 찰스 라이스는 C형 간염 바이러스 내부 단백질 구조를 처음 밝혀내고 독성이 없는 치료제를 만드는 데 성공했다. 이들의 발견과 연구는 만성 간염의 원인을 밝혀낸 것은 물론 C형 간염 바이러스 진단을 위한 혈액 검사와 치료제 개발로 이어졌다.

02 노벨물리학상

로저 펜로즈   라인하르트 겐첼   앤드리아 게즈

2020년 노벨물리학상은 로저 펜로즈 영국 옥스퍼드대 교수와 라인하르트 겐첼 미국 버클리 캘리포니아대 교수 겸 독일 막스플랑크 외계물리학연구소장, 앤드리아 게즈 미국 로스앤젤레스 캘리포니아대 교수 등 3명이 선정됐다. 노벨위원회는 "펜로즈 교수는 블랙홀 형성이 일반 상대성 이론의 강력한 증거임을 규명했고, 겐첼 소장과 게즈 교수는 우리 은하 중심에 있는 거대 질량 소행 물체 연구에 새로운 지평을 열었다"고 선정 이유를 밝혔다. 한편 게즈 교수는 1903년 마리 퀴리, 1963년 마리아 괴퍼트 메이어, 2018년 도나 스트릭랜드에 이어 역대 네 번째 여성 노벨물리학상 수상자가 됐다.

03 노벨화학상

에마뉘엘 샤르팡티에   제니퍼 다우드나

2020년 노벨화학상에는 유전자를 정밀하게 교정 또는 편집할 수 있는 유전자가위 기술인 '크리스퍼/카스9' 를 개발하여 생명과학에 새 시대를 연 프랑스 출신의 에마뉘엘 샤르팡티에 독일 막스플랑크병원체연구소장 과 제니퍼 다우드나 미국 버클리 캘리포니아대 교수에게 돌아갔다. 유전자가위는 생명정보가 담긴 기본 단위인 유전체 염기서열 가운데 특정 부분을 잘라내거나 붙일 수 있는 기술로 크리스퍼/카스9는 3세대 유전사가위 기술로 분류된다. 노벨위원회는 "이 기술이 생명과학에 혁명적 영향을 미쳤으며, 새로운 임 치료법 개발에 기여하고 유전질환 치료의 꿈을 실현해 줄 수 있을 것"이라고 평가했다.

04 노벨경제학상

폴 밀그럼   로버트 윌슨

2020년 노벨경제학상은 새 경매방식을 발명한 폴 밀그럼과 로버트 윌슨 미국 스탠퍼드대 교수가 수상자로 선정됐다. 두 학자는 경매가 어떻게 작동하는지, 응찰자들이 왜 특정한 방식으로 행동하는지 명확히 했을 뿐만 아니라 이 같은 이론적 발견을 라디오 주파수나 공항에서 특정시간 동안 항공기가 이착륙할 수 있는 권리 등 전통적인 방법으로 팔기 어려운 상품과 서비스 판매를 위한 완전히 새로운 경매 방식을 개발하는 데 활용했다. 노벨위원회는 "경매는 어디에서든 벌어지고, 우리 일상생활에 영향을 준다"면서 "밀그럼과 윌슨은 경매이론을 개선했고, 새 경매 형태를 발명해 전 세계 매도자와 매수자, 납세자에게 혜택을 줬다"고 설명했다.

05 노벨평화상

세계식량계획(WFP)

2020년 노벨평화상은 개인이 아닌 유엔 산하 세계식량계획(WFP)이 수상자로 선정됐다. 노벨위원회는 "국제적 연대와 다자간 협력의 필요성이 그 어느 때보다 중요한 시점에서 세계식량계획은 기아에 대항하고, 분쟁지역에 평화를 위한 조건을 개선하며, 기아를 전쟁과 분쟁의 무기로 사용하는 것을 막기 위한 노력에 추진동력이 된 공로가 있다"고 선정이유를 밝혔다. 코로나19 팬데믹 속에서 전 세계 기아 피해자의 급격한 증가세를 불러온 후, 세계식량계획은 극심한 식량 불안과 기아에 시달리는 1억명에게 도움을 줬다.

06 노벨문학상

루이즈 글릭

스웨덴 한림원은 2020년 노벨문학상에 미국 여성 시인 루이즈 글릭을 선정했다. 글릭은 1943년 뉴욕 태생으로, 1968년 '맏이'(Firstborn)를 통해 시인으로 데뷔한 이후 곧바로 미국 현대문학에서 가장 중요한 시인 중 한명으로 급부상했다. 그는 지난 1985년 작품 '아킬레스의 승리'(The Triumph of Achilles), 1990년 '아라라트'(Ararat)를 통해 미국은 물론 전 세계에서 명성을 얻기 시작했다. 이후 1993년 '야생 붓꽃'(The Wild Iris)으로 퓰리처상을, 2014년 내셔널북어워드를 수상했다. 한림원은 글릭의 작품 가운데 '아베르노'(Averno)를 꼽으면서 이 작품이 하데스에게 붙잡혀 지하 세계로 끌려가는 페르세포네의 신화를 몽환적으로 해석한 거작이라고 호평했다.

02 세계 3대 영화제

01 베니스 영화제

개최 장소	이탈리아 베네치아
개최 시기	매년 8월 말 ~ 9월 초
시작 연도	1932년

〈제78회 수상내역〉

• 황금사자상

　〈해프닝〉　　오드리 디완

오드리 디완의 〈해프닝〉이 황금사자상을 수상했다. 〈해프닝〉은 1936년 프랑스의 한 여대생이 의도치 않은 임신을 하고 낙태를 하기까지의 갈등을 다룬 작품이다. 〈노매드랜드〉의 클로이 자오 감독에 이어 2년 연속으로 여성 감독이 황금사자상을 수상하게 되었다.

• 심사위원대상/감독상

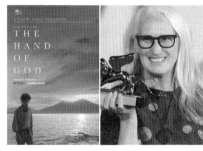

　〈더 핸드 오브 갓〉　　제인 캠피온

심사위원대상은 파울로 소렌티노 감독의 〈더 핸드 오브 갓〉이 차지했고, 감독상은 〈더 파워 오브 더 도그〉를 감독한 제인 캠피온에게 돌아갔다. 〈더 핸드 오브 갓〉은 이탈리아 항구도시 나폴리를 배경으로 감독 자신의 유년시절을 다룬 작품이다. 〈더 파워 오브 더 도그〉는 20세기 초 미국 서부를 배경으로 형제 사이에 나타난 과부와 그녀의 아들을 중심으로 펼쳐지는 서스펜스 영화다.

• 남우주연상/여우주연상

　존 아실라　　페넬로페 크루즈

남우주연상은 〈온 더 잡 : 더 미싱8〉의 존 아실라가, 여우주연상은 〈페러렐 마더스〉의 페넬로페 크루즈가 수상했다. 〈온 더 잡 : 더 미싱8〉은 필리핀의 두테르테 대통령을 둘러싼 부패와 언론검열을 다룬 작품이며, 〈페러렐 마더스〉는 같은 날 출산하게 된 미혼모와 중년 임산부의 교감과 삶의 변화를 그리고 있다.

02 칸 영화제

개최 장소	프랑스 남부의 도시 칸
개최 시기	매년 5월
시작 연도	1946년

〈제74회 수상내역〉

• 황금종려상

〈티탄〉　　　줄리아 듀코나우

줄리아 듀코나우의 〈티탄〉이 황금종려상을 수상했다. 〈티탄〉은 교통사고로 머리에 티타늄 조각이 박힌 여성이 아들을 잃어버린 아버지를 만나면서 생기는 이야기를 다룬 프랑스-벨기에 합작 스릴러 영화다. 한편 여성감독의 황금종려상 수상은 1993년 제인 캠피온 감독 이후 28년 만의 일이다.

• 심사위원대상/감독상

아쉬가르 파라디　　　레오 카락스

심사위원대상은 아쉬가르 파라디 감독의 〈어 히어로〉와 주호 쿠오스마넨 감독의 〈컴파트먼트 No.6〉가 차지했다. 감독상은 〈아네트〉의 레오 카락스에게 돌아갔다. 〈어 히어로〉는 부채로 감옥에 갇힌 남성이 빚을 탕감받기 위해 펼치는 이틀 동안의 출소 여정을 담았으며 〈컴파트먼트 No.6〉는 러시아 모스크바에서 기차를 탄 핀란드 여성이 기차 탑승자들을 만나고 생기는 일을 그려냈다. 〈아네트〉는 세계적인 오페라 가수 앤과 스탠드업 코미디언 헨리에게 특별한 딸 아네트가 생기며 일어나는 이야기를 다룬 작품이다.

• 남우주연상/여우주연상

케일럽 랜드리 존스　　　르나트 라인제브

남우주연상은 〈니트람〉의 케일럽 랜드리 존스가, 여우주연상은 〈더 워스트 펄슨 인 더 월드〉의 르나트 라인제브가 수상했다. 〈니트람〉은 1990년대 호주에서 발생한 최악의 총기사고를 다뤘으며 〈더 워스트 펄슨 인 더 월드〉는 새로운 사랑과 인생에 대해 고민하는 30대 여성을 그린 영화다.

03 베를린 영화제

개최 장소	독일 베를린
개최 시기	매년 2월 중순
시작 연도	1951년

〈제71회 수상내역〉

• 황금곰상

〈배드 럭 뱅잉 오어 루니 폰〉   라두 주드

최우수작품상인 황금곰상은 루마니아 출신의 라두 주드가 감독한 〈배드 럭 뱅잉 오어 루니 폰〉이 수상했다. 남편과의 은밀한 개인 동영상이 인터넷에 유출되면서 사회적 편견과 맞닥뜨리게 된 고등학교 교사의 이야기를 담은 코미디 영화다. 코로나19의 시대상을 반영하여 배우들이 마스크를 쓴 채 연기를 한 것으로 화제를 모았다.

• 심사위원대상/각본상

〈휠 오브 포춘 엔드 판타지〉   〈인트로덕션〉

은곰상 심사위원대상은 하마구치 류스케 감독이 연출한 〈휠 오브 포춘 엔드 판타지〉가 수상했고, 은곰상 각본상은 홍상수 감독의 〈인트로덕션〉에게 돌아갔다. 〈휠 오브 포춘 엔드 판타지〉는 우연과 상상을 주제로 하여 여성이 주인공인 세 개의 단편을 엮어낸 옴니버스 영화다. 〈인트로덕션〉은 세 개의 단락을 통해서 주인공인 청년이 각각 아버지, 연인, 어머니를 찾아가는 여정들을 따라가는 작품이다. 홍상수 감독은 지난 해 〈도망친 여자〉로 감독상에 오른데 이어 2년 연속 수상의 영광을 안았다.

• 주연상/조연상

마렌 에거트   릴러 키즐린게르

2021년 시상식부터 남녀의 구분 없이 주연상을 시상하며, 조연상 부문이 신설되었다. 주연상은 〈아임 유어 맨〉의 마렌 에거트가, 조연상은 〈포레스트-아이 씨 유 에브리웨어〉의 릴러 키즐린게르가 수상했다.

안심Touch

02 최신시사용어

01 정치 · 국제 · 법률

01 비토권

사안을 거절할 수 있는 권리

한 사안에 대해서 거부 · 거절할 수 있는 권리를 말한다. 'Veto'는 거부라는 뜻의 영단어다. 국제연합(UN)의 안전보장이사회(안보리)는 비토권 5개국으로 불린다. 만약 5개국 중 1개국이라도 비토권을 행사하면 해당 국가를 제외하고 만장일치를 이뤄도 안건이 통과되지 않는다. 우리나라에도 비토권이 존재한다. 국회, 즉 입법부에서 의결된 안건을 대통령이 재의 요구할 수 있다. 재의라고 명시되어 있지만 비토권과 같은 역할을 한다. 법률안이 재의되더라도 다시 국회로 넘어와 재적의원 과반수 출석과 출석의원 3분의 2 이상의 동의를 얻으면 법률로서 제정된다.

02 대체공휴일법

공휴일과 휴일이 겹치는 경우 다음 비공휴일을 공휴일로 보장하는 법

국정공휴일이 다른 휴일과 겹치는 경우 돌아오는 첫 번째 비공휴일을 공휴일로 보장하는 법을 말한다. 2021년 6월 29일 이러한 내용의 '공휴일에 관한 법률' 제정안이 국회 본회의를 통과했다. 그동안 설날과 추석 연휴, 어린이날에만 대체휴일을 적용했지만 앞으로는 3 · 1절 등 4개의 국경일에도 적용된다. 대체공휴일법은 이듬해 1월 1일부터 시행되지만 부칙에 따라 2021년에는 광복절부터 시행하여 개천절과 한글날에 대체공휴일이 적용된다. 다만 공휴일을 유급휴일로 보장하지 않는 근로기준법의 내용과 충돌하는 부분이 있어 5인 미만의 사업장에는 적용하지 않기로 했다.

03 쿼드(Quad)

미국, 일본, 인도, 호주 4국가가 모여 구성한 안보협의체

미국, 일본, 인도, 호주로 구성된 안보협의체다. 2007년 당시 아베 신조 일본총리의 주도로 시작됐으며 2020년 8월 미국의 제안 아래 공식적인 국제기구로 출범했다. '법치를 기반으로 한 자유롭고 개방된 인도·태평양(FOIP ; Free and Open Indo-Pacific)' 전략의 일환으로 시진핑 중국주석이 이끄는 일대일로를 견제하기 위한 목적도 갖고 있다. 이 때문에 반(反)중국의 성격을 가지고 있는데 당시, 미국은 쿼드를 인도-태평양판 나토(NATO, 북대서양조약기구)로 추진했다. 한편 쿼드는 한국, 뉴질랜드, 베트남이 추가로 참가하는 쿼드 플러스로 기구를 확대하려는 의지를 내비치기도 했다.

04 김용균법

산업재해 방지를 위해 산업현장안전과 기업의 책임을 대폭 강화하는 법안

2018년에 태안화력발전소 비정규직 노동자였던 고 김용균 씨 사망사건 이후 입법 논의가 시작되어 고인의 이름을 따서 발의된 법안이다. 고 김용균 씨 사망은 원청관리자가 하청노동자에게 직접 업무지시를 내린 불법파견 때문에 발생한 것으로 밝혀져 '죽음의 외주화' 논란을 일으켰다. 이 사건의 원인이 안전관련법안의 한계에서 비롯되었다는 사회적 합의에 따라 산업안전규제 강화를 골자로 하는 산업안전보건법이 2020년에 개정되었고, 이후 산업재해를 발생시킨 기업에 징벌적 책임을 부과하는 중대재해 기업처벌법이 2021년에 입법됐다.

산업안전보건법 개정안(산업안전법)

산업현장의 안전규제를 대폭 강화하는 방안을 골자로 발의된 법안으로 2020년 1월 16일부터 시행됐다. 주요 내용은 노동자 안전보건 조치 의무 위반 시 사업주에 대한 처벌을 강화하고 하청 가능한 사업의 종류를 축소시키는 등이다. 특히 도급인 산재 예방 조치 의무가 확대되고 사업장이 이를 위반할 경우 3년 이하의 징역 또는 3,000만원 이하의 벌금에 처하도록 처벌 수준을 강화해 위험의 외주화를 방지했다.

중대재해 기업처벌법(중대재해법)

산업안전법이 산업현장의 안전규제를 대폭 강화했다면 중대재해법은 더 나아가 경영책임자와 기업에 징벌적 손해배상책임을 부과한다. 중대한 인명피해를 주는 산업재해가 발생했을 경우 경영책임자 등 사업주에 대한 형사처벌을 강화하는 내용이 핵심이다. 노동자가 사망하는 산업재해가 발생했을 때 안전조치 의무를 미흡하게 이행한 경영책임자에게 징역 1년 이상, 벌금 10억원 이하의 처벌을 받도록 했다. 법인이나 기관도 50억원 이하의 벌금형에 처하도록 했다. 2022년부터 시행되며 50인 미만 사업장에는 공포된 지 3년 후부터 시행된다.

05 임대차 3법

전월세상한제 · 계약갱신청구권제 · 전월세신고제를 핵심으로 하는 법안

임대차 3법은 계약갱신청구권과 전월세상한제를 담은 '주택임대차보호법' 개정안과 전월세신고제를 담은 '부동산 거래신고 등에 관한 법률' 개정안을 말한다. 이 중 '주택임대차보호법' 개정안은 2020년 7월 31일 본회의를 통과한 당일부터 시행됐다. 이에 따라 세입자는 추가 2년의 계약연장을 요구할 수 있고 집주인은 실거주 등의 특별한 이유가 없으면 이를 받아들여야 하는데, 이때 임대료는 종전 계약액의 5% 이내에서만 인상할 수 있다. 계약 당사자가 계약 30일 이내에 임대차 계약정보를 신고해야 하는 '부동산 거래신고 등에 관한 법률' 개정안은 2020년 8월 4일 본회의를 통과해 2021년 6월 1일부터 시행됐다.

06 연동형 비례대표제

정당의 득표율에 따라 의석을 배분하는 제도

총 의석수는 정당득표율로 정해지고, 지역구에서 몇 명이 당선됐느냐에 따라 비례대표 의석수를 조정하는 방식이다. 정당의 득표율에 연동해 의석을 배정하는 방식으로, 예컨대 A정당이 10%의 정당득표율을 기록했다면 전체 의석의 10%를 A정당이 가져갈 수 있도록 하는 것이다. 연동형 비례대표제는 지역구 후보에게 1표, 정당에게 1표를 던지는 '1인 2표' 투표방식이지만, 소선거구에서의 당선 숫자와 무관하게 전체 의석을 정당득표율에 따라 배분한다. 그리고 정당득표율로 각 정당들이 의석수를 나눈 뒤 배분된 의석수보다 지역구 당선자가 부족할 경우 이를 비례대표 의석으로 채우게 된다. 연동형 비례대표제는 '혼합형 비례대표'로도 불리는데, 이를 택하고 있는 대표적 국가로는 독일, 뉴질랜드 등이 있다.

준연동형 비례대표제
원안은 300명의 의석 중 비례대표를 75석으로 늘리는 것을 골자로 하였으나 가결된 수정안은 현행과 같이 300명의 의석 중 지역구 253명, 비례대표 47석을 유지하되 47석 중 30석에만 '연동형 캡'을 적용하여 연동률 50%를 적용하는 것이다. 연동률이 100%가 아닌 50%만 적용하므로 준연동형 비례대표제라고 부른다.

석패율제
지역구와 비례대표에 동시에 출마한 후보 중에서 가장 높은 득표율로 낙선한 후보를 비례대표로 선출하는 제도다. 일본이 지역구 선거에서 가장 아깝게 떨어진 후보를 구제해주자는 취지로 1996년 도입했다.

07 홍콩 국가보안법(홍콩보안법)

홍콩 내 중국 반(反)정부 행위를 처벌하는 법

홍콩보안법은 외국 세력과 결탁, 국가 분열, 국가정권 전복, 테러리즘 행위 등을 금지·처벌하고, 홍콩 내에 이를 집행할 기관인 국가안전처를 설치하는 내용이 담긴 홍콩의 중국 반(反)정부 행위 처벌법이다. 중국전국인민대표회의 상무위원회에서 2020년 6월 30일에 통과되어 홍콩의 실질적 헌법인 기본법 부칙에 삽입됐으며, 홍콩주권 반환일인 7월 1일부터 공식 시행되었다. 중국과 홍콩은 본래 일국양제(一國兩制)를 택하고 있어 홍콩 의회에서 법안을 발의해야 한다. 하지만 2019년 범죄인 인도법(송환법)에 반대한 시위가 6개월 넘게 지속되며 홍콩 민주화를 요구하는 대규모 시위로 번지자 중국 정부가 이를 대처하기 위해 직접 홍콩보안법을 제정했다.

복면금지법
공공 집회나 시위 때 마스크·가면 등의 착용을 금지하는 법으로, 복면 착용으로 신원 확인을 어렵게 하는 것을 금지하는 것이다. 홍콩 정부는 10월 5일부터 '범죄인 인도법' 반대 시위대의 마스크 착용을 금지하는 '복면금지법'을 전면 시행했다. 복면금지법을 시행할 것이라는 소식이 전해지자 홍콩 시내 곳곳에는 시민들이 쏟아져 나와 항의 시위를 벌였다.

홍콩인권법
미국 상원에서 만장일치로 통과된 홍콩인권법은 홍콩인권·민주주의법과 홍콩보호법으로 나뉜다. 홍콩인권법은 홍콩의 자치 수준을 미국이 1년에 한 번 평가하고 홍콩의 자유를 억압하는 인물을 제재하는 내용이다. 홍콩보호법은 최루탄과 고무탄, 전기충격기 등 집회·군중을 통제하기 위한 일체의 장비를 홍콩에 수출하는 것을 금지하는 것이다.

08 딥스테이트 Deep State

법의 범위를 넘어 국가에 강력한 영향력을 행사하는 숨은 권력집단

국가의 공공이익에 봉사하지 않는 자기 권력화된 관료집단, 정부조직, 시민단체, 언론 등 기성세력을 의미한다. 이들은 기득권층으로 카르텔을 형성하며 법 제도를 넘어서는 위치에서 국가에 강한 영향력을 행사한다. 터키, 이집트 등 중동 권위주의 국가의 군부세력이 겉으로는 행정가를 두고 수시로 정치에 개입하는 모습에서 처음 사용됐으며 터키어 'Derin Devlet'에서 유래됐다. 대중에 의해 선출되는 국회의원, 대통령과 같은 표면적인 권력자들은 임기에 따라 주기적으로 교체되지만, 이들은 막후의 정치세력으로서 수십 년간 똑같은 자리를 차지하면서 경제, 정치, 사회 등 국가 전반에 중대사들을 좌지우지한다.

09 고위공직자범죄수사처(공수처)

고위공직자의 범죄 사실을 수사하는 독립된 기관

대통령을 비롯해 국회의원, 국무총리, 검사, 판사, 경무관급 이상 경찰 등 고위공직자들이 직무와 관련해 저지른 범죄에 대한 수사를 전담하는 기구로, 줄여서 '공수처'로 부른다. 공수처 설치는 1996년 참여연대가 고위공직자비리수사처를 포함한 부패방지법안을 입법 청원한 지 23년, 고(故) 노무현 전 대통령이 2002년 대선공약으로 내건 지 17년 만인 2019년 12월 30일 입법화가 이뤄졌다. 2021년 1월 21일에 공수처가 공식 출범되면서 초대 공수처장으로 김진욱 헌법재판소 전 선임연구관이 임명됐다.

고위공직자범죄수사처 설치 및 운영에 관한 법률 주요 내용

수사대상		대통령, 국회의장·국회의원, 대법원장·대법관, 헌재소장·재판관, 검찰총장, 국무총리, 중앙행정기관·중앙선관위·국회·사법부 소속 정무직 공무원, 대통령비서실·국가안보실·대통령경호처·국정원 소속 3급 이상 공무원, 광역자치단체장·교육감, 판사·검사, 경무관급 이상 경찰, 군 장성 등
수사대상 범죄		직무유기·직권남용죄 등 형법상 공무원 직무 관련 범죄, 횡령·배임죄, 변호사법·정치자금법·국정원법·국회증언감정법·범죄수익은닉규제법 위반 등(수사과정에서 인지한 범죄 포함)
구 성		공수처장 및 차장 각 1명(임기 3년, 중임 불가), 검사 23명(임기 3년, 3번 연임 가능), 수사관 40명(임기 6년, 연임 가능)
권 한	원 칙	수사권, 영장청구권, 검찰 불기소처분에 대한 재정신청권
	예 외	기소권 및 공소유지권(판사·검사, 경무관급 이상 경찰 대상)

10 패스트트랙

쟁점 법안의 빠른 본회의 의결을 진행하기 위한 입법 시스템

발의된 국회의 법안 처리가 무한정 미뤄지는 것을 막고, 법안을 신속하게 처리하기 위한 제도이다. 우리나라의 입법 과정은 해당 분야를 담당하는 상임위원회의 의결 → 법제사법위원회의 의결 → 본회의 의결 → 대통령 거부권 행사 여부 결정 순으로 진행된다. 본회의 의석수가 많더라도 해당 상임위 혹은 법사위 의결을 진행시킬 수 없어 법을 통과시키지 못하는 경우가 있는데, 이런 경우 소관 상임위 혹은 본회의 의석의 60%가 동의하면 '신속 처리 안건'으로 지정하여 바로 본회의 투표를 진행시킬 수 있다. 하지만 이를 위해 상임위 심의 180일, 법사위 회부 90일, 본회의 부의 60일, 총 330일의 논의 기간을 의무적으로 갖게 된다.

패스트트랙으로 지정된 사례
- 사회적 참사 특별법
- 유치원 3법
- 2019년 패스트트랙 지정 4개 법안

11 검·경 수사권 조정안

수사·기소를 분리한 검·경 수사권 조정안

검·경 수사권 조정안은 ▲ 검사 수사지휘권 폐지 ▲ 경찰 1차 수사종결권 부여 ▲ 검사 직접 수사범위 제한 등 검찰 권한을 분산하는 내용이 핵심이다. 2020년 1월 13일 이 같은 내용의 검·경 수사권 조정법안 (형사소송법·검찰청법 개정안)이 통과되며 검찰의 수사지휘권은 1954년 형사소송법이 제정된 지 66년 만에 폐지됐다. 그간 형사소송법은 검사를 수사권의 주체로, 사법경찰관은 검사의 지휘를 받는 보조자로 규정해왔다. 그러나 개정안 통과로 검·경 관계는 '지휘'에서 '협력'으로 바뀌었다. 경찰에 1차적 수사종결권 을 부여한 점도 개정안의 핵심이다. 경찰은 혐의가 인정되지 않는다고 판단한 사건을 자체 종결할 수 있다. 2020년 10월 29일 검·경 수사권 조정을 위한 검찰청법과 형사소송법 시행령이 국무회의를 통과해 2021년 1월 1일부터 시행됐다. 검찰의 직접수사 범위도 제한됐다. 시행령에 따르면 검찰 직접 수사 대상은 ▲ 4급 이상 공직자 ▲ 3,000만원 이상의 뇌물 사건 ▲ 5억원 이상의 사기·횡령·배임 등 경제범죄 ▲ 5,000만원 이상의 알선수재·배임수증재·정치자금 범죄 등이다.

국가수사본부(국수본)
검·경 수사권 조정 이후 경찰이 1차적 수사종결권을 갖게 되며 새롭게 설치된 수사기관으로 2021년 출범했 다. 일반 경찰과 수사 경찰을 분리해 경찰의 수사 컨트롤타워 역할을 수행하여 한국판 FBI라 불린다.

국가수사본부 조직도

12 슬로벌라이제이션 Slowbalisation

국제 공조와 통상이 점차 느려지는 상황

영국의 경제 전문 주간지 〈이코노미스트〉가 2020년 커버스토리를 통해 진단한 세계경제 흐름이다. 세계화 (Globalization)의 속도가 점차 늦어진다(Slow)는 의미를 담고 있다. 2008년 미국발 금융위기로 인해 많은 국가들이 자국 산업의 보호를 위해 부분적 보호무역주의를 실시했고 최근 코로나19 사태 이후 이 같은 경향이 심화되면서 이러한 진단이 나오게 되었다. 개발도상국의 성장으로 무역 시장의 역할 변화가 이뤄지면서 선진국과 개도국의 관계가 상호 호혜적 관계에서 경쟁적 관계로 변화한 것이 큰 요인이라고 평가된다.

13 벚꽃모임

일본정부가 1952년부터 개최하고 있는 정치모임

벚꽃을 보는 모임으로 일본정부가 1952년부터 개최하고 있다. 매년 4월 중순 공로나 공적을 세운 정치인과 유명 연예인 등 각계각층의 인사가 모여 도쿄도 내에 위치한 신주쿄교엔에서 만개한 벚꽃을 구경한다. 일반인도 참여할 수 있지만 지역사회나 정부 추천을 받아야 하는 등 참가과정이 까다롭다. 2019년 아베 신조 전 일본 총리는 벚꽃모임을 사유화했다는 '벚꽃스캔들'이 폭로되면서 지지율이 폭락했다.

14 전범기업

전쟁 당시 침략국에게 군수물품을 납품해 성장한 기업

전쟁 중 군납 물품제조나 강제징용을 통해 침략국으로부터 경제적 이익을 얻어 성장한 기업을 일컫는다. 일제강점기 시절 일본 전범기업들은 조선인을 강제징용해 노동력을 착취하고 이로부터 나오는 막대한 이익을 통해 성장했다. 대표적인 기업으로 미쓰비시와 일본제철이 있다. 우리나라에서는 일본 전범기업이 강제징용 배상을 외면하는 등 반성의 기미가 보이지 않자 불매운동이 진행됐다.

15 샤리아법 Sharia Law

이슬람의 법체계

이슬람의 법체계다. 아랍어로 샤리아는 '물 마시는 곳으로 이끄는 길'이라는 말로 진리 또는 신께 다가가는 길이라는 뜻을 가지고 있다. 샤리아법은 일반적인 법체계와 달리 종교와 세속의 경계가 없어서 종교적인 측면뿐만 아니라 개인과 국가와의 관계, 가족, 생활관습, 사회, 정치 등 훨씬 포괄적인 영역에 대해 규정한다. 19세기 무슬림 사회의 서구화로 많은 변화가 일어났음에도 불구하고 여전히 무슬림들의 삶의 방식에 큰 영향력을 미치고 있다. 그러나 일부 내용을 해석하는 데 있어 학파마다 법을 적용하는 범위가 달라 일부 극단적인 성향의 집단에서는 인권탄압 등의 문제가 꾸준히 제기되고 있다. 지난 2021년 8월 15일 탈레반이 아프가니스탄의 수도 카불을 점령하며 20여 년 만에 정권을 재장악한 후 외국에 협조했던 이들에 대해 '샤리아법'에 따라 대대적 탄압을 단행하고 있다.

16 부동산 3법

부동산과 관련된 종합부동산세법·법인세법·소득세법

부동산 3법은 부동산과 관련된 종합부동산세법·법인세법·소득세법을 통칭하여 부르는 말이다. 2020년 8월에는 7·10 부동산 대책에 대한 후속 입법절차로 국회에 개정 부동산 3법이 통과됐다. 개정 부동산 3법은 3주택 이상이나 투기조정대상지역 2주택 소유자의 종합부동산세 최고 세율을 6.0%로 높이고, 2년 미만 단기 보유 주택과 다주택자의 투기조정대상지역 내 주택 양도세 중과세율을 올리는 것이 주요 내용이다.

부동산 3법 주요 내용(2020.12.29. 개정)

종합부동산세법	고액의 부동산 보유자에 대하여 개인의 경우 3주택 이상 및 조정대상지역 2주택에 대해 과세 표준 구간별로 1.2%~6.0%의 세율을 적용하며, 법인은 다주택 보유 법인에 대해 중과 최고 세율인 6%를 적용한다.
법인세법	법인이 보유한 주택을 양도할 때 추가세율이 인상된다. 또 법인의 주택 양도차익에 대해 기본 법인세율(10~25%)에 더해 추가 과세되는 세율이 기존 10%에서 20%로 인상된다.
소득세법	양도소득세제상 주택 수 계산 시 분양권이 포함된다. 1세대 1주택(고가주택)에 대한 장기보유특별공제율 적용 요건에 거주기간이 추가된다.

안심Touch

17 SLBM(잠수함발사탄도미사일)

잠수함에서 발사되는 탄도미사일

잠수함에 탑재되어 잠항하면서 발사되는 미사일 무기로, 대륙간탄도미사일(ICBM), 다탄두미사일(MIRV), 전략 핵폭격기 등과 함께 어느 곳이든 핵탄두 공격을 감행할 능력을 갖췄는지를 판단하는 기준 중 하나다. 잠수함에서 발사할 수 있기 때문에 목표물이 본국보다 해안에서 더 가까울 때에는 잠수함을 해안에 근접시켜 발사할 수 있으며, 조기에 모든 미사일을 탐지하기가 어렵다는 장점이 있다. 북한은 2021년 초 미국 바이든 행정부 출범을 앞두고 신형 잠수함발사탄도미사일(SLBM) '북극성-5형'을 공개했다. 우리나라도 지난 2021년 9월 15일 독자개발한 SLBM 발사시험에 성공하면서, 세계 7번째 SLBM 운용국이 됐다.

> **대륙간탄도미사일(ICBM)**
> 대륙간탄도미사일은 대륙간탄도탄이라고도 한다. 미국보다 러시아가 먼저 1957년 8월에 개발하였고, 미국은 1959년에 실용화하였다. 일반적으로 5,000km 이상의 사정거리를 가진 탄도미사일을 말하며, 보통 메가톤급의 핵탄두를 장착하고 있다.

18 공정경제 3법

상법 · 공정거래법 · 금융그룹감독법 개정에 관한 법률

기업 지배구조 개선과 대기업의 부당한 경제력 남용 근절을 목적으로 발의된 상법 개정안과 공정거래법 개정안, 그리고 금융그룹감독에 관한 법률 개정안이다. 2020년 8월에 국무회의에서 의결되어 같은 해 12월 9일 열린 본 회의에서 가결됐다. 공정경제 3법 개정안을 통해 소액주주의 경영감독권이 강화되어 불법적 승계를 위한 기업의 자회사 설립 등을 방지할 수 있게 됐다. 공정경제 3법 도입 이후 규제대상 기업은 607개 사에 달하며 금융복합기업집단으로 지정된 경우 별도 감독이 실시된다.

공정경제 3법 주요 내용

상 법	소액주주의 경영감독권을 강화하는 '다중대표소송제', 감사위원의 독립성 보장을 위한 '분리선출제', 감사위원분리 선출 시 대주주의 의결권을 3%로 제한하는 '3%룰'이 주 내용이다.
공정거래법	담합 행위에 대한 공정거래위원회의 '전속고발권'을 폐지하고 상장사에 대한 사익편취 규제기준을 지분율 30%에서 20%로 하향한다.
금융그룹감독법	계열사가 2개 이상의 금융업을 영위하며 소속 금융사 자산이 5조원 이상일 경우 복합금융그룹으로 지정되어 금융당국의 감독을 받는다.

19 일국양제(一國兩制)

특별자치구 기본법에 의거한 홍콩·마카오에 대한 중국의 통치 방식

한 국가 안에 두 체제가 공존한다는 뜻으로 1980년대 덩샤오핑이 영국으로부터 홍콩을, 포르투갈로부터 마카오를 반환받고자 할 때 제안한 것이다. 반환 이후에도 두 도시의 자유주의·자본주의 체제를 보장할 것을 시민들과 상대국에게 보장함으로써 1997년에 홍콩을, 1999년에 마카오를 반환받을 수 있었다. 현재 홍콩과 마카오는 중국의 특별자치구 기본법에 의거하여 고도의 자치권을 영유할 수 있으며, 독자적인 외교권을 행사할 수 있게 되어 있다.

20 보아오포럼

중국 하이난 보아오에서 개최되는 경제포럼

비영리적·비정부적 기구인 보아오포럼 사무국이 매년 중국 하이난에 위치한 보아오에서 개최하는 경제포럼이다. 스위스 다보스에서 열리는 다보스포럼(WEF ; World Economic Forum)과 비슷한 성격을 가져 아시아판 다보스포럼으로 불리기도 한다. 2001년 처음 개최됐으며, 현재 한국·중국·일본 등 29개의 국가가 보아오포럼에 참여하고 있다. 호크 호주 전 총리와 라모스 필리핀 전 대통령이 함께 아시아판 다보스포럼을 구상한 것이 보아오포럼의 시작이다. 포럼에는 정부 관계자뿐만 아니라 기업, 개인까지 참여하고 있으며 2018년에는 반기문 전 유엔총장이 보아오포럼의 이사장으로 당선됐다.

21 탄소국경세 CBAM ; Carbon Border Adjustment Mechanism

탄소국경조정제도

이산화탄소 배출이 많은 국가에서 생산·수입되는 제품에 부과하는 관세로 '탄소국경조정제도'라고도 한다. 미국 조 바이든 행정부와 유럽연합(EU)이 주도적으로 추진하고 있다. 특히 EU는 2021년 7월, 2030년 유럽의 평균 탄소배출량을 감축하기 위한 입법패키지 '핏포 55(Fit for 55)'를 발표하면서 탄소국경세 입법안도 함께 공개했다. 유럽 역내로 수입되는 제품 가운데 자국 제품보다 탄소배출량이 많은 제품에 관세를 부과하는 조치다. EU는 2023년부터 시멘트, 알루미늄, 전기, 철강, 비료 등 탄소배출이 많은 품목에 탄소국경세를 시범적으로 시행한 뒤 2025년부터 단계적으로 시행한다는 계획이다.

안심Touch

22 브렉시트 Brexit

영국의 유럽연합 탈퇴

영국(Britain)과 탈퇴(Exit)를 합쳐서 만든 합성어로 영국의 유럽연합(EU) 탈퇴를 의미한다. 영국과 EU의 관계는 1973년 EU의 전신인 유럽경제공동체(EEC)에 가입 후 47년간 이어졌으나 2016년 브렉시트 국민투표를 통해 논의가 시작됐다. 테리사 메이 전 총리가 2017년 3월 EU 탈퇴에 서명하며 리스본 조약 50조가 발동됐다. 보리스 존슨 총리가 2019년 10월 EU 탈퇴협정을 최종으로 체결했고, 2020년 1월 31일에는 EU 회원국이 브렉시트를 최종 승인했다. 다만 원활한 브렉시트의 진행을 위해 같은 해 12월 31일까지 영국의 EU 회원국 대우를 유지했다. 영국이 EU와 설정한 브렉시트(Brexit) 전환기간이 종료되며 2021년부터 공식 발효됐다.

리스본 조약
- 모든 회원국은 자국의 헌법규정에 의거해 EU 탈퇴 결정이 가능하다(50조 1항).
- 탈퇴협정 발표일 혹은 탈퇴 통보 후 2년 경과시점부터 리스본 조약 효력이 중단된다. 단, 회원국 만장일치 시 탈퇴 통보 후 주어지는 기간(2년) 연장이 가능하다(50조 3항).

브렉시트 이후 영국과 EU의 새 미래관계 협상

상품교역	무관세·무쿼터 교역은 지속, 검역·관세 국경 신설
이 주	영국인, EU 내 이동의 자유 제한
어 업	• 영국수역 내 EU 어획량 쿼터 25% 삭감 합의(향후 5년간 진행) • EU 어선의 영국 수역접근권은 매년 협상 예정
공정경쟁환경	• 공정경쟁환경을 보장하는 공통의 법적구속력이 있는 원칙에 합의 • 양측 규제가 달라지는 상황에 대비하여 재균형 매커니즘 구축
안 보	영국은 유럽사법협력기구, 유럽경찰청 회원국 탈퇴

02 경제·경영·금융

23 신용점수제

신용등급제를 대체하는 개인신용평가 점수 제도

개인신용평가 기준을 1~1,000점까지의 점수로 부여하는 제도이다. 기존 신용등급제를 대체해 2021년 1월 1일부터 전 금융권에서 전면 시행됐다. 신용점수제가 실시되면서 앞으로는 신용평가를 할 때 등급에 따라 평가하는 것이 아니라 실제 신용상태를 적용해 세분화된 점수를 적용한다. 신용평가사(CB사)인 나이스평가 정보와 코리아크레딧뷰로(KCB)는 개인의 신용등급을 산정하지 않고 신용점수만 산정해 금융사와 소비자 등에 제공한다. 근소한 차이로 하위 등급을 받은 사람이 대출 등에 제약을 받았던 문턱 효과가 완화되고 좀 더 정교한 여신심사가 가능해진다.

24 분양가상한제

초강력 주택가격 상승 억제책

건설사가 아파트를 짓고 최초 분양할 때 정부가 나서서 매매가를 일정 이상 넘지 못하도록 제한하는 제도이다. 본래 공공주택의 경우 실시했던 분양가상한제를 투기과열지구의 민간주택에까지 확장시키도록 변경되었다. 분양가상한의 기준은 '감정평가된 아파트 부지의 금액 + 정부가 정해놓은 기본형 건축비 + 가산비용'으로 결정된다.

25 골든크로스 Golden Cross

주가나 지지율이 약세에서 강세로 전환되는 신호

주식시장에서 특정 주가가 횡보(橫步, 변동이 거의 없어 그래프가 가로 줄처럼 보이는 현상) 구간을 지나 무섭게 상승하는 지점을 뜻하는 용어다. 여기서 파생해 정치에서 추세가 극적으로 전환되는 상황을 나타낼 때도 쓰인다. 대표적으로 대통령이나 정당의 지지율이 상승의 전환점을 맞을 때 이 말이 등장한다. 반대로 지지율이 내리막길을 걷는 전환점은 주식시장에서 약세시장으로의 강력한 전환신호를 나타낸다는 의미의 데드크로스(Dead Cross)로 불린다.

안심Touch

26 신 파일러 Thin Filer

신용을 평가할 금융 거래 정보가 거의 없는 사람

영어로 얇다는 뜻의 'Thin', 서류라는 뜻의 'File', '~하는 사람'이라는 의미를 가진 접미사 'er'이 합쳐져 만들어진 용어로, 서류가 얇은 사람을 말한다. 이는 신용을 평가할 수 없을 정도로 금융거래 정보가 거의 없는 사람을 지칭한다. 구체적으로는 최근 2년 동안 신용카드 사용 내역이 없고, 3년간 대출 실적이 없을 때를 가리킨다. 20대 사회 초년생이나 60대 이상 고령층이 주로 이에 해당한다. 신용정보가 부족하다는 이유에서 낮은 신용점수로 평가되어 대출 금리를 낮게 적용받기 어렵다.

27 자이낸스 Zinance

디지털 활용 및 모바일 플랫폼 사용에 익숙한 Z세대와 금융을 합한 신조어

디지털 활용 및 모바일 플랫폼 사용에 익숙한 'Z세대'와 '금융(Finance)'을 합한 신조어를 말한다. Z세대는 아직 자산과 소득이 적지만 과감한 레버리지(대출)로 소비와 투자에 적극적인 모습을 보인다. '영끌(영혼을 끌어 모은)대출'로 주식과 암호화폐 상승장을 주도하고 메타버스와 같은 새로운 플랫폼에서 종횡무진하는 등 금융시장에서 매우 큰 영향력을 행사하고 있다. MZ세대를 고객으로 끌어 모은 카카오뱅크, 토스, 카카오페이, 네이버파이낸셜 등은 앱의 편리성과 친숙함을 앞세워 순식간에 '데카콘 기업(기업가치 100억달러 이상 신생기업)'으로 성장했다.

28 뉴 노멀 New Normal

시대 변화에 따라 새롭게 부상하는 기준이나 표준

뉴 노멀은 2008년 글로벌 경제 위기 이후 등장한 새로운 세계 경제질서를 의미한다. 2003년 벤처투자가인 로저 맥너미가 처음 제시하였고 2008년 세계 최대 채권운용회사 '핌코'의 경영자인 무하마드 앨 에리언이 다시 언급하면서 확산됐다. 주로 과거에 대한 반성과 새로운 질서를 모색하는 시점에 등장하는데 2008년 경제 위기 이후 나타난 저성장, 높은 실업률, 규제 강화, 미국 경제 역할 축소 등이 뉴 노멀로 지목된 바 있다. 최근에는 사회 전반적으로 새로운 기준이나 표준이 보편화되는 현상을 이르기도 하며 우리말로는 '새 일상', '새 기준'으로 대체할 수 있다.

29 한국판 뉴딜 New Deal

경제개발 활성화를 위해 미국 뉴딜정책을 본뜬 한국판 뉴딜정책

한국판 뉴딜(New Deal)은 문재인 정부가 2020년 7월 21일에 경제개발 활성화와 선도국가로의 도약을 위해 발표한 정책이다. 미국 루스벨트 대통령이 경제대공황을 극복하기 위해 추진한 뉴딜정책에서 이름을 따왔다. '디지털 뉴딜'과 '그린 뉴딜'을 두 축으로 하고, 취약계층을 두텁게 보호하기 위한 '안전망 강화'로 이를 뒷받침하는 전략이다. 2021년부터 2025년까지 분야별 투자를 통해 190만개 일자리 창출을 하는 것이 목적이다.

한국판 뉴딜정책 주요 내용

디지털 뉴딜	데이터 댐, 인공지능(AI) 기반 지능형 정부, 교육인프라 디지털 전환, 비대면 산업 육성, 국민안전 SOC 디지털화
그린 뉴딜	신재생에너지 확산기반 구축, 전기차·수소차 등 그린 모빌리티, 공공시설 제로 에너지화, 저탄소·녹색산단 조성
안전망 강화	고용보험 가입대상 단계적 확대, 국민취업지원제도 전면 도입, 디지털·그린 인재양성

30 DSR(총부채원리금상환비율)

대출자의 소득 대비 전체 금융부채의 원리금 상환액 비율

대출을 받고자 하는 사람의 소득 대비 전체 금융부채의 원리금 상환액을 연간 소득으로 나눈 비율을 말한다. DSR(Debt Service Ratio)은 다른 말로 총체적상환능력비율이라고도 한다. 2016년 금융위원회가 대출 상환능력을 심사하기 위해 마련한 대출심사 지표이며 심사 시 개인의 모든 대출에 대해 원리금 상환부담을 계산한다. 주택담보대출과 신용대출, 카드론 등을 비롯한 모든 금융권에서의 대출원리금 부담을 반영한다. 이 때문에 DSR을 도입하면 연소득은 그대로인 상태에서 금융부채가 커지기 때문에 일반적으로 대출한도가 대폭 축소된다. 우리나라는 2021년 7월 1일부터 개인별 대출규제가 강화되면서 개인 DSR(총부채원리금상환비율) 40%로 규제 적용대상이 확대됐다.

안심Touch

31 코워킹스페이스 Co-working Space

공유경제형 사무실 임대 서비스

개방형 사무실을 임대해주는 서비스이다. 대규모의 사무실에 여러 사업자들이 테이블 단위로 비용을 지불하고 입주하여 업무를 본다. 소규모 스타트업의 경우 한 개의 사무실을 임대하는 것보다는 저렴한 가격에 사무공간을 이용할 수 있다. 트렌디한 인테리어로 근로자의 만족도를 높일 수 있고 각종 서비스 시설도 공용으로 저렴하게 확보할 수 있다는 장점을 보유하고 있다. 또한 이곳에 입주함으로써 개방된 공간에서 여러 스타트업 인재들이 직간접적으로 접촉하게 되면서 아이디어 교환과 협업 추진 등의 각종 시너지 효과를 유도하기도 한다. 하지만 공간이 개방되어 있어 보안이나 프라이버시 면에서 취약하며, 규모가 조금만 커져도 사무실을 임대하는 것보다 경제성이 낮아진다는 단점이 있다.

32 사모펀드

비공개적으로 소수의 투자자로부터 돈을 모아 기업을 사고파는 것을 중심으로 운영되는 펀드

소수의 투자자로부터 모은 자금을 주식·채권 등에 운용하는 펀드로, 49인 이하 투자자에게 비공개로 자금을 모아 투자하는 상품을 말한다. 사모펀드는 자산가를 중심으로 비공개적으로 설정되는 경우가 대부분이어서 가입 기회가 많지 않고 최저 가입액도 많아 문턱이 높은 편이다. 또 금융 당국의 투자자 보호 등의 규제가 가장 느슨하기 때문에 가입자 스스로 상품 구조나 내용을 정확히 파악할 수 있어야 한다. 사모펀드는 절대 수익을 추구하는 전문투자형 사모펀드(헤지펀드)와 회사경영에 직접 참여하거나 경영·재무 자문 등을 통해 기업 가치를 높이는 경영참여형 사모펀드(PEF)로 나뉘게 된다.

사모펀드와 공모펀드 차이점

구 분	사모펀드	공모펀드
투자자	49인 이하	다수
모집방법	비공개	광고 등 공개적인 방법
규 제	증권신고서 제출 의무 없음	상품 출시 전 증권신고서 금감원에 제출 및 승인 필요
투자제한	투자 대상이나 편입 비율 등 제한 있음	제한 없음
투자금액	대개 1억원 고액	제한 없음

33 스팩 SPAC

타 기업과의 합병과 인수를 목적으로 만든 페이퍼컴퍼니

아직 상장하지 않은 타 기업과의 합병 또는 인수를 목적으로 만든 페이퍼컴퍼니를 말한다. 스팩(SPAC)은 'Special Purpose Acquisition Company'의 약자로 특별한 목적을 가진 회사라는 뜻이다. 기업이 몸집을 불리기 위해서는 다른 회사와 인수합병(M&A)이 필요한데 스팩 상장으로 M&A 비용을 조달받는 것이다. 스팩주는 3년 내에 목적을 달성하지 못하면 상장폐지된다. 상장폐지되더라도 투자 원금과 3년 치의 예금이자 수준을 받을 수 있기 때문에 비교적 안전한 투자라는 평가가 있지만, 비우량 기업과 인수합병을 하면 주가하락으로 투자금에 손실이 갈 위험이 존재한다.

34 퀵커머스

유통업계에서 운영하는 즉시배송 서비스

물품을 빠르게 배송한다는 의미의 '퀵(Quick)'과 상거래를 뜻하는 '커머스(Commerce)'의 합성어로 유통업계의 즉시배송, 혹은 빠른배송 서비스를 뜻한다. 소비자가 상품을 주문하는 즉시 배송이 시작되며 일반적으로 30분 이내에 배송을 완료하는 것을 목표로 한다. 식품이나 음료는 물론 신선식품이나 밀키트, 의류, 도서, 애견상품 등을 판매·배송하고 있다. 국내 유통시장에서는 지난 2018년 12월부터 시작한 배달의민족의 'B마트'가 대표적이다. 코로나19의 장기화로 언택트소비가 늘어나면서 퀵커머스 서비스의 수요가 증가하자 관련 기업들이 앞다퉈 퀵커머스 서비스 도입 및 관련 플랫폼 사업을 추진하고 있다.

안심Touch

35 기대 인플레이션

경제주체가 예측하는 미래의 물가상승률

기업, 가계 등의 경제주체가 예측하는 미래 물가상승률을 말한다. 기대 인플레이션은 임금, 투자 등에 영향을 미치는 중요한 지표로 사용되고 있다. 노동자는 임금을 결정할 때 기대 물가수준을 바탕으로 임금상승률을 협상한다. 또한 인플레이션이 돈의 가치가 떨어지는 것이기 때문에 기대 인플레이션이 높아질수록 화폐의 가치가 하락해 부동산, 주식과 같은 실물자산에 돈이 몰릴 확률이 높아진다. 우리나라의 경우 한국은행이 2002년 2월부터 매월 전국 56개 도시 2,200가구를 대상으로, 매 분기 첫째 달에는 약 50명의 경제전문가를 대상으로 소비자물가를 예측하고 있다.

36 쇼퍼블

쇼핑과 결제가 즉시 가능한 온라인 쇼핑 시스템

쇼핑과 결제가 즉시 가능한 온라인 쇼핑 시스템을 말한다. 소비자가 인스타그램, 페이스북과 같은 SNS를 하다가 게시물이나 스토리에 걸린 태그를 통해 상품을 구매하는 것이다. 유튜브 광고 재생 중 바로 구매할 수 있는 링크를 첨부하는 것이 쇼퍼블의 한 예다. 쇼핑몰 홈페이지에 방문하지 않아도 바로 가격을 확인할 수 있고 간편결제 시스템의 발달로 원하는 물건을 쉽게 구매할 수 있는 것이 장점이다. 디지털마케팅이 확대되며 쇼퍼블시장은 더 커질 전망이다.

37 일반특혜관세제도 GSP

개발도상국에서 수입하는 제품에 무관세 또는 낮은 세율을 부과하는 제도

선진국이 개발도상국으로부터 수입하는 농수산품·완제품 및 반제품에 대하여 일반적·무차별적·비상호주의적으로 관세를 철폐 또는 세율을 인하해주는 제도를 의미한다. 여기서 일반적이라 함은 기존특혜가 몇 개 국가에 국한된 데 비하여, 일반특혜관세제도는 범세계적인 것임을 의미한다. 또 무차별적·비상호주의적이란 지역통합·자유무역지역 및 관세동맹으로 동맹에 가입되지 않은 국가들로부터의 수입품에 관세를 부과하는 차별을 배제한다는 것을 내포한다. 특혜관세의 편익은 ① 경제 개발도상 단계에 있는 국가로서, ② 특혜의 편익을 받기를 희망하는 국가 중에서, ③ 공여국이 적당하다고 인정하는 국가에 대해서 공여된다.

38 살찐 고양이법

기업 임직원의 최고 임금을 제한하는 법안

공공기관 임원의 보수 상한액을 정해 양극화 해소와 소득 재분배를 꾀하는 법령이나 조례이다. 미국의 저널리스트 프랭크 켄트가 1928년 출간한 도서 〈정치적 행태(Political Behavior)〉에서 처음 등장한 용어로, 살찐 고양이는 탐욕스러운 자본가나 기업가를 뜻한다. 지난 2008년 세계 경제를 어려움에 빠트린 글로벌 금융위기를 초래했지만 세금 혜택과 보너스 등으로 큰 이익을 보는 은행가와 기업인을 비난하는 말로 쓰이면서 널리 알려졌다.

39 캐리트레이드 Carry Trade

국가별 금리 차이를 이용해 수익을 내고자 하는 투자 행위

금리가 낮은 국가에서 자금을 차입해 이를 환전한 후 상대적으로 금리가 높은 국가의 자산에 투자해 수익을 올리고자 하는 거래를 말한다. 이때 저금리국가의 통화를 '조달통화', 고금리국가의 통화를 '투자통화'라고 부른다. 수익은 국가 간의 금리 또는 수익률 차에 의해 발생하는 부분과 환율 변동으로 인해 발생하는 환차익으로 나누어진다. 캐리트레이드가 통상적인 금리 차 거래와 구분되는 점은 금리 차에 의한 수익과 환율 변동에 의해 발생하는 수익을 동시에 추구한다는 데 있다.

40 테이퍼링 Tapering

경제 회복세가 보이면 시중에 푼 돈을 줄이는 것

중앙은행이 국채 매입 등으로 통화량을 늘리는 정책인 양적완화를 점진적으로 축소하는 것을 말한다. 즉, 경제가 침체되면 돈을 풀고 회복세를 보이면 시중에 푼 돈을 점차 줄여 나가는 것이다. 테이퍼링(Tapering)은 '점점 가늘어지는'이라는 뜻의 영단어다. 원래는 마라톤 용어로 사용되었으나 2013년 당시 미국 중앙은행인 연방준비제도(FED, 연준) 의장이었던 벤 버냉키가 처음 언급한 이후 경제용어로 쓰이고 있다. 미국이 테이퍼링을 시행하면 시장에 도는 돈이 줄어들기 때문에 금리와 환율이 상승한다. 또한 주가가 하락하는 모습을 보이기도 한다.

41 펀슈머

소비하는 과정에서 즐거움을 추구하는 소비자

즐기다(Fun)와 소비자(Consumer)의 합성어로, 일반적으로 필요한 상품을 소비하는 과정을 넘어 소비하는 과정에서 즐거움을 찾는 소비자를 의미한다. 펀슈머는 타인이 보기에는 별로 쓸모가 없더라도, 사용하는 과정에서 '내'가 즐거움을 느낄 수 있다면 제품을 선택하는 경향을 보인다. 펀슈머를 대상으로 한 상품의 특징은 SNS의 공유가 활발해 짧은 기간 내에도 입소문이 난다는 특징이 있다. 바나나맛 우유 화장품, 장난감을 좋아하는 아이 취향의 어른인 키덜트의 등장은 각각 펀슈머를 공략하기 위한 제품과 펀슈머 소비자층의 대표적인 사례로 볼 수 있다.

> **키덜트족**
> 키드(Kid)와 어덜트(Adult)의 합성어로, 성인이 되었는데도 여전히 어렸을 적의 분위기와 감성을 간직한 사람들을 일컫는다.

03 사회 · 노동 · 환경

42 백래시 Backlash

사회적 · 정치적 변화에 따라 대중에게서 나타나는 강한 반발

흑인인권운동, 페미니즘, 동성혼 법제화, 세금 정책, 총기 규제 등 사회 · 정치적 움직임에 대해 반대하는 사람들이 단순한 의견개진부터 시위나 폭력과 같은 행동을 통해 자신의 반발심을 표현하는 것을 뜻한다. 주로 진보적인 사회변화로 인해 기득권의 영향력 및 권력에 위협을 느끼는 사람들에 의해 일어난다. 대표적으로 1960년대 흑인인권운동에 대한 백인 차별주의자들의 반발을 화이트 백래시(White Backlash)라고 불렀으며, 2016년 치러진 미국 대선에서 도널드 트럼프 전 대통령이 당선된 것도 화이트 백래시로 보는 견해가 있다.

43 인구절벽

생산가능인구(만 15~64세)의 비율이 급속도로 줄어드는 사회경제 현상

한 국가의 미래성장을 예측하게 하는 인구지표에서 생산가능인구인 만 15세~64세 비율이 줄어들어 경기가 둔화하는 현상을 가리킨다. 이는 경제 예측 전문가인 해리 덴트가 자신의 저서 〈인구절벽(Demographic Cliff)〉에서 사용한 용어로 청장년층의 인구 그래프가 절벽과 같이 떨어지는 것에 비유했다. 그에 따르면 한국 경제에도 이미 인구절벽이 시작돼 2024년부터 '취업자 마이너스 시대'가 도래할 전망이다. 취업자 감소는 저출산 · 고령화 현상으로 인한 인구구조의 변화 때문으로, 인구 데드크로스로 인해 중소기업은 물론 대기업까지 구인난을 겪게 된다.

인구 데드크로스
저출산 · 고령화 현상으로 출생자 수보다 사망자 수가 많아지며 인구가 자연 감소하는 현상이다. 우리나라는 2020년 출생자 수가 27만명, 사망자 수는 30만명으로 인구 데드크로스 현상이 인구통계상에서 처음 나타났다. 인구 데드크로스가 발생하면 의료 서비스와 연금에 대한 수요가 늘어나며 개인의 공공지출 부담이 증가하게 된다. 또한 국가 입장에서는 노동력 감소, 소비위축, 생산 감소 등의 현상이 동반되어 경제에 큰 타격을 받는다.

44 미닝아웃

소비에 자신의 신념을 투영하는 것

자신의 신념을 세상 밖에 내비친다는 뜻으로 신념을 뜻하는 '미닝(Meaning)'과 '커밍아웃(Coming Out)'의 합성어다. 소비 하나에도 자신의 정치적·사회적 신념을 내비치는 MZ세대의 소비형태를 말한다. 미닝아웃은 의식주 전반에 걸쳐 나타나는데 착한소비를 위해 비건 음식을 구매하거나 친환경 옷을 골라 산 뒤 SNS에 구매 인증사진을 업로드한다. 타인에게 선한 영향력을 끼친 점주나 브랜드의 매출을 올려주며 돈으로 혼쭐을 내준다는 '돈쭐'도 미닝아웃의 한 형태다. 미닝아웃의 소비는 제품 자체를 구매하는 것보다 자신의 신념을 산다는 경향이 강하다.

45 소비기한

식품을 섭취해도 이상이 없을 것으로 판단되는 소비의 최종기한

소비자가 식품을 섭취해도 건강이나 안전에 이상이 없을 것으로 판단되는 소비의 최종기한을 말한다. 식품이 제조된 후 유통과정과 소비자에게 전달되는 기간을 포함한다. 단, 식품의 유통과정에서 문제가 없고 보관방법이 철저하게 지켜졌을 경우에 해당하며, 식품이 제조된 후 유통될 수 있는 기간을 의미하는 유통기한보다 길다. 2021년 6월 기준 우리나라는 일부 품목을 제외한 대부분의 식품에 유통기한을 표기하고 있지만 한국과 미국을 제외한 많은 국가에서는 이미 소비기한 표시제를 시행하고 있거나 소비기한과 유통기한을 병행하여 표기하고 있다.

46 그린워싱 Green Washing

친환경 제품이 아닌 것을 친환경 제품인 척 홍보하는 것

친환경 제품이 아닌 것을 친환경 제품으로 속여 홍보하는 것이다. 초록을 뜻하는 그린(Green)과 영화 등의 작품에서 백인 배우가 유색인종 캐릭터를 맡을 때 사용하는 화이트 워싱(White Washing)의 합성어로 위장환경주의라고도 한다. 기업이 제품을 만드는 과정에서 환경오염을 유발하지만 친환경 재질을 이용한 제품 포장 등만을 부각해 마케팅하는 것이 그린워싱의 사례다. 2007년 미국 테라초이스가 발표한 그린워싱의 7가지 유형을 보면 ▲ 상충효과 감추기 ▲ 증거 불충분 ▲ 애매모호한 주장 ▲ 관련성 없는 주장 ▲ 거짓말 ▲ 유행상품 정당화 ▲ 부적절한 인증라벨이 있다.

47 노튜버존

유튜버의 촬영을 금지하는 공간

'노'(No)와 '유튜버존'(Youtuber+Zone)을 합친 단어로 유튜버의 촬영을 금지하는 공간을 뜻한다. 일부 유튜버가 영상을 촬영한다며 허락을 구하지 않고 주방에 들어가거나, 손님과 점원에게 인터뷰를 요청해 피해를 끼치자 식당 측이 이를 금지한 것을 말한다. 아울러 후기 영상을 올려주는 대가로 무료 식사 서비스를 요구하고 시청자 수 확보를 위해 자극적인 연출을 주문하는 유튜버가 늘어나면서 노튜버존을 선언하는 식당이 늘고 있다. 노튜버존에 대해 '노키즈존'과 같은 차별이라는 일부 의견에 대해서는 아예 들어오지 말라는 것이 아니라 단지 촬영하지 말라는 것이라며, 이를 차별로 생각해서는 안 된다는 입장이다.

> **노 틴에이저 존(No Teenage Zone)**
> 청소년들이 카페에서 욕설, 무례한 언행, 바닥에 침 뱉기 등으로 다른 손님들에게 피해를 주는 행위로 인해 청소년들이 카페 안에 들어오는 것을 금지하는 행위를 말한다.

48 텐포켓

출산율 저하로 아이를 위해 온 가족이 지갑을 여는 현상

한 명의 자녀를 위해 부모와 친조부모, 외조부모, 이모, 삼촌 등 8명의 어른들이 주머니에서 돈을 꺼낸다는 의미인 에잇 포켓(Eight Pocket)에 주변 지인들까지 합세하는 것을 뜻하는 용어다. 이러한 경향은 출산율이 줄어들고 외둥이가 늘면서 남부럽지 않게 키우겠다는 부모의 마음, 조부모의 마음이 반영된 결과로 볼 수 있다. 텐포켓 현상으로 한 명의 아이를 위해 온 가족이 지갑을 열게 되면서 고가의 프리미엄 완구가 인기를 끌고 있다.

> **골드 키즈(Gold Kids)**
> 최근의 저출산 현상과 맞물려 왕자나 공주와 같은 대접을 받으며 귀하게 자란 아이들을 의미하는 신조어.
>
> **VIB(Very Important Baby)족**
> 한 명의 자녀를 위해 아낌없이 지갑을 여는 부모를 의미하는 신조어.

49 청년기본자산

경제학자 토마 피케티가 경제 불평등 해소를 위해 내놓은 청년복지 방안

청년기본자산은 프랑스 경제학자 토마 피케티가 경제 불평등 해소를 위해 청년에게 성인 평균자산 60%를 보편적 급여로 제공해 기본자산제를 형성하자고 제안한 방안이다. 2020년 피케티의 저서 〈자본과 이데올로기〉에서 처음 언급됐으며, 경제 양극화 해소를 위해서는 사적 소유에 부과되는 모든 세금을 누진 소유세로 통합하고, 그 재원을 청년 자본지원에 써 모두를 위한 사회적 상속을 실현하자고 주장했다. 우리나라 역시 청년기본소득 도입을 위한 사회정책으로 논의된 바가 있으며 일부 학자들에 의해 연구가 진행됐다. 모든 시민들에게 기본 소득을 보장하는 제도인 음소득세(Negative Income Tax)에 기초한 청년 '안심소득제(Safety Income)'를 도입해야 한다는 주장도 제기됐다.

> **안심소득제(Safety Income)**
> 연간 총소득이 기준소득(4인 가구 기준 5,000만원) 이하인 가구를 대상으로 기준소득에서 실제소득을 뺀 나머지 금액의 40%를 지원하는 제도를 말한다. 소득과 상관없이 지급하는 기본소득제와 달리 소득에 따라 지원을 달리하여 저소득층 중심의 지원을 하는 것이다.

50 홈루덴스족

밖이 아닌 집에서 주로 여가 시간을 보내는 사람들을 지칭하는 말

집을 뜻하는 '홈(Home)'과 놀이를 뜻하는 '루덴스(Ludens)'를 합친 단어로 자신의 주거공간에서 휴가를 즐기는 이들을 가리키는 신조어이다. 홈캉스를 즐기는 사람들의 대표적인 형태라고 말할 수 있다. 홈루덴스족은 취향에 맞는 아이템을 구비해 자신만의 공간을 꾸미는 데 적극적이어서 새로운 소비계층으로 떠오르고 있다. 집에서 휴가를 보내는 '홈캉스족', 내가 하고 싶은 시간에 편안한 장소인 집에서 운동을 즐기는 '홈트(홈+트레이닝)족' 등 '집돌이'와 '집순이'를 지칭하는 '홈○○'이라는 단어가 어느새 익숙해지고 있다.

> **HMR(Home Meal Replacement ; 가정식 대체식품)**
> 짧은 시간에 간편하게 조리하여 먹을 수 있는 가정식 대체식품을 말한다. 일부 조리가 된 상태에서 가공·포장되기 때문에 간단한 조리로 혼자서도 신선한 음식을 먹을 수 있다는 장점이 있다.

51 MZ세대

디지털 환경에 익숙한 밀레니엄 세대와 Z세대를 부르는 말

1980년대~2000년대 초 출생해 디지털과 아날로그를 함께 경험한 밀레니얼 세대(Millennials)와 1990년 중반 이후 디지털 환경에서 태어난 Z세대(Generation Z)를 통칭하는 말이다. 이들은 일에 대한 희생보다 스포츠, 취미 활동, 여행 등에서 삶의 의미를 찾으며 여가와 문화생활에 관심이 많다. 경제활동인구에서 차지하는 비율이 점차 높아지고 있으며, 향후 15년간 기존 세대를 뛰어넘는 구매력을 가질 것으로 평가된다. 디지털 미디어에 익숙하며 스포츠, 게임 등 동영상 콘텐츠를 선호한다.

52 P4G Partnering For Green Growth and the Global Goals

녹색성장 및 글로벌목표 2030을 위한 연대

녹색성장 및 글로벌목표 2030을 위한 연대다. 기후변화에 적절하게 대응하면서 식량, 도시, 에너지, 물, 순환경제에 대한 해결책을 만들어 개도국이 지속가능한 발전을 하도록 돕는 것이 목적이다. 2011년 덴마크 주도로 출범한 3GF(Global Green Growth Forum : 글로벌녹색성장포럼)를 모태로 한다. 이후 2015년 채택한 파리협정과 유엔의 지속가능한 발전목표의 내용을 확대해 접목시켰고 2017년 글로벌 이니셔티브인 P4G가 출범했다. 국가뿐만 아니라 국제기구, 기업, 시민사회 등이 참여하고 있다. 참여국은 12개국으로 한국, 인도네시아, 베트남, 방글라데시, 덴마크, 네덜란드, 남아공, 에티오피아, 케냐, 멕시코, 칠레, 콜롬비아다.

53 넷제로 Net Zero

순 탄소배출량을 0으로 만드는 탄소중립 의제

배출하는 탄소량과 흡수·제거하는 탄소량을 같게 함으로써 실질적인 탄소배출량을 '0'으로 만드는 것을 말한다. 즉, 온실가스 배출량(+)과 흡수량(−)을 같게 만들어 더 이상 온실가스가 늘지 않는 상태를 말한다. 기후학자들은 넷제로가 달성된다면 20년 안에 지구 표면온도가 더 상승하지 않을 것이라고 보고 있다. 지금까지 100개 이상의 국가가 2050년까지 넷제로에 도달하겠다고 약속했다. 미국의 조 바이든 대통령은 공약으로 넷제로를 선언했고 중국도 2060년 이전까지 넷제로를 실현하겠다고 밝혔다. 우리나라 역시 장기 저탄소발전전략(LEDS)을 위한 '넷제로2050'을 발표하고 2050년까지 온실가스 순배출을 '0'으로 만드는 탄소중립 의제를 세웠다.

54 소득 크레바스

은퇴 후 국민연금을 받을 때까지 일정 소득이 없는 기간

크레바스(Crevasse)는 빙하가 흘러내리면서 얼음에 생기는 틈을 의미하는 것으로, 소득 크레바스는 은퇴 당시부터 국민연금을 수령하는 때까지 소득에 공백이 생기는 기간을 말한다. '생애 주된 직장'의 은퇴시기를 맞은 5060세대의 큰 고민거리라 할 수 있다. 소득 크레바스에 빠진 5060세대들은 소득 공백을 메우기 위해, 기본적인 생활비를 줄이고 창업이나 재취업, 맞벌이 같은 수익활동에 다시금 뛰어들고 있는 실정이다.

55 직장 내 괴롭힘 금지법

직장 내 괴롭힘을 금지하는 근로기준법으로 2019년 7월 16일부터 시행

직장 내 괴롭힘은 사용자 또는 근로자가 직장에서의 지위 또는 관계 등의 우위를 이용해 업무상 적정범위를 넘어 다른 근로자에게 신체적·정신적 고통을 주거나 근무환경을 악화시키는 행위를 의미한다.

'직장 내 괴롭힘' 판단 기준

행위자	• 근로기준법상 규정된 사용자 및 근로자 • 나이, 학벌, 성별, 근속연수, 고용형태 등 모든 관계에서 가능
행위장소	• 반드시 사업장 내일 필요는 없음 • 사내 메신저, SNS 등 온라인도 해당
행위요건	• 직장에서의 지위 또는 관계 등의 우위를 이용할 것 • 업무상 적정범위를 넘을 것 • 신체적·정신적 고통을 주거나 근무환경을 악화시키는 행위일 것

56 파이어족

경제적으로 자립해 조기에 은퇴한다는 것의 줄임말

'FIRE'는 'Financial Independence, Retire Early'의 약자이다. 젊었을 때 극단적으로 절약한 후 노후 자금을 빨리 모아 이르면 30대, 늦어도 40대에는 퇴직하고자 하는 사람들을 의미한다. 파이어족은 심플한 라이프 스타일을 통해 저축금을 빨리 마련하고 조기에 은퇴함으로써 승진, 월급, 은행 대출 등의 고민에서 벗어나고자 한다. 영국 BBC의 보도에 따르면 파이어족이라는 단어는 〈타이트워드 가제트(Tightwad Gazetle)〉라는 한 뉴스레터에서 처음 사용된 후 미국에서 인기를 얻기 시작했다.

57 잡호핑족

자신의 경력을 쌓고 전문성을 발전시키기 위한 목적으로 2~3년씩 직장을 옮기는 사람

잡호핑(Job-hopping)족은 '폴짝폴짝 여기저기 뛰어다닌다'를 뜻하는 영어단어 'Hop'에서 유래된 용어로 장기간의 경기불황과 저성장 속에 주기적인 이직을 통해 새로운 활로를 개척하려는 젊은 직장인들을 가리킨다. 최근 자신의 경력을 쌓고 전문성을 높이기 위한 목적으로 2~3년씩 단기간에 직장을 옮기는 '잡호핑족'이 늘고 있다고 한다. 이는 장기간의 경기불황 아래 고용불안이 심화되고 평생 직장의 개념이 사라져가는 사회적 현실을 배경으로 하고 있다고 볼 수 있다.

링크드인(LinkedIn)
유럽과 북미 등지에서 이용 계층이 늘어나고 있는 SNS 형식의 웹 구인구직 서비스이다. 이곳에서는 '1촌 맺기'와 같이 다양한 연결망을 통한 일자리 매칭 서비스를 갖추고 있다. 링크드인에서 개인 정보가 공개된 사람이라면 검색을 통해 특정 사람의 경력을 살펴볼 수 있다.

58 빌바오효과 Bilbao Effect

건축물, 예술작품이 주는 도시 재생의 효과

스페인 북부 대서양 해변의 소도시 빌바오는 원래 철강과 조선 산업의 메카였으나 우리나라를 비롯한 아시아 국가들의 철강·조선 산업이 성장하면서 글로벌 경쟁력을 상실했다. 이에 따라 실업률은 급격히 상승했으며 도시 경제는 동력을 잃게 됐다. 이에 고민하던 지방정부는 도시를 살리기 위해 재생추진협회를 설립했고, 1991년 미국의 구겐하임 미술관을 유치했다. 당시에는 반대도 만만치 않았지만 1997년 구겐하임 빌바오 미술관이 세계적인 건축가 프랭크 게리에 의해 완공되면서 도시의 운명은 달라졌다. 인구 36만명에 불과했던 도시가 연간 100만명 이상의 관광객이 찾아오는 문화예술의 도시로 변신한 것이다. 건축물, 예술작품 등 문화시설이 긍정적 영향을 미쳐 도시가 활성화되는 걸 표현할 때 '빌바오효과'라 한다.

프랭크 게리(Frank Gehry)
캐나다 태생의 미국 건축가로, 빌바오 구겐하임 미술관 건축 이후 스타 건축가가 됐다. 자유롭고 개방적이며 파격적인 건축성향으로 유명한데, 1993년 베네치아 건축 비엔날레에서는 미국의 대표적 건축가로 선정되었다. 주요 작품으로 빌바오 구겐하임 미술관, LA 월트디즈니 콘서트홀, 프라하 ING사옥 등이 있다.

안심Touch

04 과학 · 컴퓨터 · IT

59 셰일오일 Shale Oil

미국에서 2010년대 들어서 개발되기 시작한 퇴적암 오일

퇴적암의 한 종류인 셰일층에서 채굴할 수 있는 '액체 탄화수소'를 가리키는 말이다. 이전에는 채굴 불가능하거나 시추 비용이 많이 들어 채산성이 없다고 여겨진 자원들이었다. 그런데 '수압파쇄', '수평시추' 등의 기술 개발로 셰일오일이 채산성을 갖춘 자원이 되면서 2010년 중반부터 생산량이 폭발적으로 늘어나 2018년에는 미국을 최대 산유국으로 만들었다. 현재 발견된 매장량은 향후 200년가량 사용할 것으로 추정된다. 미국은 셰일오일을 통해 에너지 자립을 이뤘고 중동산유국 등 유가에 대한 영향력이 축소됐다. 이를 '셰일혁명'이라고 부른다.

60 리질리언스 Resilience

민간 우주항공기업 스페이스X에서 발사한 유인우주선

일론 머스크가 세운 스페이스X가 2020년 11월 15일(현지시간)에 케네디 우주센터에서 국제우주정거장(ISS)으로 발사한 유인우주선이다. 리질리언스는 '회복력'이라는 뜻으로, 코로나19 이후 시련을 이겨내자는 의미로 임무에 참여한 네 명의 비행사들이 함께 지었다. '크루-1'이라는 이 발사임무는 NASA가 우주인을 공식으로 ISS로 보내는 첫 공식 임무로 민간 우주운송시대의 출발이 될 것으로 기대됐다.

61 바이오디젤 Bio-diesel

재생 기름으로 만들어진 화학 연료

폐기되는 식물성 기름이나 동물성 지방을 원료로 해서 만드는 화학 연료이다. 고갈되는 화석 연료를 대체하고 이산화탄소 배출량을 줄일 친환경적 에너지원으로 지목되지만 아직은 생산비용이 높아 지속적인 연구·개발이 이뤄지고 있다. 바이오디젤은 인화점 또한 150°C로 높아 기존 휘발유(−45°C)나 경유(64°C)에 비해 안전하게 이용할 수 있다.

62 제페토 ZEPETO

한국의 대표적인 메타버스 전용 플랫폼

네이버제트(Z)가 운영하고 있는 증강현실(AR) 아바타 서비스로 한국의 대표적인 메타버스 전용 플랫폼이다. 2018년 출시된 제페토는 얼굴인식 및 3D 기술 등을 이용해 '3D 아바타'를 만들어 다른 이용자들과 소통하거나 다양한 가상현실을 경험할 수 있는 서비스를 제공하고 있다. 최근 유명 브랜드와 연예기획사와의 제휴도 활발히 진행하고 있는데, 국내 대표적인 엔터테인먼트 업체인 SM·YG·JYP·빅히트 등이 제페토를 통해 K-pop과 관련된 다양한 콘텐츠를 내놓으면서 10~20대 젊은 층을 중심으로 특히 인기를 끌고 있다. 2021년 현재 2억명 이상의 이용자를 보유한 것으로 알려졌다.

63 딥페이크 Deep Fake

인공지능을 기반으로 한 인간 이미지 합성 기술

인공지능(AI) 기술을 이용해 제작된 가짜 동영상 또는 제작 프로세스 자체를 의미한다. 적대관계생성신경망(GAN)이라는 기계학습 기술을 사용, 기존 사진이나 영상을 원본에 겹쳐서 만들어낸다. '딥페이크'의 단어 유래 역시 동영상 속 등장인물을 조작한 이의 인터넷 아이디에서 비롯됐다. 2017년 12월 온라인 소셜 커뮤니티 레딧(Reddit) 유저인 '딥페이커즈(Deepfakes)'는 포르노 영상 속 인물의 얼굴을 악의적으로 유명인의 얼굴과 교체·합성해 유통시켰다.

64 총유기탄소 Total Oganic Carbon

폐수 내에 유기물 상태로 존재하는 탄소의 양

총탄소(TC)는 총유기탄소(TOC)와 총무기탄소(TIC)로 구성되며, 이중에서 반응성이 없는 총무기탄소를 제외한 물질을 총유기탄소라고 한다. TOC는 시료의 유기물을 측정하기 위하여 시료를 태워 발생되는 CO_2 가스의 양을 측정하여 수질오염도를 측정한다. 시료를 직접 태워 발생되는 CO_2 가스의 양으로 수질오염도를 측정하는 방식이므로 난분해성 유기물의 측정에 매우 적합하며, 유기물에 의한 수질오염도를 측정하는 가장 좋은 방식이다.

> **COD와 BOD의 차이**
> COD는 화학적으로 분해 가능한 유기물을 산화시키기 위해 필요한 산소의 양이며, BOD는 미생물이 유기물을 산화시키는 데 필요한 산소의 양이다.

65 프롭테크 Proptech

빅데이터 분석, VR 등 하이테크 기술을 결합한 서비스

부동산(Property)과 기술(Technology)의 합성어로, 기존 부동산 산업과 IT의 결합으로 볼 수 있다. 프롭테크의 산업 분야는 크게 중개 및 임대, 부동산 관리, 프로젝트 개발, 투자 및 자금조달 부분으로 구분할 수 있다. 프롭테크 산업 성장을 통해 부동산 자산의 고도화와 신기술 접목으로 편리성이 확대되고, 이를 통한 삶의 질이 향상될 전망이다. 무엇보다 공급자 중심의 기존 부동산 시장을 넘어 정보 비대칭이 해소되어 고객 중심의 부동산 시장이 형성될 것으로 보인다.

핀테크(FinTech)
금융(Finance)과 기술(Technology)이 융합된 신조어로, 금융과 기술을 융합한 각종 신기술을 의미한다. 핀테크의 핵심은 기술을 통해 기존의 금융기관이 제공하지 못했던 부분을 채워주고 편의성 증대, 비용 절감, 리스크 분산, 기대 수익 증가 등 고객에게 새로운 가치를 주는 데 있다.

66 펄프스 PULPS

핀터레스트, 우버, 리프트, 팰런티어, 슬랙 등 5개 테크기업

이미지 공유 플랫폼 기업 핀터레스트(Pinterest), 세계 1·2위 차량공유 서비스 업체인 우버(Uber)와 리프트(Lyft), 빅데이터 전문 기업 팰런티어(Palantir), 기업용 메신저 앱 기업인 슬랙(Slack) 등 5개사를 지칭하는 용어다. 펄프스는 기존 미국 증시의 5대 기술주로서 주목받은 '팡'(FAANG)을 대체할 종목으로 관심을 받고 있다. 이들 업체는 큰 범주에서 모두 공유경제와 4차 산업혁명 관련 종목으로 분류되는데, 향후 미국 증시를 새롭게 이끌 것으로 기대되고 있다.

FAANG
페이스북(Facebook), 애플(Apple), 아마존(Amazon), 넷플릭스(Netflix), 구글(Google)의 이니셜을 딴 것으로 미국증시 기술주를 뜻한다. 5개 기업의 시가 총액은 미국 국내 총생산(GDP)의 13% 정도를 차지한다.

67 NTF(대체불가토큰) Non Fungible Token

다른 토큰과 대체·교환될 수 없는 가상화폐

하나의 토큰을 다른 토큰과 대체하거나 서로 교환할 수 없는 가상화폐다. 2017년 처음 시장이 만들어진 이래 미술품과 게임아이템 거래를 중심으로 빠른 성장세를 보이고 있다. NTF가 폭발적으로 성장한 이유는 희소성 때문이다. 기존 토큰의 경우 같은 종류의 코인은 한 코인당 가치가 똑같았고, 종류가 달라도 똑같은 가치를 갖고 있다면 등가교환이 가능했다. 하지만 NTF는 토큰 하나마다 고유의 가치와 특성을 갖고 있어 가격이 천차만별이다. 또한 어디서, 언제, 누구에게 거래가 됐는지 모두 기록되어서 위조가 쉽지 않다는 것이 장점 중 하나다.

68 반도체 슈퍼사이클 Commodities Super-cycle

반도체 기억소재(D램) 가격이 크게 오르는 시장 상황

PC, 스마트폰 등에 들어가는 D램 가격의 장기적인 가격상승 추세 또는 시장상황을 말하며 '슈퍼사이클'은 20년 이상의 장기적 가격상승 추세를 뜻한다. 반도체 슈퍼사이클은 주요 제품인 D램의 평균판매단가(ASP)가 2년 연속 상승하는 구간을 말한다. PC 수요가 급증했던 1994~1995년을 1차, 클라우드와 서버 수요가 컸던 2017~2018년을 2차로 부른다. 코로나19로 비대면경제가 확산하면서 서버나 노트북 수요 등이 늘어나며 2021년 글로벌 반도체시장이 전년 대비 약 8~10% 증가하고, 메모리시장은 약 13~20% 증가할 것으로 전망된다. 특히 시스템반도체는 5G통신칩·이미지센서 등의 수요 증가와 파운드리 대형고객 확보로 늘어날 것으로 예상된다.

> **파운드리(Foundry)**
> 반도체 설계만 전문적으로 하는 업체인 팹리스로부터 양산 하청을 받아 위탁생산만 하는 반도체 제작 업체들을 가리킨다. 대표적인 기업으로는 TSMC, UMC 등이 있으며, 파운드리 강국으로 대만이 유명하다.

안심Touch

69 빅블러 Big Blur

산업 간에 경계가 모호해지는 현상

사회 환경이 급격하게 변하면서 기존에 존재하던 산업 간에 경계가 불분명(Blur)해지고 있음을 말한다. 미래학자 스탠 데이비스가 1999년 그의 저서 〈블러 : 연결 경제에서의 변화의 속도〉에서 이 단어를 처음 사용했다. 사물인터넷이나 인공지능 등 기술의 비약적 발전이 산업 생태계를 변화시켜 산업 간의 경계가 허물어지고 있다고 주장한다. IT기술과 금융이 접목된 인터넷은행이 등장하며 카카오그룹은 금융업에 진출했고, 드론이 발전·보급되어 택배산업에도 도입됐으며 스마트폰의 대중화로 차량 공유 서비스를 이용할 수 있게 되는 것 등이 대표적인 예이다.

70 RPA 시스템

로봇이 단순 업무를 대신하는 업무자동화 시스템

RPA란 Robotic Process Automation의 줄임말로 사람이 수행하던 반복적인 업무 프로세스를 소프트웨어 로봇을 적용하여 자동화하는 것을 말한다. 즉 저렴한 비용으로 빠르고 정확하게 업무를 수행하는 디지털 노동을 의미한다. RPA를 도입함으로써 기업이 얻을 수 있는 가장 큰 장점은 로봇이 단순 사무를 대신 처리 해주는 것에 따른 '인건비 절감'과 사람이 고부가가치 업무에 집중할 수 있는 것에 따른 '생산성 향상'이다.

71 돌파감염

백신 접종 14일 후에 감염되는 현상

백신별 접종횟수를 모두 맞은 뒤 보통 항체가 생기는 기간인 14일 뒤에 감염되는 현상이다. 코로나19 백신인 아스트라제네카 혹은 화이자 1·2차를 맞은 2주 후에 코로나19 양성반응을 보이는 것으로 이는 애초 백신의 예방 효과가 100%가 아닌데다가, 백신이 완전히 예방할 수 없는 변이 바이러스에 감염되는 경우도 있기 때문에 발생한다. 돌파감염을 막기 위해서는 백신을 맞은 뒤에도 마스크를 착용하고 거리두기를 준수하는 등의 방역수칙을 지켜야 한다. 한편, 돌파감염에 대응하기 위해 기존의 백신별 접종횟수보다 한 번 더 접종 하는 것을 부스터샷이라고 한다. 화이자사는 2021년 5월 부스터샷 교차접종 임상시험에 착수했다.

72 그로스 해킹 Growth Hacking

상품 및 서비스의 개선사항을 계속 점검하고 반영해 성장을 꾀하는 온라인 마케팅 기법

그로스 해커라는 개념은 수많은 스타트업이 인터넷 기반 산업 분야에 뛰어들기 시작하면서 본격적으로 쓰이게 되었다. 마케팅과 엔지니어링, 프로덕트 등 다양한 각도에서 생각해낸 창의적 방법으로 고객에게 마케팅적으로 접근해 스타트업의 고속 성장을 추구하는 것을 의미한다. 페이스북(Facebook), 인스타그램(Instagram), 트위터(Twitter), 에어비앤비(AirBnB), 드롭박스(Dropbox) 등이 그로스 해킹 기술을 사용하고 있다.

> **그로스 해커**
> 2010년대 페이스북, 트위터 등 인터넷에 기반한 스타트업이 본격 성장하기 시작한 미국에서 처음으로 등장했다. Growth(성장), Hacker(해커)의 합성어로 인터넷과 모바일로 제품 및 서비스를 이용하는 소비자들의 사용패턴을 빅데이터로 분석해 적은 예산으로 효과적인 마케팅 효과를 구사하는 마케터를 의미한다.

73 뉴로모픽 반도체

인간의 두뇌 구조와 활동 방법을 모방한 반도체 칩

인공지능, 빅데이터, 머신러닝 등의 발전으로 인해 방대한 데이터의 연산과 처리를 빠른 속도로 실행해야 하는 필요성에 따라 개발되었다. 뇌신경을 모방해 인간 사고과정과 유사하게 정보를 처리하는 기술로 하나의 반도체에서 연산과 학습, 추론이 가능해 인공지능 알고리즘 구현에 적합하다. 또한 기존 반도체 대비 전력 소모량이 1억분의 1에 불과해 전력 확보 문제를 해결할 수 있는 장점이 있다.

구 분	기존 반도체	뉴로모픽 반도체
구 조	셀(저장·연산), 밴드위스(연결)	뉴런(신경 기능), 시냅스(신호 전달)
강 점	수치 계산이나 정밀한 프로그램 실행	이미지와 소리 느끼고 패턴 인식
기 능	각각의 반도체가 정해진 기능만 수행	저장과 연산 등을 함께 처리
데이터 처리 방식	직렬(입출력을 한 번에 하나씩)	병렬(다양한 데이터 입출력을 동시에)

74 데이터마이닝 Datamining

데이터에서 유용한 정보를 도출하는 기술

'데이터(Data)'와 채굴을 뜻하는 '마이닝(Mining)'이 합쳐진 단어로 방대한 양의 데이터로부터 유용한 정보를 추출하는 것을 말한다. 기업 활동 과정에서 축적된 대량의 데이터를 분석해 경영 활동에 필요한 다양한 의사결정에 활용하기 위해 사용된다. 데이터마이닝은 통계학의 분석방법론은 물론 기계학습, 인공지능, 컴퓨터과학 등을 결합해 사용한다. 데이터의 형태와 범위가 다양해지고 그 규모가 방대해지는 빅데이터의 등장으로 데이터마이닝의 중요성은 부각되고 있다.

75 에이징 테크 Aging-tech

고령인구를 대상으로 하는 기술

고령인구를 대상으로 하는 기술로 노인들의 접근 가능성과 용이성을 우선순위로 두며, 실버 기술, 장수 기술 등으로도 불린다. 경제 발전에 따른 영양상태 개선, 의학발달에 따른 평균수명의 연장 등으로 전 세계적으로 고령인구가 급증하면서 기업도 노인들의 삶의 질 향상을 위해 에이징 테크의 발전을 모색하고 있다. 대표적인 예시로 신체활동을 돕고 위치추적 기능을 제공하는 시니어 전용 스마트 워치, GPS기능을 탑재해 착용자의 위치를 파악하고 보호자에게 알림을 전송하는 치매노인 실종예방 신발, 노인들의 친구가 되어 외로움을 달래주는 돌봄로봇 등이 있다.

76 디지털 치료제

디지털을 활용해 질병을 치료하는 것

기존의 의약품이 아닌 VR, 게임, 애플리케이션 등을 활용해 질병을 치료하는 것이다. 디지털 치료제는 이미 1세대 합성신약, 2세대 바이오의약품에 이어 3세대 치료제로 인정받고 있다. 언제든 처방받을 수 있고 기존 의약품보다 저렴해 시간과 비용을 절약할 수 있다. 디지털 치료제가 되기 위해서는 다른 의약품과 마찬가지로 임상시험에서 안정성을 검증받아야 하고 식품의약처 혹은 FDA 등의 기관의 인허가가 필요하다. 2017년에는 미국 식품의약국(FDA)이 페어테라퓨딕스(Pear Therapeutics)가 개발한 모바일 앱 리셋(reSET)을 약물중독 치료제로 허가한 사례가 있다.

77 코드커팅 Cord-cutting

유료 방송 시청자가 가입을 해지하고 새로운 플랫폼으로 이동하는 현상

유료 방송 시청에 필요한 케이블을 '끊는' 것을 빗댄 용어로, 인터넷 속도 증가와 플랫폼 다양화를 바탕으로 전 세계적으로 일어나고 있다. 각자 환경과 취향에 맞는 서비스 선택이 가능해지자 소비자들은 유선방송의 선을 끊는 사회적 현상을 보였다. 미국은 넷플릭스, 구글 크롬 캐스트 등 OTT 사업자가 등장하면서 대규모 코드커팅이 발생했다. 우리나라에서는 코드커팅이라는 말보다는 가전제품인 TV가 없다는 의미에서 '제로(Zero)TV'가 일반적으로 사용된다. 코드커팅이나 제로TV 현상은 주로 스마트폰 등 모바일 기기의 확산 때문에 일어난다.

78 유전자가위

세포의 유전자를 절삭하는 데 사용하는 기술

동식물 유전자의 특정 DNA부위를 자른다고 하여 '가위'라는 표현을 사용하는데, 손상된 DNA를 잘라낸 후에 정상 DNA로 바꾸는 기술이라 할 수 있다. 1·2세대의 유전자가위가 존재하며 3세대 유전자가위인 '크리스퍼 Cas9'도 개발됐다. 크리스퍼는 세균이 천적인 바이러스를 물리치기 위해 관련 DNA를 잘게 잘라 기억해 두었다가 다시 침입했을 때 물리치는 면역체계를 부르는 용어인데, 이를 이용해 개발한 기술이 3세대 유전자가위인 것이다. 줄기세포·체세포 유전병의 원인이 되는 돌연변이 교정, 항암세포 치료제와 같이 다양하게 활용될 수 있다.

79 디지털포렌식 Digital Forensic

디지털 정보를 분석해 범죄 단서를 찾는 수사기법

디지털 증거를 수집·보존·처리하는 과학적·기술적인 기법을 말한다. '포렌식(Forensic)'의 사전적 의미는 '법의학적인', '범죄 과학 수사의', '재판에 관한' 등이다. 법정에서 증거로 사용되려면 증거능력(Admissibility)이 있어야 하며 이를 위해 증거가 법정에 제출될 때까지 변조 혹은 오염되지 않는 온전한 상태(Integrity)를 유지하는 일련의 절차 내지 과정을 디지털포렌식이라고 부른다. 초기에는 컴퓨터를 중심으로 증거수집이 이뤄졌으나 최근에는 이메일, 전자결재 등으로 확대됐다.

05 문화 · 미디어 · 스포츠

80 골든글로브상 Golden Globe Award

영화와 TV 프로그램과 관련해 시상하는 상

미국의 로스앤젤레스에 있는 할리우드에서 한 해 동안 상영된 영화들을 대상으로 최우수 영화의 각 부분을 비롯하여 남녀 주연, 조연 배우들을 선정해 수여하는 상이다. '헐리우드 외신기자협회(HFPA)'는 세계 각국의 신문 및 잡지 기자로 구성되어 있으며, 골든글로브상은 이 협회의 회원 90여 명의 투표로 결정된다. 1944년 시작된 최초의 시상식은 당시 소규모로 개최되었으나 현재는 세계 영화시장에서 막강한 영향력을 행사하고 있다. 약 3시간 동안 진행되는 시상식은 드라마 부문과 뮤지컬 · 코미디 부문으로 나뉘어 진행되며 생방송으로 세계 120여 개 국에 방영되어 매년 약 2억 5,000만 명의 시청자들이 이를 지켜본다. 한편, 봉준호 감독의 영화 〈기생충〉이 2020년 1월 5일 열린 제77회 골든글로브 시상식에서 외국어 영화상을 수상하며, 한국 영화 최초의 골든글로브 본상 수상 기록을 달성했고, 2021년에 열린 제78회 시상식에서는 〈미나리〉가 외국어 영화상을 수상하는 쾌거를 이뤘다.

81 디지털 퍼스트

종이 신문보다 온라인에 기사를 먼저 게재하는 것

기사를 온라인에 먼저 게재하는 것으로, 넓은 의미로는 기사의 제작, 유통, 광고 등 전 부문에 걸쳐 디지털 영역을 도입하고 결과적으로 양질의 디지털 상품을 생산 · 제공하는 것을 뜻한다. 뉴스 소비자들이 종이 신문보다 인터넷 신문을 선호하고 종이 신문을 정기구독하기보다는 스마트폰을 통해 수시로 뉴스를 찾아보는 경향이 확대되면서 등장한 개념이다.

82 리추얼 라이프 Ritual Life

일상에 활력을 불어넣는 규칙적인 습관

규칙적으로 행하는 의식 또는 의례를 뜻하는 '리추얼(Ritual)'과 일상을 뜻하는 '라이프(Life)'를 합친 말이다. 자기계발을 중시하는 MZ세대 사이에 자리 잡은 하나의 트렌드로 코로나 블루와 취업난, 주택난 등에서 오는 무력감을 극복하고, 심리적 만족감과 성취감을 얻으려는 욕구가 반영된 것으로 분석된다. 리추얼 라이프를 실천하는 예로 ▲ 일찍 일어나기(미라클 모닝) ▲ 독서하기 ▲ 운동하기 ▲ 하루 2L 물 마시기 등이 있으며, 리추얼 라이프와 관련된 앱이나 서비스도 다양하게 출시되고 있다.

83 논바이너리 Non-binary
한 성별에만 국한되지 않는 성 정체성

여성과 남성 둘로 구분되는 기존의 성별기준에 속하지 않는 것이다. 여성과 남성 정체성을 다 갖고 있는 바이젠더, 자신이 어떤 성별도 아니라고 생각하는 젠더리스, 남성에서 여성으로나 여성에서 남성으로 전환하는 트랜스젠더 등도 논바이너리에 속한다. 외국에서는 논바이너리의 정체성을 가진 이들에게 She(그녀)/He(그)와 같은 특정성별을 지칭하는 단어를 사용하지 않고 They(그들)라는 중립적인 표현을 쓴다. 논바이너리와 같은 개념으로 젠더퀴어가 사용되고 있다.

84 온택트 Ontact
온라인을 통해 세상과 연결되는 것

온라인(Online)의 'On'과 비대면을 뜻하는 신조어 'Untact'를 합친 말이다. 다른 사람을 직접 만나거나 여가를 즐기기 위해 외부로 나가지 않아도 온라인을 통해 세상과 소통할 수 있는 것을 뜻한다. 온라인으로 진행되는 수업, 공연, 화상회의 등이 모두 온택트의 일환이다. 온택트는 코로나19가 낳은 '뉴 노멀(New Normal)', 즉 새로운 시대의 일상으로 평가받는다. 기업, 지자체를 가리지 않고 온택트 시대에 발맞춰 마케팅을 이어가고 있다.

85 제로웨이스트 Zero Waste
일상생활에서 쓰레기를 줄이기 위한 환경운동

일상생활에서 쓰레기가 나오지 않도록 하는(Zero Waste) 생활습관을 이른다. 재활용 가능한 재료를 사용하거나 포장을 최소화해 쓰레기를 줄이거나 그것을 넘어 아예 썩지 않는 생활 쓰레기를 없애는 것을 의미한다. 비닐을 쓰지 않고 장을 보거나 포장 용기를 재활용하고, 대나무 칫솔과 천연 수세미를 사용하는 등의 방법으로 이뤄진다. 친환경 제품을 사는 것도 좋지만 무엇보다 소비를 줄이는 일이 중요하다는 의견도 공감을 얻고 있다. 환경보호가 중요시되면서 관련 캠페인이 벌어지고 있다.

86 구독경제 Subscription Economy

구독료를 내고 필요한 물건이나 서비스를 이용하는 것

일정 기간마다 비용(구독료)을 지불하고 필요한 물건이나 서비스를 이용하는 경제활동을 뜻한다. 영화나 드라마, 음악은 물론이고 책이나 게임에 이르기까지 다양한 품목에서 이뤄지고 있다. 이 분야는 스마트폰의 대중화로 빠르게 성장하고 있는 미래 유망 산업군에 속한다. 구독자에게 동영상 스트리밍 서비스를 제공하는 넷플릭스의 성공으로 점차 탄력을 받고 있다. 특정 신문이나 잡지 구독과 달리 동종의 물품이나 서비스를 소비자의 취향에 맞춰 취사선택해 이용할 수 있다는 점에서 효율적이다.

87 다크 넛지 Dark Nudge

무의식 중에 비합리적 소비를 하도록 유도하는 상술

팔꿈치로 툭툭 옆구리를 찌르듯 소비자의 비합리적인 구매를 유도하는 상술을 지칭하는 신조어다. '넛지(Nudge)'가 '옆구리를 슬쩍 찌른다'는 뜻으로 상대방을 부드럽게 설득해 현명한 선택을 하도록 돕는다는 개념으로 쓰이는데, 여기에 '다크(Dark)'라는 표현이 더해져 부정적인 의미로 바뀌게 된 것이다. 음원사이트 등에서 무료 체험 기간이라고 유인하고 무료 기간이 끝난 뒤에 이용료가 계속 자동결제 되도록 하는 것이 대표적인 예다. 국립국어원은 이를 대체할 쉬운 우리말로 '함정 상술'을 선정했다.

88 가스라이팅 Gaslighting

상황조작을 통해 판단력을 잃게 만들어 지배력을 행사하는 것

연극 〈가스등(Gas Light)〉에서 유래한 말로 세뇌를 통해 정신적 학대를 당하는 것을 뜻하는 심리학 용어다. 타인의 심리나 상황을 교묘하게 조작해 그 사람이 스스로 의심하게 만들어 타인에 대한 지배력을 강화하는 행위다. 거부, 반박, 전환, 경시, 망각, 부인 등 타인의 심리나 상황을 교묘하게 조작해 그 사람이 현실감과 판단력을 잃게 만들고, 이로써 타인에 대한 통제능력을 행사하는 것을 말한다.

> **가스라이팅의 유래**
> 1938년 영국에서 상연된 연극 〈가스등(Gas Light)〉에서 유래됐다. 이 연극에서 남편은 집안의 가스등을 일부러 어둡게 만들고는 부인이 "집안이 어두워졌다"고 말하면 그렇지 않다는 식으로 아내를 탓한다. 이에 아내는 점차 자신의 현실 인지 능력을 의심하면서 판단력이 흐려지고, 남편에게 의존하게 된다. 아내는 자존감이 낮아져 점점 자신이 정말 이상한 사람이라고 생각하게 된다.

89 보편적 시청권

전 국민적 관심을 받는 스포츠를 시청할 수 있는 권리

전 국민적 관심을 받는 스포츠를 시청할 수 있는 권리다. 이 권리가 보장되기 위해서는 무료 지상파 채널이 우선으로 중계권을 소유해야 한다. 해당 제도는 유럽의 '보편적 접근권'을 원용한 것으로 2007년 방송법이 개정되면서 처음 도입됐다. 방송통신위원회는 모호한 의미였던 '국민적 관심이 매우 큰 체육경기대회'를 구체화하면서 2016년 방송수단을 확보해야 하는 시청범위를 90%와 75%를 기준으로 나눴다. 90%는 동·하계 올림픽과 월드컵, 75%는 WBC(월드 베이스볼 챔피언) 등이다.

90 비건 패션

동물의 가죽이나 털을 사용하지 않고 만든 옷이나 가방 등을 사용하는 행위

채식을 추구하는 비거니즘에서 유래한 말로, 동물의 가죽이나 털을 사용하는 의류를 거부하는 패션철학을 뜻한다. 살아있는 동물의 털이나 가죽을 벗겨 옷을 만드는 경우가 많다는 사실이 알려지면서 패션업계에서는 동물학대 논란이 끊이지 않았다. 과거 비건 패션이 윤리적 차원에서 단순한 대용품으로 쓰이기 시작했다면, 최근에는 윤리적 소비와 함께 합리적인 가격, 관리의 용이성까지 더해지면서 트렌드로 자리 잡아가고 있다.

91 인포데믹 Infodemic

거짓정보, 가짜뉴스 등이 미디어, 인터넷 등을 통해 매우 빠르게 확산되는 현상

'정보'를 뜻하는 'Information'과 '유행병'을 뜻하는 'Epidemic'의 합성어로, 잘못된 정보나 악성루머 등이 미디어, 인터넷 등을 통해 무분별하게 퍼지면서 전염병처럼 매우 빠르게 확산되는 현상을 일컫는다. 미국의 전략분석기관 '인텔리브리지' 데이비드 로스코프 회장이 2003년 워싱턴포스트에 기고한 글에서 잘못된 정보가 경제위기, 금융시장 혼란을 불러올 수 있다는 의미로 처음 사용했다. 허위정보가 범람하면 신뢰성 있는 정보를 찾아내기 어려워지고, 이 때문에 사회 구성원 사이에 합리적인 대응이 어려워지게 된다. 인포데믹의 범람에 따라 정보방역이 중요성도 강조되고 있다.

92 멀티 페르소나

상황에 따라 다양한 형태의 자아를 갖는 것

페르소나는 고대 그리스의 연극에서 배우들이 쓰던 가면을 의미하고, 멀티 페르소나는 '여러 개의 가면'으로 직역할 수 있다. 현대인들이 직장이나 학교, 가정이나 동호회, 친구들과 만나는 자리 등에서 각기 다른 성격을 보인다는 것을 뜻한다. 일과 후 여유와 취미를 즐기는 '워라밸'이 일상화되고, SNS에 감정과 일상, 흥미를 공유하는 사람들이 늘어나면서 때마다 자신의 정체성을 바꾸어 드러내는 경우가 많아지고 있다.

93 사일로효과 Organizational Silos Effect

조직의 부서들이 다른 부서와 교류하지 않고 내부의 이익만 추구하는 현상

조직의 부서들이 다른 부서와 담을 쌓고 내부이익만 추구하는 현상이다. 구성원이나 부서 사이 교류가 끊긴 모습을 홀로 우뚝 서 있는 원통 모양의 창고인 '사일로'에 비유했다. 주로 조직 장벽과 부서 이기주의를 의미한다. 사일로효과의 원인은 내부의 '과열 경쟁' 때문이다. 조직이 제한적인 보상을 걸어 서로 다른 부서 간의 경쟁을 과도하게 부추길 때 사일로효과가 생겨날 수 있다. 조직의 소통이 가로막히면서 내부의 이해관계로만 결집되어 조직의 전체 성장을 방해하게 된다.

94 빈지 워칭 Binge Watching

방송 프로그램이나 드라마, 영화 등을 한꺼번에 몰아보는 현상

'폭식·폭음'을 의미하는 빈지(Binge)와 '본다'를 의미하는 워치(Watch)를 합성한 단어로 주로 휴일, 주말, 방학 등에 콘텐츠를 몰아보는 것을 폭식에 비유한 말이다. 빈지 워칭은 2013년 넷플릭스가 처음 자체 제작한 드라마 '하우스 오브 카드'의 첫 시즌 13편을 일시에 선보이면서 알려졌고, 이용자들은 전편을 시청할 수 있는 서비스를 선호하기 시작했다. 빈지 워칭 현상은 구독경제의 등장으로 확산되고 있다.

> **구독경제**
> 신문이나 잡지를 구독하는 것처럼 일정 기간 구독료를 지불하고 상품, 서비스 등을 사용할 수 있는 경제활동을 일컫는 말이다. 이는 소비자의 소비가 소유에서 공유, 더 나아가 구독 형태로 진화하면서 유망 사업 모델로 주목받고 있음을 말해준다.

95 오팔세대 OPAL ; Old People with Active Lives

활기찬 인생을 사는 신노년층

활기찬 인생을 사는 신노년층으로 경제력을 갖춘 5060세대를 일컫는 말이다. 베이비부머를 대표하는 1958년생을 뜻하기도 한다. 은퇴 이후 경제적, 시간적 여유가 생긴 이들이 자신이 원하는 것을 하기 위해 돈과 시간을 아끼지 않는 적극적인 소비를 추구한다는 점에서 새로운 소비층으로 부각되고 있다. 또한 퇴직 후 그동안 현실적인 문제로 접어두었던 자신의 꿈을 실현하거나 수년간 쌓은 경험과 전문성을 살려 새로운 일자리를 찾는 등 2030세대 못지않은 취업에 대한 열정을 보여주고 있다. 나아가 지금까지 젊은 세대의 영역으로 여겨졌던 문화산업이나 모바일시장에서도 두각을 드러내며 존재감이 커지는 추세다.

96 사이버 렉카

온라인상에서 화제가 되는 이슈를 자극적으로 포장해 공론화하는 매체

온라인상에서 화제가 되는 이슈를 자극적으로 포장해 공론화하는 매체를 말한다. 빠르게 소식을 옮기는 모습이 마치 사고현장에 신속히 도착해 자동차를 옮기는 견인차의 모습과 닮았다고 해서 생겨난 신조어다. 이들은 유튜브와 인터넷 커뮤니티에서 활동하는데 유튜브의 경우 자극적인 섬네일로 조회수를 유도한다. 사이버 렉카의 가장 큰 문제점은 정보의 정확한 사실 확인을 거치지 않고 무분별하게 다른 사람에게 퍼트린다는 것이다.

97 넷플릭스신드롬 Netflix Syndrome

OTT서비스인 넷플릭스 콘텐츠에 열광하는 현상

온라인 스트리밍 서비스(OTT)인 넷플릭스의 시리즈물에 사람들이 열광하는 현상이다. TV매체의 선호도가 과거보다 저하되고 넷플릭스에서 송출하는 오리지널 콘텐츠가 강세를 보이며 생겨났다. 국내뿐만 아니라 해외의 유수의 콘텐츠를 공급받을 수 있다는 점에서 더 신드롬을 불러 일으켰다.

안심Touch

98 스낵컬처 Snack Culture

어디서든 즐길 수 있는 문화

어디서든 과자를 먹을 수 있듯이 장소를 가리지 않고 가볍고 간단하게 즐길 수 있는 문화스타일이다. 과자를 의미하는 '스낵(Snack)'과 문화를 의미하는 '컬처(Culture)'를 더한 합성어다. 출퇴근시간, 점심시간은 물론 잠들기 직전에도 향유할 수 있는 콘텐츠로 시간과 장소에 구애받지 않는 것이 스낵컬처의 가장 큰 장점이다. 방영시간이 1시간 이상인 일반 드라마와 달리 10~15분 분량으로 구성된 웹드라마, 한 회차씩 올라오는 웹툰, 웹소설 등이 대표적인 스낵컬처로 꼽힌다. 스마트폰의 발달로 스낵컬처시장이 확대됐고 현대인에게 시간·비용적으로 부담스럽지 않기 때문에 지속적으로 성장하고 있다.

99 파이 PIE 세대

불확실한 미래보다 지금의 확실한 행복을 위해 소비하는 20·30대 청년층

개성(Personality)을 중시하고 자신의 행복과 자기계발에 투자(Invest in Myself)하며 소유보다는 경험(Experience)을 위해 소비한다. 파이세대는 현재 우리나라 인구의 약 40%를 차지하며, 그중 절반 이상이 경제활동을 한다. 이들은 불확실한 미래를 위해 저축을 하기보다 월급을 털어 해외여행을 가고, 대출을 받아 수입차를 사는 등 소비지향적인 형태를 보이면서도 자신에게 가치가 없다고 생각하면 결코 지갑을 열지 않는 특징이 있다. 기준은 '나심비'(나의 마음·心의 만족 비율)다.

100 뒷광고

광고비를 받은 사실을 소비자에게 밝히지 않고 하는 제품 홍보

유튜버 등 유명 인플루언서들이 업체로부터 광고비나 제품 등의 협찬을 받고 해당 상품을 사진, 영상 등으로 홍보하면서도 이를 알리지 않은 채 자신들이 직접 구매한 것처럼 하는 광고를 일컫는다. 일반적인 광고가 광고임을 명시하고 제품을 홍보하는 방식이라면, '뒷광고'는 소비자가 광고임을 알아채지 못하도록 뒤로 살짝 숨긴 광고라는 의미의 신조어다. 뒷광고는 대중에게 영향력이 큰 인플루언서들이 대가를 받은 사실을 숨긴 채 제품을 홍보했다는 점에서 소비자 기만행위라는 지적을 낳았다.

3 PART

분야별 일반상식
적중예상문제

CHAPTER 01 정치 · 국제 · 법률

CHAPTER 02 경제 · 경영 · 금융

CHAPTER 03 사회 · 노동 · 환경

CHAPTER 04 과학 · 컴퓨터 · IT · 우주

CHAPTER 05 문화 · 미디어 · 스포츠

CHAPTER 06 한국사 · 세계사

01 정치·국제·법률

01 선거에 출마한 후보가 내놓은 공약을 검증하는 운동을 무엇이라 하는가?

① 아그레망　　　　　　　　　② 로그롤링
③ 플리바게닝　　　　　　　　④ 매니페스토

해설

매니페스토는 선거와 관련하여 유권자에게 확고한 정치적 의도와 견해를 밝히는 것으로, 연설이나 문서의 형태로 구체적인 공약을 제시한다.

02 전당대회 후에 정당의 지지율이 상승하는 현상을 뜻하는 용어는?

① 빨대효과　　　　　　　　　② 컨벤션효과
③ 메기효과　　　　　　　　　④ 헤일로효과

해설

② 컨벤션효과(Convention Effect) : 대규모 정치 행사 직후에, 행사 주체의 정치적 지지율이 상승하는 현상을 뜻한다.
① 빨대효과(Straw Effect) : 고속도로와 같은 교통수단의 개통으로 인해, 대도시가 빨대로 흡입하듯 주변 도시의 인구와 경제력을 흡수하는 현상을 가리키는 말이다.
③ 메기효과(Catfish Effect) : 노르웨이의 한 어부가 청어를 싱싱한 상태로 육지로 데리고 오기 위해 수조에 메기를 넣었다는 데서 유래한 용어다. 시장에 강력한 경쟁자가 등장했을 때 기존의 기업들이 경쟁력을 잃지 않기 위해 끊임없이 분투하며 업계 전체가 성장하게 되는 것을 가리킨다.
④ 헤일로효과(Halo Effect) : 후광효과로, 어떤 대상(사람)에 대한 일반적인 생각이 그 대상(사람)의 구체적인 특성을 평가하는 데 영향을 미치는 현상이다.

03 노래, 슬로건, 제복 등을 통해 정치권력을 신성하고 아름답게 느끼는 현상을 무엇이라 하는가?

① 플레비사이트　　　　　　　② 옴부즈맨
③ 크레덴다　　　　　　　　　④ 미란다

해설

선거에서 미란다는 피통치자가 맹목적으로 정치권력에 대해 신성함을 표하고 찬미·복종함을 뜻하는 말이다.

04 다음 중 우리나라가 채택하고 있는 의원내각제적 요소는?

① 대통령의 법률안 거부권　　　　　② 의원의 각료 겸직

③ 정부의 의회해산권　　　　　　　④ 의회의 내각 불신임 결의권

해설

우리나라가 채택하고 있는 의원내각제적 요소

행정부(대통령)의 법률안 제안권, 의원의 각료 겸직 가능, 국무총리제, 국무회의의 국정 심의, 대통령의 국회 출석 및 의사표시권, 국회의 국무총리·국무위원에 대한 해임건의권 및 국회 출석 요구·질문권

05 '인 두비오 프로 레오(In Dubio Pro Reo)'는 무슨 뜻인가?

① 의심스러울 때는 피고인에게 유리하게 판결해야 한다.

② 위법하게 수집된 증거는 증거능력을 배제해야 한다.

③ 범죄용의자를 연행할 때 그 이유와 권리가 있음을 미리 알려 주어야 한다.

④ 재판에서 최종적으로 유죄 판정된 자만이 범죄인이다.

해설

② 독수독과 이론

③ 미란다 원칙

④ 형사 피고인의 무죄추정

06 다음 중 재선거와 보궐선거에 대한 설명으로 옳지 않은 것은?

① 재선거는 임기 개시 전에 당선 무효가 된 경우 실시한다.

② 보궐선거는 궐위를 메우기 위해 실시된다.

③ 지역구 국회의원의 궐원시에는 보궐선거를 실시한다.

④ 전국구 국회의원의 궐원시에는 중앙선거관리위원회가 궐원통지를 받은 후 15일 이내에 궐원된 국회의원의 의석을 승계할 자를 결정해야 한다.

해설

전국구 국회의원의 궐원시에는 중앙선거관리위원회가 궐원통지를 받은 후 10일 이내에 의석을 승계할 자를 결정해야 한다.

07 선거에서 약세 후보가 유권자들의 동정을 받아 지지도가 올라가는 현상을 무엇이라 하는가?

① 밴드왜건 효과　　　　　　　　　② 언더독 효과

③ 스케이프고트 현상　　　　　　　④ 레임덕 현상

해설

언더독 효과는 절대 강자가 지배하는 세상에서 약자에게 연민을 느끼며 이들이 언젠가는 강자를 이겨주기를 바라는 현상을 말한다.

08 헌법재판소에서 위헌법률심판권, 위헌명령심판권, 위헌규칙심판권은 무엇을 근거로 하는가?

① 신법우선의 원칙   ② 특별법우선의 원칙
③ 법률불소급의 원칙   ④ 상위법우선의 원칙

> **해설**
> 법률보다는 헌법이 상위법이므로, 법률은 헌법에 위배되어서는 안 된다. 이는 상위법우선의 원칙에 근거한다.

09 다음 중 국정조사에 대한 설명으로 틀린 것은?

① 비공개로 진행하는 것이 원칙이다.
② 재적의원 4분의 1 이상의 요구가 있는 때에 조사를 시행하게 한다.
③ 특정한 국정사안을 대상으로 한다.
④ 부정기적이며, 수시로 조사할 수 있다.

> **해설**
> 국정조사는 공개를 원칙으로 하고, 비공개를 요할 경우에는 위원회의 의결을 얻도록 하고 있다.

10 다음 직위 중 임기제가 아닌 것은?

① 감사원장   ② 한국은행 총재
③ 검찰총장   ④ 국무총리

> **해설**
> ① 감사원장 4년, ② 한국은행 총재 4년, ③ 검찰총장 임기는 2년이다.
> 국무총리는 대통령이 지명하나 국회 임기종료나 국회의 불신임 결의에 의하지 않고는 대통령이 임의로 해임할 수 없도록
> 규정하고 있을 뿐 임기는 명시하고 있지 않다.

11 다음 내용과 관련 있는 용어는?

> 영국 정부가 의회에 제출하는 보고서의 표지가 흰색인 데서 비롯된 속성이다. 이런 관습을 각국이
> 모방하여 공식 문서의 명칭으로 삼고 있다.

① 백 서   ② 필리버스터
③ 캐스팅보트   ④ 레임덕

> **해설**
> 백서는 정부의 소관사항에 대한 공식 문서다.

12 정부의 부당한 행정 조치를 감시하고 조사하는 일종의 행정 통제 제도는?

① 코커스   ② 스핀닥터
③ 란츠게마인데   ④ 옴부즈맨

> **해설**
> 옴부즈맨은 스웨덴을 비롯한 북유럽에서 발전된 제도로서, 정부의 부당한 행정 조치를 감시하고 조사하는 일종의 행정 통제 제도다.

13 범죄피해자의 고소나 고발이 있어야만 공소를 제기할 수 있는 범죄는?

① 친고죄   ② 무고죄
③ 협박죄   ④ 폭행죄

> **해설**
> 형법상 친고죄에는 비밀침해죄, 업무상 비밀누설죄, 친족 간 권리행사방해죄, 사자명예훼손죄, 모욕죄 등이 있다.

14 퍼블리시티권에 대한 설명으로 바르지 못한 것은?

① 개인의 이름·얼굴·목소리 등을 상업적으로 이용할 수 있는 배타적인 권리다.
② 법률에 의해 생존 기간과 사후 30년 동안 보호받을 수 있다.
③ 재산권이라는 측면에서 저작권과 비슷하다.
④ 상표권이나 저작권처럼 상속도 가능하다.

> **해설**
> 퍼블리시티권에 대한 뚜렷한 법률 규정이 없지만 저작권법에서 보호기간을 저자의 사망 후 70년으로 규정하고 있으므로 사후 70년으로 유추적용하고 있다.

15 다음이 설명하는 원칙은?

> 범죄가 성립되고 처벌을 하기 위해서는 미리 성문의 법률에 규정되어 있어야 한다는 원칙

① 불고불리의 원칙   ② 책임의 원칙
③ 죄형법정주의   ④ 기소독점주의

> **해설**
> 죄형법정주의는 범죄와 형벌이 법률에 규정되어 있어야 한다는 원칙이다.

16 우리나라 대통령과 국회의원의 임기를 더한 합은?

① 8

② 9

③ 10

④ 11

해설

대통령의 임기는 5년으로 하며 중임할 수 없고(헌법 제70조), 국회의원의 임기는 4년으로 한다(헌법 제42조). 따라서 5와 4를 더한 합은 9이다.

17 그림자 내각이라는 의미로 야당에서 정권을 잡았을 경우를 예상하여 조직하는 내각을 일컫는 용어는?

① 키친 캐비닛

② 이너 캐비닛

③ 캐스팅 캐비닛

④ 섀도 캐비닛

해설

섀도 캐비닛은 19세기 이후 영국에서 시행되어온 제도로, 야당이 정권획득을 대비하여 총리와 각료로 예정된 내각진을 미리 정해두는 것이다.

18 다음과 관련 있는 것은?

> 이 용어는 독일의 사회주의자 F. 라살이 그의 저서 〈노동자 강령〉에서 당시 영국 부르주아의 국가관을 비판하는 뜻에서 쓴 것으로 국가는 외적의 침입을 막고 국내 치안을 확보하며 개인의 사유재산을 지키는 최소한의 임무만을 행하며, 나머지는 자유방임에 맡길 것을 주장하는 국가관을 말한다.

① 법치국가

② 사회국가

③ 복지국가

④ 야경국가

해설

야경국가는 시장에 대한 개입을 최소화하고 국방과 외교, 치안 등의 질서 유지 임무만 맡아야 한다고 보았던 자유방임주의 국가관이다.

19 대통령이 국회의 동의를 사전에 얻어야 할 경우를 모두 고른 것은?

> ㉠ 헌법재판소장 임명　　　　　㉡ 국군의 외국 파견
> ㉢ 대법관 임명　　　　　　　　㉣ 예비비 지출
> ㉤ 대법원장 임명　　　　　　　㉥ 감사원장 임명

① ㉠, ㉡, ㉢, ㉤, ㉥　　　　　② ㉡, ㉢, ㉣, ㉤
③ ㉠, ㉣, ㉤, ㉥　　　　　　④ ㉡, ㉢, ㉤, ㉥

해설

국회의 사전 동의 사항

조약의 체결·선전 포고와 강화, 일반 사면, 국군의 외국 파견과 외국 군대의 국내 주류, 대법원장·국무총리·헌법재판소장·감사원장·대법관 임명, 국채 모집, 예비비 설치, 예산 외의 국가 부담이 될 계약 체결 등

20 다음 빈칸 안에 공통으로 들어갈 말로 적당한 것은?

> • (　　　)는 주로 소수파가 다수파의 독주를 저지하거나 의사진행을 막기 위해 합법적인 방법을 이용해 고의적으로 방해하는 것이다.
> • (　　　)는 정국을 불안정하게 만드는 요인이 되기도 하기 때문에 우리나라 등 많은 나라들은 발언시간 제한 등의 규정을 강화하고 있다.

① 필리버스터　　　　　　　　② 로그롤링
③ 캐스팅보트　　　　　　　　④ 치킨게임

해설

필리버스터는 의회 안에서 합법적·계획적으로 수행되는 의사진행 방해 행위를 말한다.

21 우리나라 국회가 채택하고 있는 제도를 모두 고른 것은?

> ㉠ 일사부재의 원칙　　　　　㉡ 일사부재리의 원칙
> ㉢ 회의공개의 원칙　　　　　㉣ 회기계속의 원칙

① ㉠, ㉢, ㉣　　　　　　　② ㉠, ㉡, ㉣
③ ㉡, ㉢, ㉣　　　　　　　④ ㉠, ㉡, ㉢, ㉣

해설

일사부재리의 원칙은 확정 판결이 내려진 사건에 대해 두 번 이상 심리·재판을 하지 않는다는 형사상의 원칙으로, 국회가 채택하고 있는 제도나 원칙과는 상관이 없다.

22 원래의 뜻은 의안을 의결하는 데 있어 가부동수인 경우의 투표권을 말하는데, 의회에서 2대 정당의 세력이 거의 비등할 때 그 승부 또는 가부가 제3당의 동향에 따라 결정되는 뜻의 용어는 무엇인가?

① 캐스팅보트　　　　　　　　　② 필리버스터
③ 게리맨더링　　　　　　　　　④ 프레임 업

해설

캐스팅보트는 합의체의 의결에서 가부(可否)동수인 경우 의장이 가지는 결정권을 뜻한다. 우리나라에서는 의장의 결정권은 인정되지 않으며, 가부동수일 경우 부결된 것으로 본다.

23 다음 중 선거에서 누구에게 투표할지 결정하지 못한 유권자를 가리키는 말은?

① 로그롤링　　　　　　　　　　② 매니페스토
③ 캐스팅보트　　　　　　　　　④ 스윙보터

해설

① 로그롤링 : 정치세력들이 상호지원을 합의하여 투표거래나 투표담합을 하는 행위
② 매니페스토 : 구체적인 예산과 실천방안 등 선거와 관련한 구체적 방안을 유권자에게 제시하는 공약
③ 캐스팅보트 : 양대 당파의 세력이 비슷하게 양분화된 상황에서 결정적인 역할을 수행하는 사람

24 다음 설명에서 밑줄 친 '이 용어'는 무엇인가?

> • 이 용어는 '어림도 없다'는 뜻에서 유래하였다.
> • 1878년 조지 홀리오크가 '데일리 뉴스' 기고문에서 이 용어를 쓰면서 정치적 의미를 획득했다.
> • 미국 대통령 테어도어 루스벨트는 이 용어를 정치적으로 이용한 대표적 인물로 손꼽힌다.

① 쇼비니즘　　　　　　　　　　② 애니미즘
③ 징고이즘　　　　　　　　　　④ 샤머니즘

해설

징고이즘(Jingoism)
1877년 러시아와 투르크의 전쟁에서 영국의 대러시아 강경책을 노래한 속가 속에 'By Jingo'는 '어림도 없다'는 뜻에서 유래하여 공격적인 외교정책을 만들어내는 극단적이고 맹목적이며 배타적인 애국주의 혹은 민족주의를 말한다.

25 정치상황과 이슈에 따라 선택을 달리하는 부동층 유권자를 의미하는 스윙보터와 유사한 의미를 가진 용어가 아닌 것은?

① 언디사이디드보터(Undecided Voter)
② 플로팅보터(Floating Voter)
③ 미결정 투표자
④ 코테일(Cottail)

해설
코테일은 미국 정치에서 인기 있는 공직자나 후보자가 자신의 인기에 힘입어 같은 정당 출신인 다른 후보의 승리 가능성을 높여주는 것을 말한다.

26 다음 중 UN 산하 전문기구가 아닌 것은?

① 국제노동기구(ILO)
② 국제연합식량농업기구(FAO)
③ 세계기상기구(WMO)
④ 세계무역기구(WTO)

해설
1995년 출범한 세계무역기구는 1947년 이래 국제 무역 질서를 규율해오던 GATT(관세 및 무역에 관한 일반협정) 체제를 대신한다. WTO는 GATT에 없었던 세계무역분쟁 조정, 관세 인하 요구, 반덤핑규제 등 막강한 법적 권한과 구속력을 행사할 수 있다. WTO의 최고의결기구는 총회이며 그 아래 상품교역위원회 등을 설치해 분쟁처리를 담당한다. 본부는 스위스 제네바에 있다.

27 다음 괄호 안에 공통으로 들어갈 말로 적당한 것은?

> • (   )은/는 1970년대 미국 청년들 사이에서 유행한 자동차 게임이론에서 유래되었다.
> • (   )의 예로는 한 국가 안의 정치나 노사 협상, 국제 외교 등에서 상대의 양보를 기다리다가 파국으로 끝나는 것 등이 있다.

① 필리버스터
② 로그롤링
③ 캐스팅보트
④ 치킨게임

해설
치킨게임(Chicken Game)
어느 한쪽이 양보하지 않을 경우 양쪽 모두 파국으로 치닫게 되는 극단적인 게임이론이다. 1950 ~ 1970년대 미국과 소련 사이의 극심한 군비경쟁을 꼬집는 용어로 사용되면서 국제정치학 용어로 정착되었다.

28 대통령이 선출되나, 입법부가 내각을 신임할 권한이 있는 정부 형태를 무엇이라 하는가?

① 입헌군주제   ② 의원내각제

③ 대통령중심제   ④ 이원집정부제

해설

이원집정부제

국민투표로 선출된 대통령과 의회를 통해 신임되는 내각이 동시에 존재하는 국가이다. 주로 대통령은 외치와 국방을 맡고 내치는 내각이 맡는다. 반(半)대통령제, 준(準)대통령제, 분권형 대통령제, 이원정부제, 혼합 정부 형태라고도 부른다.

29 다음 방공식별구역에 대한 설명으로 옳지 않은 것은?

① 타국의 항공기에 대한 방위 목적으로 각 나라마다 독자적으로 설정한 지역이다.

② 영공과 같은 개념으로 국제법적 기준이 엄격하다.

③ 한국의 구역임을 명시할 때는 한국방공식별구역(KADIZ)이라고 부른다.

④ 방공식별구역 확대 문제로 현재 한 · 중 · 일 국가 간의 갈등이 일고 있다.

해설

방공식별구역은 영공과 별개의 개념으로, 국제법적인 근거가 약하다. 따라서 우리나라는 구역 내 군용기의 진입으로 인한 충돌을 방지하기 위해 1995년 한 · 일 간 군용기 우발사고방지 합의서한을 체결한 바 있다.

30 다음 중 일본 · 중국 · 대만 간의 영유권 분쟁을 빚고 있는 곳은?

① 조어도   ② 대마도

③ 남사군도   ④ 북방열도

해설

• 남사군도 : 동으로 필리핀, 남으로 말레이시아와 브루나이, 서로 베트남, 북으로 중국과 타이완을 마주하고 있어 6개국이 서로 영유권을 주장하고 있다.

• 북방열도(쿠릴열도) : 러시아연방 동부 사할린과 홋카이도 사이에 위치한 화산열도로 30개 이상의 도서로 이루어져 있다. 러시아와 일본 간의 영유권 분쟁이 일고 있는 곳은 쿠릴열도 최남단의 4개 섬이다.

31 다음 중 수중 암초인 이어도와 관계없는 것은?

① 도리시마   ② 파랑도

③ 쑤옌자오   ④ 소코트라 록

해설

이어도의 중국명은 '쑤옌자오'이며 '파랑도'라고도 불린다. 1900년 영국 상선 소코트라호가 처음 수중암초를 확인한 후 국제해도에 소코트라 록(Socotra Rock)으로 표기된 바 있다. ①의 도리시마는 일본의 도쿄에서 남쪽으로 600㎞ 떨어진 북태평양에 있는 무인도이다.

32 UN의 193번째 가입 국가는?

① 동티모르   ② 몬테네그로
③ 세르비아   ④ 남수단

해설

남수단은 아프리카 동북부에 있는 나라로 2011년 7월 9일 수단으로부터 분리 독립하였고 193번째 유엔 회원국으로 등록되었다.

33 UN상임이사국에 속하지 않는 나라는?

① 중국   ② 러시아
③ 프랑스   ④ 스웨덴

해설

유엔안전보장이사회는 5개 상임이사국(미국, 영국, 프랑스, 중국, 러시아) 및 10개 비상임이사국으로 구성되어 있다. 비상임이사국은 평화유지에 대한 회원국의 공헌과 지역적 배분을 고려하여 총회에서 2/3 다수결로 매년 5개국이 선출되고, 임기는 2년이며, 연임이 불가하다.

34 원래는 '통나무 굴리기'라는 뜻으로 두 사람이 나무 위에 올라가 그것을 굴려 목적지까지 운반하되, 떨어지지 않도록 보조를 맞춘다는 말에서 유래된 것으로 선거운동을 돕고 대가를 받거나 이권을 얻는 행위는?

① 포크배럴(Pork Barrel)   ② 로그롤링(Log-rolling)
③ 게리맨더링(Gerrymandering)   ④ 매니페스토(Manifesto)

해설

로그롤링(Log-rolling)
정치세력이 자기의 이익을 위해 경쟁세력의 요구를 수용하거나 암묵적으로 동의하는 정치적 행위를 의미하며 '보트트랜딩(Vote-tranding)'이라고 한다. 원래는 서로 협력해서 통나무를 모으거나 강물에 굴려 넣는 놀이에서 유래된 용어로 통나무를 원하는 방향으로 굴리기 위해 통나무의 양쪽, 즉 두 개의 경쟁 세력이 적극적으로 담합을 하거나 아니면 묵시적으로 동조하는 것을 말한다.

35 다음 중 레임덕에 관한 설명으로 옳지 않은 것은?

① 대통령의 임기 만료를 앞두고 나타나는 권력누수 현상이다.
② 대통령의 통치력 저하로 국정 수행에 차질이 생긴다.
③ 임기 만료가 얼마 남지 않은 경우나 여당이 다수당일 때 잘 나타난다.
④ '절름발이 오리'라는 뜻에서 유래된 용어이다.

해설

대통령의 임기 말 권력누수 현상을 나타내는 레임덕(Lame Duck)은 집권당이 의회에서 다수 의석을 얻지 못한 경우에 발생하기 쉽다.

36 다음 중 코이카(KOICA)에 대한 설명으로 옳지 않은 것은?

① 정부 차원의 대외무상협력사업을 전담실시하는 기관이다.
② 한국과 개발도상국의 우호협력관계 및 상호교류 증진을 목적으로 한다.
③ 주요 활동으로 의사, 태권도 사범 등의 전문인력 및 해외봉사단 파견, 국제비정부기구(NGO) 지원 등을 전개하고 있다.
④ 공식 로고에 평화와 봉사를 상징하는 비둘기를 그려 넣어 국제협력단이 세계평화와 인류번영에 이바지하고 있음을 나타내고 있다.

해설

한국국제협력단(KOICA)
한국국제협력단은 대한민국의 대외무상협력사업을 주관하는 외교부 산하 정부출연기관이다. 대개 영문 명칭인 코이카(KOICA)로 불린다. 한국국제협력단법에 의해 1991년 4월 1일 설립됐다. 공식 로고에 평화와 봉사를 상징하는 월계수를 그려 넣어 국제협력단이 세계평화와 인류번영에 이바지하고 있음을 나타내고 있다.

37 우리나라가 해외로 파병한 부대 이름 중 잘못 연결된 것은?

① 레바논 – 동명부대　　　　② 동티모르 – 상록수부대
③ 아이티 – 자이툰부대　　　　④ 아프가니스탄 – 오쉬노부대

해설

• 단비부대 : 아이티의 지진 피해 복구와 재건을 돕기 위한 임무 외에도 의료서비스, 민사작전, 인도주의적 활동 지원 등 다양한 임무를 수행했다.
• 자이툰부대 : 이라크 전쟁 후 미국의 요청으로 자이툰부대를 파병하였다.

38 다음의 용어 설명 중 틀린 것은?

① JSA – 공동경비구역　　　　② NLL – 북방한계선
③ MDL – 남방한계선　　　　④ DMZ – 비무장지대

해설

MDL(Military Demarcation Line, 군사분계선)
두 교전국 간에 휴전협정에 의해 그어지는 군사활동의 경계선으로 한국의 경우 1953년 7월 유엔군 측과 공산군 측이 합의한 정전협정에 따라 규정된 휴전의 경계선을 말한다.

39 구속적부심사 제도에 대한 설명으로 옳지 않은 것은?

① 심사의 청구권자는 구속된 피의자, 변호인, 친족, 동거인, 고용주 등이 있다.

② 구속적부심사가 기각으로 결정될 경우 구속된 피의자는 항고할 수 있다.

③ 법원은 구속된 피의자에 대하여 출석을 보증할 만한 보증금 납입을 조건으로 석방을 명할 수 있다.

④ 검사 또는 경찰관은 체포 또는 구속된 피의자에게 체포·구속적부심사를 청구할 수 있음을 알려야 한다.

> **해설**
> 구속적부심사는 처음 기각을 당한 뒤 재청구할 경우 법원은 심문 없이 결정으로 청구를 기각할 수 있다. 또한 공범 또는 공동피의자의 순차 청구로 수사를 방해하려는 목적이 보일 때 심문 없이 청구를 기각할 수 있다. 이러한 기각에 대하여 피의자는 항고하지 못한다(형사소송법 제214조의2).

40 다음 중 국가공무원법상의 징계의 종류가 아닌 것은?

① 감 봉   ② 견 책
③ 좌 천   ④ 정 직

> **해설**
> 국가공무원법은 감봉, 견책(경고), 정직, 해임 등의 징계 방법을 제시하고 있다. 좌천은 징계로 규정되지 않는다.

41 엽관제의 설명으로 옳지 않은 것은?

① 정당에 대한 충성도와 기여도에 따라 공직자를 임명하는 인사제도를 말한다.

② 정실주의라고도 한다.

③ 정당정치의 발전에 기여한다.

④ 공직 수행에 있어서 중립성을 훼손할 수 있다.

> **해설**
> ② 공무원 임명의 기준을 정치적 신조나 정당관계에 두고 있다는 점에서 정실주의(Patronage System)와 구분된다.
>
> 엽관제의 장단점

장 점	단 점
• 관직의 특권화를 배제함으로써 정실인사 타파에 기여 • 공직자의 적극적인 충성심 확보 • 정당정치 발전에 기여	• 공직수행의 중립성 훼손 • 관료가 국가나 사회보다 정당이나 개인의 이익에 치중 • 능력과 자격을 갖춘 인사가 관직에서 배제될 가능성 • 정권교체기마다 공직자가 교체되면 행정의 전문성 및 기술성 확보가 어려움

42 다음 중 우리나라 최초의 이지스함은?

① 서애류성룡함
② 세종대왕함
③ 율곡이이함
④ 권율함

해설
우리나라는 2007년 5월 국내 최초의 이지스함인 '세종대왕함'을 진수한 데 이어 2008년 두 번째 이지스함인 '율곡이이함'을 진수했고, 2012년 '서애류성룡함'까지 총 3척의 이지스함을 보유하고 있다.

43 세계 주요 석유 운송로로 페르시아 만과 오만 만을 잇는 중동의 해협은?

① 말라카해협
② 비글해협
③ 보스포러스해협
④ 호르무즈해협

해설
호르무즈해협(Hormuz Strait)
페르시아 만과 오만 만을 잇는 좁은 해협으로, 북쪽으로는 이란과 접하며, 남쪽으로는 아랍에미리트에 둘러싸인 오만의 월경지이다. 이 해협은 페르시아 만에서 생산되는 석유의 주요 운송로로 세계 원유 공급량의 30% 정도가 영향을 받는 곳이기도 하다.

44 다음 중 대한민국 국회의 권한이 아닌 것은?

① 긴급명령권
② 불체포특권
③ 예산안 수정권
④ 대통령 탄핵 소추권

해설
긴급명령권은 대통령의 권한이며, 대통령은 내우·외환·천재·지변 또는 중요한 재정·경제상의 위기에 있어서 국가의 안전보장 또는 공공의 안녕질서를 유지하기 위한 조치가 필요하고 국회의 집회를 기다릴 여유가 없을 때에 한하여 최소한으로 필요한 재정·경제상의 처분을 하거나 이에 관하여 법률의 효력을 가지는 명령을 발할 수 있다(대한민국 헌법 제76조).

45 록히드 마틴사가 개발한 공중방어시스템으로, 미국을 향해 날아오는 미사일을 고(高)고도 상공에서 격추하기 위한 목적으로 개발된 방어 체계는?

① 사드(THAAD)
② 중거리탄도미사일(IRBM)
③ 레이저빔(Laser Beam)
④ 대륙간탄도미사일(ICBM)

> **해설**
> 사드(THAAD)는 미국의 고(高)고도 미사일 방어체계다. 록히드 마틴이 개발한 공중방어시스템으로 미사일로부터 미국의 군사기지를 방어하기 위해 만들었다. 박근혜 정부 시절 우리나라 성주에 사드 배치를 두고 국내외 정세에 큰 파장을 몰고 왔었다.

46 일사부재리의 원칙에 대한 설명으로 옳은 것은?

① 국회에서 일단 부결된 안건을 같은 회기 중에 다시 발의 또는 제출하지 못한다는 것을 의미한다.
② 판결이 내려진 어떤 사건(확정판결)에 대해 두 번 이상 심리·재판을 하지 않는다는 형사상의 원칙이다.
③ 일사부재리의 원칙은 민사사건에도 적용된다.
④ 로마시민법에서 처음 등장했으며 라틴어로 '인 두비오 프로 레오(In Dubio Pro Leo)'라고 한다.

> **해설**
> ① 일사부재의의 원칙을 설명한 지문이다.
> ③ 일사부재리의 원칙은 형사사건에만 적용된다.
> ④ '인 두비오 프로 레오(In Dubio Pro Leo)'는 '형사소송법에서 증명을 할 수 없으면 무죄'라는 의미를 담고 있다.

47 다음 보기에 나온 사람들의 임기를 모두 더한 것은?

국회의원, 대통령, 감사원장, 대법원장, 국회의장

① 18년 ② 19년
③ 20년 ④ 21년

> **해설**
> • 국회의원 4년 • 대통령 5년
> • 감사원장 4년 • 대법원장 6년
> • 국회의장 2년

48 다음 세 키워드와 관련 있는 단어는 무엇인가?

• 테러방지법 　　　　　• 국회 　　　　　• 랜드 폴 미국 상원의원

① 딥스로트
② 게리맨더링
③ 필리버스터
④ 캐스팅보트

해설
필리버스터는 소수 의견을 가진 의원들이 의결 강행을 막기 위해 발언 시간을 이어감으로써 합법적으로 표결을 저지하는 행위이다. 각국의 법령에 따라 다소 다른 형태로 나타나지만 대부분의 민주주의 국가에서 각 의원들에게 보장되어 있다. 한국에서는 테러방지법을 반대하기 위해 2016년 당시 야당인 더불어민주당 의원들이 필리버스터를 했으며, 미국에서는 미국 내 드론 사용 허가를 막기 위해 2013년에 랜드 폴의원이 13시간 동안 필리버스터를 펼친 바 있다.

49 헌법 개정 절차로 올바른 것은?

① 공고 → 제안 → 국회의결 → 국민투표 → 공포
② 제안 → 공고 → 국회의결 → 국민투표 → 공포
③ 제안 → 국회의결 → 공고 → 국민투표 → 공포
④ 제안 → 공고 → 국무회의 → 국회의결 → 국민투표 → 공포

해설
헌법 개정 절차는 '제안 → 공고 → 국회의결 → 국민투표 → 공포' 순이다.

50 다음 중 반의사불벌죄가 아닌 것은?

① 존속폭행죄
② 협박죄
③ 명예훼손죄
④ 모욕죄

해설
반의사불벌죄는 처벌을 원하는 피해자의 의사표시 없이도 공소할 수 있다는 점에서 고소·고발이 있어야만 공소를 제기할 수 있는 친고죄(親告罪)와 구별된다. 폭행죄, 협박죄, 명예훼손죄, 과실치상죄 등이 이에 해당한다. 모욕죄는 친고죄이다.

51 다음 중 불문법이 아닌 것은?

① 판례법
② 관습법
③ 조 리
④ 조 례

해설
조례는 성문법이다.

52 정당해산심판에 대한 설명으로 옳지 않은 것은?

① 정당해산심판은 헌법재판소의 권한 중 하나이다.
② 민주적 기본질서에 위배되는 경우 국무회의를 거쳐 해산심판을 청구할 수 있다.
③ 일반 국민도 헌법재판소에 정당해산심판을 청구할 수 있다.
④ 해산된 정당의 대표자와 간부는 해산된 정당과 비슷한 정당을 만들 수 없다.

> **해설**
> 정당해산심판은 정부만이 제소할 수 있기 때문에, 일반 국민은 헌법재판소에 정당해산심판을 청구할 수 없다. 다만, 정부에 정당해산심판을 청구해달라는 청원을 할 수 있다.

53 다음 중 헌법재판소의 관장사항이 아닌 것은?

① 법률에 저촉되지 아니하는 범위 안에서 소송에 관한 절차 제정
② 탄핵의 심판
③ 정당의 해산심판
④ 헌법소원에 관한 심판

> **해설**
> 대법원은 법률에서 저촉되지 아니하는 범위 안에서 소송에 관한 절차, 법원의 내부규율과 사무처리에 관한 규칙을 제정할 수 있다(헌법 제108조).
>
> **헌법재판소법 제2조(관장사항)**
> • 법원 제청에 의한 법률의 위헌 여부 심판
> • 탄핵의 심판
> • 정당의 해산심판
> • 국가기관 상호 간, 국가기관과 지방자치단체 간 및 지방자치단체 상호 간의 권한쟁의에 관한 심판
> • 헌법소원에 관한 심판

54 우리나라의 배심제에 대한 설명 중 바르지 못한 것은?

① 미국의 배심제를 참조했지만 미국처럼 배심원단이 직접 유·무죄를 결정하지 않는다.
② 판사는 배심원의 유·무죄 판단과 양형 의견과 다르게 독자적으로 결정할 수 있다.
③ 시행 초기에는 민사 사건에만 시범적으로 시행되었다.
④ 피고인이 원하지 않을 경우 배심제를 시행할 수 없다.

> **해설**
> 시행 초기에는 살인죄, 강도와 강간이 결합된 범죄, 3,000만원 이상의 뇌물죄 등 중형이 예상되는 사건에만 시범적으로 시행되었다.

55 다음 중 죽은 가족을 대신해서 억울함을 풀어주는 제도는?

① 신원권   ② 공중권

③ 청원권   ④ 추징권

해설

② 공중권 : 타인의 소유에 관계되는 건물·구조물의 옥상 이상의 공간을 이용하는 권리

③ 청원권 : 국민이 국가기관에 대하여 문서로써 어떤 희망사항을 청원할 수 있는 기본권

56 다음 중 특별검사제에 대한 설명으로 옳지 않은 것은?

① 고위층 권력형 비리나 수사기관이 연루된 사건에 특별검사를 임명해 수사·기소권을 준다.

② 특검보는 15년 이상 판사·검사·변호사로 재직한 변호사 중 2명을 특검이 추천하면 대통령이 1명을 임명한다.

③ 이명박 전 대통령이 직접적으로 관여된 특검은 두 차례 시행됐다.

④ 특검팀 수사는 준비기간 만료일 다음 날부터 30일 이내이며 1회에 한해 10일 연장할 수 있다.

해설

특검팀 수사는 특검 임명 후 10일간 준비기간을 두고, 준비기간 만료일 다음 날부터 60일 이내이며 1회에 한해 대통령의 승인을 받아 30일까지 연장할 수 있다.

57 형벌의 종류 중 무거운 것부터 차례로 나열한 것은?

① 사형 – 자격상실 – 구류 – 몰수

② 사형 – 자격상실 – 몰수 – 구류

③ 사형 – 몰수 – 자격상실 – 구류

④ 사형 – 구류 – 자격상실 – 몰수

해설

형벌의 경중 순서

사형 → 징역 → 금고 → 자격상실 → 자격정지 → 벌금 → 구류 → 과료 → 몰수

02 경제 · 경영 · 금융

---

01 값싼 가격에 질 낮은 저급품만 유통되는 시장을 가리키는 용어는?

① 레몬마켓   ② 프리마켓

③ 제3마켓   ④ 피치마켓

해설

레몬마켓은 저급품만 유통되는 시장으로, 불량품이 넘쳐나면서 소비자의 외면을 받게 된다. 피치마켓은 레몬마켓의 반대어로, 고품질의 상품이나 우량의 재화·서비스가 거래되는 시장을 의미한다.

02 전세가와 매매가의 차액만으로 전세를 안고 주택을 매입한 후 부동산 가격이 오르면 이득을 보는 '갭 투자'와 관련된 경제 용어는 무엇인가?

① 코픽스   ② 트라이슈머

③ 레버리지   ④ 회색 코뿔소

해설

• 갭 투자 : 전세를 안고 하는 부동산 투자이다. 부동산 경기가 호황일 때 수익을 낼 수 있으나 부동산 가격이 위축돼 손해를 보면 전세 보증금조차 갚지 못할 수 있는 위험한 투자이다.

• 레버리지(Leverage) : 대출을 받아 적은 자산으로 높은 이익을 내는 투자 방법이다. '지렛대효과'를 낸다 하여 레버리지라는 이름이 붙었다.

03 경기상황이 디플레이션일 때 나타나는 현상으로 옳은 것은?

① 통화량 감소, 물가하락, 경기침체

② 통화량 증가, 물가상승, 경기상승

③ 통화량 감소, 물가하락, 경기상승

④ 통화량 증가, 물가하락, 경기침체

해설

디플레이션은 통화량 감소와 물가하락 등으로 인하여 경제활동이 침체되는 현상을 말한다.

04 다국적 ICT기업들이 세계 각국에서 막대한 이익을 얻고도 조약이나 세법을 악용해 세금을 내지 않는 것을 막기 위해 도입한 것은?

① 스텔스 세금　　　　　　　　　　② 법인세
③ 구글세　　　　　　　　　　　　　④ 국경세

> **해설**
> 구글, 애플, 마이크로소프트 등 다국적 ICT기업들은 전 세계적으로 막대한 수익을 얻는 반면 세금을 회피해왔다. 이에 유럽 국가를 중심으로 이러한 기업들에 세금을 부과하자는 움직임이 시작됐는데, 그 명칭에 대표적인 포털사이트인 구글 이름을 붙인 것이다.

05 특정 품목의 수입이 급증할 때, 수입국이 관세를 조정함으로써 국내 산업의 침체를 예방하는 조치는 무엇인가?

① 세이프가드　　　　　　　　　　② 선샤인액트
③ 리쇼어링　　　　　　　　　　　④ 테이퍼링

> **해설**
> 특정 상품의 수입 급증이 수입국의 경제 또는 국내 산업에 심각한 타격을 줄 우려가 있는 경우 세이프가드를 발동한다.
> ② 선샤인액트 : 제약사와 의료기기 제조업체가 의료인에게 경제적 이익을 제공할 경우 해당 내역에 대한 지출보고서 작성을 의무화한 제도
> ③ 리쇼어링 : 해외로 진출했던 기업들이 본국으로 회귀하는 현상
> ④ 테이퍼링 : 양적완화 정책의 규모를 점차 축소해가는 출구전략

06 다음 중 유로존 가입국이 아닌 나라는?

① 오스트리아　　　　　　　　　　② 프랑스
③ 아일랜드　　　　　　　　　　　④ 스위스

> **해설**
> 유로존(Eurozone)은 유럽연합의 단일화폐인 유로를 국가통화로 도입하여 사용하는 국가나 지역을 가리키는 말로 오스트리아, 핀란드, 독일, 포르투갈, 프랑스, 아일랜드, 스페인 등 총 19개국이 가입되어 있다. 스위스는 유로존에 포함되어 있지 않기 때문에 자국 통화인 스위스프랑을 사용한다.

07 물가상승이 통제를 벗어난 상태로, 수백 퍼센트의 인플레이션율을 기록하는 상황을 말하는 경제용어는?

① 보틀넥인플레이션 ② 하이퍼인플레이션
③ 디맨드풀인플레이션 ④ 디스인플레이션

해설

① 생산능력의 증가속도가 수요의 증가속도를 따르지 못함으로써 발생하는 물가상승
③ 초과수요로 인하여 일어나는 인플레이션
④ 인플레이션을 극복하기 위해 통화증발을 억제하고 재정·금융긴축을 주축으로 하는 경제조정정책

08 다음 중 리디노미네이션(Redenomination)에 대한 설명으로 옳지 않은 것은?

① 나라의 화폐를 가치의 변동 없이 모든 지폐와 은행권의 액면을 동일한 비율의 낮은 숫자로 표현하는 것을 말한다.
② 리디노미네이션의 목적은 화폐의 숫자가 너무 커서 발생하는 국민들의 계산이나 회계 기장의 불편, 지급상의 불편 등의 해소에 있다.
③ 리디노미네이션은 인플레이션 기대심리를 유발할 수 있다는 문제점이 있다.
④ 화폐단위가 변경되면서 새로운 화폐를 만들어야 하기 때문에 화폐제조비용이 늘어난다.

해설

리디노미네이션은 인플레이션의 기대심리를 억제시키고, 국민들의 거래 편의와 회계장부의 편리화 등의 장점이 있다.

09 사회 구성원의 주관적인 가치판단을 반영하여 소득분배의 불평등도를 측정하는 지표는?

① 지니계수 ② 빅맥지수
③ 엥겔계수 ④ 앳킨슨지수

해설

불평등에 대한 사회구성원의 주관적 판단을 반영한 앳킨슨지수는 앤토니 앳킨슨 런던정경대 교수가 개발한 불평등 지표로 균등분배와 대등소득이라는 가정 하에서 얼마씩 똑같이 나누어주면 현재와 동일한 사회후생을 얻을 수 있는지 판단하고 비율을 따져본다. 보통 지니계수와 비슷하게 움직인다.

10 납세자들이 세금을 낸다는 사실을 잘 인식하지 못하고 내는 세금을 무엇이라 하는가?

① 시뇨리지 ② 인플레이션 세금
③ 스텔스 세금 ④ 버핏세

해설

스텔스 세금은 부가가치세, 판매세 등과 같이 납세자들이 인식하지 않고 내는 세금을 레이더에 포착되지 않고 적진에 침투하는 스텔스 전투기에 빗대어 표현한 것이다.

11 복잡한 경제활동 전체를 '경기'로서 파악하기 위해 제품, 자금, 노동 등에 관한 통계를 통합·정리해서 작성한 지수는?

① 기업경기실사지수　　　　　　　　② 엔젤지수
③ GPI　　　　　　　　　　　　　　　④ 경기동향지수

해설

경기동향지수는 경기의 변화방향만을 지수화한 것으로 경기확산지수라고도 한다. 즉, 경기국면의 판단 및 예측, 경기전환점을 식별하기 위한 지표이다.

12 다음과 같은 현상을 무엇이라 하는가?

> 국제 유가 급락, 신흥국 경제위기, 유럽 디플레이션 등 각종 악재가 동시다발적으로 한꺼번에 터지는 것

① 세컨더리 보이콧　　　　　　　　　② 칵테일리스크
③ 염소의 저주　　　　　　　　　　　④ 스태그플레이션

해설

여러 가지 악재가 동시에 발생하는 경제위기 상황을 칵테일리스크라고 하는데, 다양한 술과 음료를 혼합해 만드는 칵테일에 빗대 표현한 말이다. 세계적인 경기침체, 이슬람 무장단체의 테러 등이 혼재된 경제위기를 의미한다.

13 제품의 가격을 인하하면 수요가 줄어들고 오히려 가격이 비싼 제품의 수요가 늘어나는 것을 무엇이라고 하는가?

① 세이의 법칙　　　　　　　　　　　② 파레토최적의 법칙
③ 쿠즈의 U자 가설　　　　　　　　　④ 기펜의 역설

해설

기펜의 역설(Giffen's Paradox)
한 재화의 가격 하락(상승)이 도리어 그 수요의 감퇴(증가)를 가져오는 현상이다. 예를 들어 쌀과 보리는 서로 대체재인 관계에 있는데, 소비자가 빈곤할 때는 보리를 많이 소비하나, 부유해짐에 따라 보리의 수요를 줄이고 쌀을 더 많이 소비하는 경향이 있다.

14 돈을 풀고 금리를 낮춰도 투자와 소비가 늘지 않는 현상을 무엇이라 하는가?

① 유동성 함정
② 스태그플레이션
③ 디멘드풀인플레이션
④ 애그플레이션

해설

케인스는 한 나라 경제가 유동성 함정에 빠졌을 때는 금융·통화정책보다는 재정정책을 펴는 것이 효과적이라고 주장했다.

15 다음 보기에서 설명하고 있는 효과는?

> • 가격이 오르는데도 일부 계층의 과시욕이나 허영심 등으로 인해 수요가 줄어들지 않는 현상
> • 상류층 소비자들의 소비 행태를 가리키는 말

① 바넘 효과
② 크레스피 효과
③ 스놉 효과
④ 베블런 효과

해설

미국의 경제학자이자 사회학자인 소스타인 베블런(Thorstein Bunde Veblen)이 자신의 저서 〈유한계급론〉(1899)에서 "상류층계급의 두드러진 소비는 사회적 지위를 과시하기 위하여 자각 없이 행해진다"고 지적한 데서 유래했다.

16 다음 글이 설명하고 있는 시장의 유형으로 적절한 것은?

> • 주변에서 가장 많이 볼 수 있는 시장의 유형이다.
> • 공급자의 수는 많지만, 상품의 질은 조금씩 다르다.
> • 소비자들은 상품의 차별성을 보고 기호에 따라 재화나 서비스를 소비하게 된다. 미용실, 약국 등이 속한다.

① 과점시장
② 독점적 경쟁시장
③ 생산요소시장
④ 완전경쟁시장

해설

다수의 공급자, 상품 차별화, 어느 정도의 시장 지배력 등의 특징을 갖고 있는 시장은 독점적 경쟁시장이다. 과점시장은 소수의 기업이나 생산자가 시장을 장악하고 비슷한 상품을 제조하며 동일한 시상에서 경쟁하는 시장형태이다. 우리나라 이동통신회사가 대표적인 예이다.

17 아시아 개발도상국들이 도로, 학교와 같은 사회간접자본을 건설할 수 있도록 자금 등을 지원하는 국제기구로, 중국이 주도한다는 점이 특징인 조직은?

① IMF ② AIIB
③ ASEAN ④ World Bank

해설

AIIB(아시아인프라투자은행)는 2013년 시진핑 주석이 창설을 처음 제의하였으며, 2014년 10월 아시아 21개국이 설립을 위한 양해각서(MOU)에 서명함으로써 자본금 500억 달러 규모로 출범했다.

18 총 가계지출액 중에서 식료품비가 차지하는 비율, 즉 엥겔(Engel)계수에 대한 설명과 가장 거리가 먼 것은?

① 농산물 가격이 상승하면 엥겔계수가 올라간다.
② 엥겔계수를 구하는 식은 식료품비/총가계지출액×100이다.
③ 엥겔계수는 소득 수준이 높아짐에 따라 점차 증가하는 경향이 있다.
④ 엥겔계수 상승에 따른 부담은 저소득층이 상대적으로 더 커진다.

해설

식료품은 필수품이기 때문에 소득 수준과 관계없이 반드시 일정한 비율을 소비해야 하며 동시에 어느 수준 이상은 소비할 필요가 없는 재화이다. 따라서 엥겔계수는 소득 수준이 높아짐에 따라 점차 감소하는 경향이 있다.

19 경기침체 속에서 물가상승이 동시에 발생하는 상태를 가리키는 용어는?

① 디플레이션 ② 하이퍼인플레이션
③ 스태그플레이션 ④ 애그플레이션

해설

① 경제 전반적으로 상품과 서비스의 가격이 지속적으로 하락하고 경제활동이 침체되는 현상
② 물가 상승 현상이 통제를 벗어난 초인플레이션 상태
④ 곡물 가격이 상승하면서 일반 물가도 오르는 현상

20 서방 선진 7개국 정상회담(G7)은 1975년 프랑스가 G6 정상회의를 창설하고 그 다음해 캐나다가 추가·확정되면서 매년 개최된 회담이다. 다음 중 G7 회원국이 아닌 나라는?

① 미 국

② 영 국

③ 이탈리아

④ 중 국

해설

1975년 프랑스가 G6 정상회의를 창설했다. 미국, 프랑스, 독일, 영국, 이탈리아, 일본 등 서방 선진 6개국의 모임으로 출범하였으며, 그 다음해 캐나다가 추가되어 서방 선진 7개국 정상회담(G7)으로 매년 개최되었다. 1990년대 이후 냉전 구도 해체로 러시아가 옵서버 형식으로 참가하였으나, 2014년 이후 제외됐다.

21 다음 중 지니계수에 대한 설명으로 옳지 않은 것은?

① 0과 1 사이의 값을 가지며 1에 가까울수록 불평등 정도가 낮다.

② 로렌츠곡선에서 구해지는 면적 비율로 계산한다.

③ 계층 간 소득분포의 불균형 정도를 나타내는 수치로 나타낸 것이다.

④ 소득이 어느 정도 균등하게 분배되는지 평가하는 데 이용된다.

해설

지니계수는 계층 간 소득분포의 불균형 정도를 나타내는 수치로, 소득이 어느 정도 균등하게 분배돼 있는지를 평가하는 데 주로 이용된다. 지니계수는 0과 1 사이의 값을 가지며 1에 가까울수록 불평등 정도가 높은 것을 뜻한다.

22 일할 수 있는 젊은 세대인 생산가능인구(만 15 ~ 64세)의 비중이 하락하면서 부양해야 할 노년층은 늘어나고, 이로 인해 경제 성장세가 둔화되는 시기를 가리키는 것은?

① 인구 보너스(Demographic Bonus)

② 인구 플러스(Demographic Plus)

③ 인구 센서스(Demographic Census)

④ 인구 오너스(Demographic Onus)

해설

① 인구 보너스(Demographic Bonus) : 전체 인구에서 생산가능인구가 차지하는 비중이 높아지고, 유년 인구와 고령 인구 비율이 낮은 상황

③ 인구 센서스(Demographic Census) : 인구주택총조사

23 다음 중 임금상승률과 실업률 사이의 상충관계를 나타낸 것은?

① 로렌츠곡선   ② 필립스곡선
③ 지니계수   ④ 래퍼곡선

해설

실업률과 임금·물가상승률의 반비례 관계를 나타낸 곡선은 필립스곡선(Phillips Curve)이다. 실업률이 낮으면 임금이나 물가의 상승률이 높고, 실업률이 높으면 임금이나 물가의 상승률이 낮다는 것이다.

24 다음 중 경기가 회복되는 국면에서 일시적인 어려움을 겪는 상황을 나타내는 것은?

① 스크루플레이션   ② 소프트패치
③ 러프패치   ④ 그린슈트

해설

경기가 상승하는 국면에서 본격적으로 침체되거나 후퇴하는 것은 아니지만 일시적으로 성장세가 주춤해지면서 어려움을 겪는 현상을 소프트패치(Soft Patch)라 한다.
① 스크루플레이션 : 쥐어짤 만큼 어려운 경제상황에서 체감 물가가 올라가는 상태
③ 러프패치 : 소프트패치보다 더 나쁜 경제상황으로, 소프트패치 국면이 상당기간 길어질 수 있음을 의미
④ 그린슈트 : 경제가 침체에서 벗어나 조금씩 회복되면서 발전할 조짐을 보이는 것

25 미국 보스턴 컨설팅 그룹이 개발한 BCG 매트릭스에서 기존 투자에 의해 수익이 계속적으로 실현되는 자금 공급 원천에 해당하는 사업은?

① 스타(Star) 사업
② 도그(Dog) 사업
③ 캐시카우(Cash Cow) 사업
④ 물음표(Question Mark) 사업

해설

캐시카우 사업은 시장점유율이 높아 안정적으로 수익을 창출하지만 성장 가능성은 낮은 사업이다. 스타 사업은 수익성과 성장성이 모두 큰 사업이며, 그 반대가 도그 사업이다. 물음표 사업은 앞으로 어떻게 될지 알 수 없는 사업이다.

26 다음 보기와 관련 있는 마케팅 방법은?

> • 남성 전용 미용실 '블루클럽'
> • 모유, 우유 등에 알레르기를 보이는 유아용 분유
> • 왼손잡이용 가위

① 니치 마케팅   ② 스텔스 마케팅
③ 앰부시 마케팅   ④ 매스 마케팅

해설

틈새를 비집고 들어가는 것처럼 시장의 빈틈을 공략하는 것으로, 시장 세분화를 통해 특정한 성격을 가진 소규모의 소비자를 대상으로 하는 니치 마케팅에 대한 설명이다.

27 다음 중 기업이 공익을 추구하면서도 실질적인 이익을 얻을 수 있도록 공익과의 접점을 찾는 마케팅은?

① 바이럴 마케팅   ② 코즈 마케팅
③ 니치 마케팅   ④ 헤리티지 마케팅

해설

기업이 일방적으로 기부나 봉사활동을 하는 것에서 나아가 기업이 공익을 추구하면서도 이를 통해 실질적인 이익을 얻을 수 있도록 공익과의 접점을 찾는 것을 코즈 마케팅이라 한다.

28 다음 중 BCG 매트릭스에서 원의 크기가 의미하는 것은?

① 시장 성장률   ② 상대적 시장점유율
③ 기업의 규모   ④ 매출액의 크기

해설

BCG 매트릭스에서 원의 크기는 매출액의 크기를 의미한다.

BCG 매트릭스
미국의 보스턴컨설팅그룹이 개발한 사업전략의 평가기법으로 '성장-점유율 분석'이라고도 한다. 상대적 시장점유율과 시장성장률이라는 2가지를 각각 X, Y축으로 하여 매트릭스(2차원 공간)에 해당 사업을 위치시켜 사업전략을 위한 분석과 판단에 이용한다.

29 제품 생산부터 판매에 이르기까지 소비자를 관여시키는 마케팅 기법을 무엇이라고 하는가?

① 프로슈머 마케팅   ② 풀 마케팅
③ 앰부시 마케팅   ④ 노이즈 마케팅

해설

프로슈머 마케팅 : 소비자의 아이디어를 제품 개발 및 유통에 활용하는 마케팅 기법
② 풀 마케팅 : 광고·홍보활동에 고객들을 직접 주인공으로 참여시켜 벌이는 마케팅 기법
③ 앰부시 마케팅 : 스폰서의 권리가 없는 자가 마치 자신이 스폰서인 것처럼 하는 마케팅 기법
④ 노이즈 마케팅 : 상품의 품질과는 상관없이 오로지 상품을 판매할 목적으로 각종 이슈를 요란스럽게 치장해 구설에
오르도록 하거나, 화젯거리로 소비자들의 이목을 현혹시켜 판매를 늘리는 마케팅 기법

30 다음 중 재벌의 황제경영을 바로잡아 보려는 직접적 조처에 해당하는 것은?

① 사외이사제도 ② 부채비율의 인하
③ 채무보증의 금지 ④ 지주회사제도

해설

사외이사제도는 1997년 외환위기를 계기로 우리 스스로가 기업 경영의 투명성을 높이고자 도입한 제도이다. 경영감시를
통한 공정한 경쟁과 기업 이미지 쇄신은 물론 전문가를 경영에 참여시킴으로써 기업경영에 전문지식을 활용하려는 데
목적이 있다.

31 다음 중 주주총회에 대한 설명으로 틀린 것은?

① 주주총회에서 행하는 일반적인 결의방법은 보통결의이다.
② 특별결의는 출석한 주주의 의결권의 3분의 1 이상의 수와 발행주식 총수의 3분의 1 이상의 수로
써 정해야 한다.
③ 총회의 결의에 관하여 특별한 이해관계가 있는 자는 의결권을 행사할 수 없다.
④ 주주총회의 의사의 경과요령과 그 결과를 기재한 서면을 의사록이라고 한다.

해설

특별결의는 출석한 주주의 의결권의 3분의 2 이상의 수와 발행주식 총수의 3분의 1 이상의 수로써 정해야 한다.

32 목표에 의한 관리(MBO)에 대한 설명으로 가장 적절하지 않은 것은?

① 구성원의 개인적 목표와 조직의 목표를 통합하려는 노력이다.
② 조직 내 모든 계층의 구성체가 함께 참여하여 목표를 구현한다.
③ 공공부문에 도입할 경우 목표성과의 측정이 용이하다.
④ 수행결과를 평가하고 환류시켜 조직의 효율성을 향상시킨다.

해설

조직성원의 참여과정을 통해 조직의 공통된 목표를 명확히 하고 체계적으로 조직성원들의 목표를 부과하며, 그 수행결과
를 평가하고 환류시켜 궁극적으로 조직의 효율성을 향상시키기 위한 관리기법을 말한다. 민간부문과는 달리 공공서비스는
구체적·계량적인 목표를 설정하기 곤란하다.

33 전 세계 1 ~ 3% 안에 드는 최상류 부유층의 소비자를 겨냥해 따로 프리미엄 제품을 내놓는 마케팅을 무엇이라고 하는가?

① 하이엔드 마케팅(High-end Marketing)
② 임페리얼 마케팅(Imperial Marketing)
③ 카니발라이제이션(Cannibalization)
④ 하이브리드 마케팅(Hybrid Marketing)

해설

고소득층 및 상류층과 중상류층이 주로 구입하는 제품 또는 서비스를 럭셔리(Luxury) 마케팅, 프레스티지(Prestige) 마케팅, 하이엔드 마케팅, VIP 마케팅이라고 한다.

34 IPO에 대한 설명 중 옳지 않은 것은?

① 주식공개나 기업공개를 의미한다.
② IPO 가격이 낮아지면 투자자의 투자수익이 줄어 자본조달 여건이 나빠진다.
③ 소유권 분산으로 경영에 주주들의 압력이 가해질 수 있다.
④ 발행회사는 주식 발행가격이 높을수록 IPO 가격도 높아진다.

해설

IPO(Initial Public Offering) 주식공개 제도는 기업이 일정 목적을 가지고 주식과 경영상의 내용을 공개하는 것을 의미한다. 발행회사는 주식 발행가격이 높을수록 IPO 가격이 낮아지므로 투자자의 투자수익은 줄어 추가공모 등을 통한 자본조달 여건이 나빠진다. 성공적인 IPO를 위해서는 적정 수준에서 기업을 공개하는 것이 중요하며 투자자들의 관심을 모으는 것이 필요하다.

35 기업 M&A에 대한 방어전략의 일종으로 적대적 M&A가 시도될 경우 기존 주주들에게 시가보다 싼 값에 신주를 발행해 기업인수에 드는 비용을 증가시키는 방법은?

① 황금낙하산   ② 유상증자
③ 신주발행   ④ 포이즌 필

해설

포이즌 필은 적대적 M&A 등 특정 사건이 발생하였을 때 기존 주주들에게 회사 신주(新株)를 시가보다 훨씬 싼 가격으로 매입할 수 있도록 함으로써 적대적 M&A 시도자로 하여금 지분확보를 어렵게 하여 경영권을 방어할 수 있도록 하는 것이다.

36 기업이 임직원에게 자기회사의 주식을 일정 수량, 일정 가격으로 매수할 수 있는 권리를 부여하는 제도는?

① 사이드카(Side Car)
② 스톡옵션(Stock Option)
③ 트레이딩칼라(Trading Collar)
④ 서킷브레이커(Circuit Breaker)

해설

① 사이드카(Side Car) : 선물시장이 급변할 경우 현물시장에 대한 영향을 최소화함으로써 현물시장을 안정적으로 운용하기 위한 관리제도
③ 트레이딩칼라(Trading Collar) : 주식시장 급변에 따른 지수 변동성 확대로 시장의 불안 정도가 높아질 때 발효되는 시장 조치
④ 서킷브레이커(Circuit Breaker) : 주식시장에서 주가가 급등 또는 급락하는 경우 주식매매를 일시정지하는 제도

37 다음에서 설명하는 내용에 적용할 수 있는 마케팅 기법은?

> • 소셜커머스로 레스토랑 할인쿠폰을 구매한다.
> • 매장 사이트를 방문하여 예약을 한다.
> • 지도앱 등을 통해 가장 가까운 카페 중 한 곳을 고른다.

① 코즈 마케팅
② 스토리텔링 마케팅
③ O2O 마케팅
④ 플래그십 마케팅

해설

O2O 마케팅(Online To Offline)은 모바일 서비스를 기반으로 한 오프라인 매장의 마케팅 방법이다. 즉, 온라인을 통해 오프라인 매장에 대한 정보를 습득하고 매장에서 이용할 수 있는 공동구매나 쿠폰 등을 온라인에서 얻는 것을 말한다.

38 금융기관의 재무건전성을 나타내는 기준으로, 위험가중자산(총자산)에서 자기자본이 차지하는 비율을 말하는 것은?

① DTI
② LTV
③ BIS 비율
④ 지급준비율

해설

국제결제은행(Bank for International Settlement)에서는 국제금융시장에서 자기자본비율을 8% 이상 유지하도록 권고하고 있다.

39 다음 중 세계 3대 신용평가기관이 아닌 것은?

① 무디스(Moody's)

② 스탠더드 앤드 푸어스(S&P)

③ 피치 레이팅스(FITCH Ratings)

④ D&B(Dun&Bradstreet Inc)

해설

영국의 피치 레이팅스(FITCH Ratings), 미국의 무디스(Moody's)와 스탠더드 앤드 푸어스(S&P)는 세계 3대 신용평가기관으로서 각국의 정치 · 경제 상황과 향후 전망 등을 고려하여 국가별 등급을 매겨 국가신용도를 평가한다. D&B (Dun&Bradstreet Inc)는 미국의 상사신용조사 전문기관으로 1933년에 R. G. Dun&Company와 Bradstreet Company의 합병으로 설립되었다.

40 연간소득 대비 총부채 연간 원리금 상환액을 기준으로 부채상환능력을 평가함으로써 대출규모를 제한하는 규제는?

① DTI

② LTV

③ DSR

④ DTA

해설

DSR(Debt Service Ratio)은 차주의 소득 대비 부채 수준을 나타내는 지표로 현행 총부채상환비율(DTI)과 비슷하지만 훨씬 엄격하다. 해당 주택담보대출의 원리금과 다른 대출의 이자 부담만을 적용해 계산하는 DTI와 달리 DSR은 할부금, 마이너스 통장 등 전체의 원리금 상환 부담을 반영해 산출한다.

① DTI : 연소득에서 부채의 연간 원리금 상환액이 차지하는 비율

② LTV : 담보 물건의 실제 가치 대비 대출금액의 비율

④ DTA : 자산평가액 대비 총부채 비율

41 선물시장이 급변할 경우 현물시장에 들어오는 프로그램 매매주문의 처리를 5분 동안 보류하여 현물시장의 타격을 최소화하는 프로그램 매매호가 관리제도를 무엇이라고 하는가?

① 코스피

② 트레이딩칼라

③ 사이드카

④ 서킷브레이커

해설

① 코스피 : 증권거래소에 상장된 종목들의 주식 가격을 종합적으로 표시한 수치

② 트레이딩칼라(Trading Collar) : 주식시장 급변에 따른 지수 변동성 확대로 시장의 불안 정도가 높아질 때 발효되는 시장 조치

④ 서킷브레이커(Circuit Breaker) : 주식시장에서 주가가 급등 또는 급락하는 경우 주식매매를 일시정지하는 제도

42 지주회사에 대한 설명으로 옳지 않은 것은?

① 카르텔형 복합기업의 대표적인 형태이다.

② 한 회사가 타사의 주식 전부 또는 일부를 보유함으로써 다수기업을 지배하려는 목적으로 이루어
지는 기업집중 형태이다.

③ 자사의 주식 또는 사채를 매각하여 타 회사의 주식을 취득하는 증권대위의 방식에 의한다.

④ 콘체른형 복합기업의 전형적인 기업집중 형태이다.

해설

지주회사는 콘체른형 복합기업의 대표적인 형태로서 모자회사 간의 지배관계를 형성할 목적으로 자회사의 주식총수에서
과반수 또는 지배에 필요한 비율을 소유·취득하여 해당 자회사의 지배권을 갖고 자본적으로나 관리기술적인 차원에서
지배관계를 형성하는 기업을 말한다.

43 주가가 떨어질 것을 예측해 주식을 빌려 파는 공매도를 했지만 반등이 예상되자 빌린 주식을 되갚
으면서 주가가 오르는 현상은?

① 사이드카　　　　　　　　　　② 디노미네이션
③ 서킷브레이커　　　　　　　　④ 숏커버링

해설

없는 주식이나 채권을 판 후 보다 싼 값으로 주식이나 그 채권을 구해 매입자에게 넘기는데, 예상을 깨고 강세장이 되어
해당 주식이 오를 것 같으면 손해를 보기 전에 빌린 주식을 되갚게 된다. 이때 주가가 오르는 현상을 숏커버링이라 한다.

44 다음 중 금융기관의 부실자산이나 채권만을 사들여 전문적으로 처리하는 기관을 무엇이라고 하
는가?

① 굿뱅크　　　　　　　　　　② 배드뱅크
③ 다크뱅크　　　　　　　　　④ 캔디뱅크

해설

배드뱅크는 금융기관의 방만한 운영으로 발생한 부실자산이나 채권만을 사들여 별도로 관리하면서 전문적으로 처리하는
구조조정 전문기관이다.

45 보기에서 설명하는 것과 관계 깊은 용어는?

> • 산업폐기물을 해체 · 재생 · 재가공하는 산업
> • 농업폐기물을 이용해 플라스틱이나 세제를 만들고, 돼지의 배설물에서 돼지의 먹이를 재생산하는 산업

① 정맥산업 ② 동맥산업
③ 재생산업 ④ 포크배럴

해설

정맥산업
더러워진 피를 새로운 피로 만드는 정맥의 역할과 같이 쓰고 버린 제품을 수거해서 산업 쓰레기를 해체 · 재생 · 재가공 등 폐기 처리하는 산업이다.

46 해외로 나가 있는 자국 기업들을 각종 세제 혜택과 규제 완화 등을 통해 자국으로 다시 불러들이는 정책을 가리키는 말은?

① 리쇼어링(Reshoring)
② 아웃소싱(Outsourcing)
③ 오프쇼어링(Off-shoring)
④ 앵커링 효과(Anchoring Effect)

해설

미국을 비롯한 각국 정부는 경기 침체와 실업난의 해소, 경제 활성화와 일자리 창출 등을 위해 리쇼어링 정책을 추진한다.

47 주식과 채권의 중간적 성격을 지닌 신종자본증권은?

① 하이브리드 채권 ② 금융 채권
③ 연대 채권 ④ 농어촌지역개발 채권

해설

하이브리드 채권은 채권처럼 매년 확정이자를 받을 수 있고, 주식처럼 만기가 없으면서도 매매가 가능한 신종자본증권이다.

48 다음 중 환율인상의 영향이 아닌 것은?

① 국제수지 개선효과
② 외채 상환시 원화부담 가중
③ 수입 증가
④ 국내물가 상승

해설

환율인상의 영향
• 수출 증가, 수입 감소로 국제수지 개선효과
• 수입품의 가격 상승에 따른 국내물가 상승
• 외채 상환시 원화부담 가중

49 지급준비율에 대한 설명으로 틀린 것은?

① 지급준비율 정책은 통화량 공급을 조절하는 수단 중 하나로 금융감독원에서 지급준비율을 결정한다.
② 지급준비율을 낮추면 자금 유동성을 커지게 하여 경기부양의 효과를 준다.
③ 지급준비율은 통화조절수단으로 중요한 의미를 가진다.
④ 부동산 가격의 안정화를 위해 지급준비율을 인상하는 정책을 내놓기도 한다.

해설

지급준비율이란 시중은행이 고객이 예치한 금액 중 일부를 인출에 대비해 중앙은행에 의무적으로 적립해야 하는 지급준비금의 비율이다. 지급준비율의 결정은 중앙은행이 하는데 우리나라의 경우 한국은행이 이에 해당한다.

50 다음 중 환매조건부채권에 대한 설명으로 틀린 것은?

① 금융기관이 일정 기간 후 확정금리를 보태어 되사는 조건으로 발행하는 채권이다.
② 발행 목적에 따라 여러 가지 형태가 있는데, 흔히 중앙은행과 시중은행 사이의 유동성을 조절하는 수단으로 활용된다.
③ 한국은행에서도 시중에 풀린 통화량을 조절하거나 예금은행의 유동성 과부족을 막기 위해 수시로 발행하고 있다.
④ 은행이나 증권회사 등의 금융기관이 수신 금융상품으로는 판매할 수 없다.

해설

은행이나 증권회사 등의 금융기관이 수신 금융상품의 하나로 고객에게 직접 판매하는 것도 있다.

51 고객의 투자금을 모아 금리가 높은 CD, CP 등 단기 금융상품에 투자해 고수익을 내는 펀드를 무엇이라 하는가?

① ELS   ② ETF
③ MMF   ④ CMA

해설
CD(양도성예금증서), CP(기업어음) 등 단기금융상품에 투자해 수익을 되돌려주는 실적배당상품을 MMF(Money Market Fund)라고 한다.

52 금융시장이 극도로 불안한 상황일 때 은행에 돈을 맡긴 사람들이 대규모로 예금을 인출하는 사태를 무엇이라 하는가?

① 더블딥   ② 디폴트
③ 펀드런   ④ 뱅크런

해설
뱅크런은 대규모 예금 인출사태를 의미한다. 금융시장이 불안정하거나 거래은행의 재정상태가 좋지 않다고 판단할 때, 많은 사람들이 한꺼번에 예금을 인출하려고 하면서 은행은 위기를 맞게 된다. 한편, 펀드 투자자들이 펀드에 투자한 돈을 회수하려는 사태가 잇따르는 것은 펀드런이라 한다.

53 신흥국 시장이 강대국의 금리 정책 때문에 크게 타격을 입는 것을 무엇이라 하는가?

① 긴축발작   ② 옥토버서프라이즈
③ 어닝쇼크   ④ 덤벨이코노미

해설
① 긴축발작 : 2013년 당시 벤 버냉키 미국 연방준비제도(Fed) 의장이 처음으로 양적완화 종료를 시사한 뒤 신흥국의 통화 가치와 증시가 급락하는 현상이 발생했는데, 이를 가리켜 강대국의 금리 정책에 대한 신흥국의 '긴축발작'이라고 부르게 되었다. 미국의 금리인상 정책 여부에 따라 신흥국이 타격을 입으면서 관심이 집중되는 용어이다.
② 옥토버서프라이즈(October Surprise) : 미국 대통령 선거가 11월에 치러지기 때문에 10월 즈음에 각종 선거 판세를 뒤집기 위한 스캔들이 터져나오는 것을 가리킨다.
④ 덤벨이코노미(Dumbbell Economy) : 사회 전반적으로 건강한 삶과 운동에 대한 관심이 높아지면서 소비 진작이 나타나고 경제가 견인되는 현상을 가리킨다.

54 국내 시장에서 외국기업이 자국기업보다 더 활발히 활동하거나 외국계 자금이 국내 금융시장을 장악하는 현상을 지칭하는 용어는?

① 피셔 효과　　　　　　　　　　② 윔블던 효과
③ 베블런 효과　　　　　　　　　　④ 디드로 효과

해설
① 피셔 효과 : 1920년대 미국의 경제학자 어빙 피셔의 주장, 인플레이션이 심해지면 금리 역시 따라서 올라간다는 이론
③ 베블런 효과 : 가격이 오르는데도 오히려 수요가 증가하는 현상(가격은 가치를 반영)
④ 디드로 효과 : 새로운 물건을 갖게 되면 그것과 어울리는 다른 물건도 원하는 효과

55 2009년 1월 나카모토 사토시라는 필명의 프로그래머가 개발한 것으로 각국의 중앙은행이 화폐 발행을 독점하고 자의적인 통화정책을 펴는 것에 대한 반발로 탄생한 가상화폐는?

① 라이트코인(Litecoin)
② 이더리움(Ethereum)
③ 리플코인(Ripplecoin)
④ 비트코인(Bitcoin)

해설
비트코인은 통화를 발행하고 관리하는 중앙 장치가 존재하지 않는다. 지갑 파일의 형태로 저장되고, 이 지갑에는 각각의 고유 주소가 부여되며, 그 주소를 기반으로 비트코인의 거래가 이루어진다.

56 기업의 실적이 시장 예상보다 훨씬 뛰어넘는 경우가 나왔을 때 일컫는 용어는?

① 어닝쇼크　　　　　　　　　　　② 어닝시즌
③ 어닝서프라이즈　　　　　　　　　④ 커버링

해설
시장 예상보다 훨씬 나은 실적이 나왔을 때를 '어닝서프라이즈'라고 하고 실적이 나쁠 경우를 '어닝쇼크'라고 한다. 어닝서프라이즈가 있으면 주가가 오를 가능성이, 어닝쇼크가 발생하면 주가가 떨어질 가능성이 높다.

03 사회 · 노동 · 환경

01 부자의 부의 독식을 부정적으로 보고 사회적 책임을 강조하는 용어로 월가 시위에서 1대 99라는 슬로건이 등장하며 1%의 탐욕과 부의 집중을 공격하는 이 용어는 무엇인가?

① 뉴비즘
② 노블레스 오블리주
③ 뉴리치현상
④ 리세스 오블리주

해설

노블레스 오블리주가 지도자층의 도덕의식과 책임감을 요구하는 것이라면, 리세스 오블리주는 부자들의 부의 독식을 부정적으로 보며 사회적 책임을 강조하는 것을 말한다.

02 도시에서 생활하던 노동자가 고향과 가까운 지방 도시로 취직하려는 현상은?

① U턴 현상
② J턴 현상
③ T턴 현상
④ Y턴 현상

해설

지방에서 대도시로 이동하여 생활하던 노동자가 다시 출신지로 돌아가는 것을 U턴 현상이라고 하고, 출신지 근처 지방도시로 돌아가는 것을 J턴 현상이라고 한다. 출신지에서의 고용기회가 적은 경우 출신지와 가깝고 일자리가 있는 지방도시로 가는 J턴 현상이 일어난다.

03 일과 여가의 조화를 추구하는 노동자를 지칭하는 용어는 무엇인가?

① 골드칼라
② 화이트칼라
③ 퍼플칼라
④ 논칼라

해설

골드칼라는 높은 정보와 지식으로 정보화시대를 이끌어가는 전문직종사자, 화이트칼라는 사무직노동자, 논칼라는 컴퓨터 작업 세대를 일컫는다.

04 국제기구 간의 연결이 서로 잘못된 것은?

① 기후기구 – WMO
② 관세기구 – WCO
③ 노동기구 – IMO
④ 식량농업기구 – FAO

해설

IMO는 국제해사기구이며, 국제노동기구는 ILO이다.

05 공직자가 자신의 재임 기간 중에 주민들의 민원이 발생할 소지가 있는 혐오시설들을 설치하지 않고 임기를 마치려고 하는 현상은?

① 핌투현상   ② 님투현상
③ 님비현상   ④ 핌피현상

해설

① 공직자가 사업을 무리하게 추진하며 자신의 임기 중에 반드시 가시적인 성과를 이뤄내려고 하는 업무 형태로, 님투현 상과는 반대개념이다.
③ 사회적으로 필요한 혐오시설이 자기 집 주변에 설치되는 것을 강력히 반대하는 주민들의 이기심이 반영된 현상이다.
④ 지역발전에 도움이 되는 시설이나 기업들을 적극 자기 지역에 유치하려는 현상으로 님비현상과는 반대개념이다.

06 자신과는 다른 타인종과 외국인에 대한 혐오를 나타내는 정신의학 용어는?

① 호모포비아   ② 케미포비아
③ 노모포비아   ④ 제노포비아

해설

④ 제노포비아(Xenophobia) : 국가, 민족, 문화 등의 공동체 요소가 다른 외부인에 대한 공포감 · 혐오를 느끼는 것을 가리킨다. 현대에는 이주 노동자로 인해 경제권과 주거권에 위협을 받는 하류층에게서 자주 관찰된다.
① 호모포비아(Homophobia) : 동성애나 동성애자에게 갖는 부정적인 태도와 감정을 말하며, 각종 혐오 · 편견 등으로 표출된다.
② 케미포비아(Chemophobia) : 가습기 살균제, 계란, 생리대 등과 관련하여 불법적 화학 성분으로 인한 사회문제가 연이어 일어나면서 생활 주변의 화학제품에 대한 공포감을 느끼는 소비자 심리를 가리킨다.

07 다음 중 단어가 가리키는 대상이 가장 다른 것 하나는 무엇인가?

① 에이섹슈얼   ② 헤테로섹슈얼
③ 이성애   ④ 시스젠더

해설

시스젠더, 헤테로섹슈얼, 이성애는 모두 남성과 여성의 결합을 성적 지향으로 삼는 사람들을 가리키는 말이다. 에이섹슈얼 (Asexuality)은 성적 지향 자체가 없다고 보거나 부재한 사람들을 가리키는 말이다. 무성애자라고도 한다.

08 일에 몰두하여 온 힘을 쏟다가 갑자기 극도의 신체·정신적 피로를 느끼며 무력해지는 현상은?

① 리플리 증후군
② 번아웃 증후군
③ 스탕달 증후군
④ 파랑새 증후군

해설

번아웃 증후군은 'Burn out(불타서 없어진다)'에 증후군을 합성한 말로, 힘이 다 소진됐다고 하여 소진 증후군이라고도 한다.

① 리플리 증후군 : 거짓된 말과 행동을 일삼으며 거짓을 진실로 착각하는 증상
③ 스탕달 증후군 : 뛰어난 예술 작품을 감상한 후 나타나는 호흡 곤란, 환각 등의 증상
④ 파랑새 증후군 : 현실에 만족하지 못하고 이상만을 추구하는 병적 증상

09 외부 세상으로부터 인연을 끊고 자신만의 안전한 공간에 머물려는 칩거 증후군의 사람들을 일컫는 용어는?

① 딩크족
② 패라싱글족
③ 코쿤족
④ 니트족

해설

① 자녀 없이 부부만의 생활을 즐기는 사람들
② 결혼하지 않고 부모집에 얹혀사는 사람들
④ 교육을 받거나 구직활동을 하지 않고, 일할 의지도 없는 사람들

10 1964년 미국 뉴욕 한 주택가에서 한 여성이 강도에게 살해되는 35분 동안 이웃 주민 38명이 아무도 신고하지 않은 사건과 관련된 것으로, 피해 여성의 이름을 따 방관자 효과라고 불리는 이것은?

① 라이 증후군
② 리마 증후군
③ 아키바 증후군
④ 제노비스 증후군

해설

제노비스 증후군(Genovese Syndrome)은 주위에 사람들이 많을수록 어려움에 처한 사람을 돕지 않게 되는 현상을 뜻하는 심리학 용어이다. 대중적 무관심, 방관자 효과, 구경꾼 효과라고도 한다.

11 다음 내용 중 밑줄 친 비경제활동인구에 포함되지 않는 사람은?

> 대졸 이상 <u>비경제활동인구</u>는 2000년 159만 2,000명(전문대졸 48만 6,000명, 일반대졸 이상 110만 7,000명)이었으나, 2004년 200만명 선을 넘어섰다. 지난해 300만명을 돌파했으므로 9년 사이에 100만명이 늘었다.

① 가정주부
② 학 생
③ 심신장애자
④ 실업자

해설
'경제활동인구'는 일정기간 동안 제품 또는 서비스 생산을 담당하여 노동활동에 기여한 인구로, 취업자와 실업자를 합한 수를 말한다. '비경제활동인구'는 만 15세 이상 인구에서 취업자와 실업자를 뺀 것으로, 일자리 없이 구직활동도 하지 않는 사람을 말한다.

12 우리나라 근로기준법상 근로가 가능한 최저근로 나이는 만 몇 세인가?

① 13세
② 15세
③ 16세
④ 18세

해설
근로기준법에 따르면 만 15세 미만인 자(초 · 중등교육법에 따른 중학교에 재학 중인 18세 미만인 자를 포함한다)는 근로자로 채용할 수 없다.

13 다음 중 보기에서 공통적으로 설명하는 것은 무엇인가?

> • 남아프리카 공화국에서 시행되었던 극단적인 인종차별정책과 제도이다.
> • 원래는 분리 · 격리를 뜻하는 용어이다.
> • 경제적 · 사회적으로 백인의 특권 유지 · 강화를 기도한 것이다.

① 게 토
② 아파르트헤이트
③ 토르데시야스
④ 트란스케이

해설
① 게토(Ghetto) : 소수 인종이나 소수 민족 또는 소수 종교집단이 거주하는 도시의 한 구역
③ 토르데시야스(Tordesillas) : 1494년 에스파냐와 포르투갈이 맺은 사상 최초의 기하학적 영토조약
④ 트란스케이(Transkei) : 반투홈랜드 정책에 의해 1976년 10월에 독립이 부여된 최초의 아프리카인 홈랜드

14 다음 중 직장폐쇄와 관련된 설명으로 맞지 않는 것은?

① 직장폐쇄기간 동안에는 임금을 지급하지 않아도 된다.

② 직장폐쇄를 금지하는 단체협약은 무효이다.

③ 사용자의 적극적인 권리행사 방법이다.

④ 노동쟁의를 사전에 막기 위해 직장폐쇄를 실시하는 경우에는 사전에 해당관청과 노동위원회에 신고해야 한다.

> **해설**
>
> 사용자는 노동조합이 쟁의행위를 개시한 이후에만 직장폐쇄를 할 수 있고, 직장폐쇄를 할 경우에는 미리 행정관청 및 노동위원회에 각각 신고해야 한다(노동조합 및 노동관계조정법 제46조).

15 다음 중 단어의 설명으로 잘못된 것은?

① 좀비족 : 향락을 즐기는 도시의 젊은이들

② 여피족 : 새로운 도시의 젊은 전문인들

③ 미 제너레이션 : 자기중심적인 젊은이들

④ 피터팬 증후군 : 현대인들에게서 나타나는 유아적이고 허약한 기질

> **해설**
>
> 좀비족은 대기업이나 거대 조직에서 무사안일에 빠져 주체성 없는 로봇처럼 행동하는 사람들을 일컫는다.

16 기업이 사회적 역할과 책임을 다한다는 신념에 따라 실천하는 나눔 경영의 일종으로, 기업 임직원들이 모금한 후원금 금액에 비례해서 회사에서도 후원금을 내는 제도는?

① 매칭그랜트(Matching Grant) ② 위스타트(We Start)

③ 배리어프리(Barrier Free) ④ 유리천장(Glass Ceiling)

> **해설**
>
> ② 위스타트(We Start) : 저소득층 아이들이 가난의 대물림에서 벗어나도록 복지와 교육의 기회를 제공하는 운동
>
> ③ 배리어프리(Barrier Free) : 장애인들의 사회적응을 막는 물리적·제도적·심리적 장벽을 제거해 나가자는 운동
>
> ④ 유리천장(Glass Ceiling) : 직장 내에서 사회적 약자들의 승진 등 고위직 진출을 막는 보이지 않는 장벽

17 노동쟁의 방식 중 하나로, 직장을 이탈하지 않는 대신에 원료·재료를 필요 이상으로 소모함으로써 사용자를 괴롭히는 방식은 무엇인가?

① 사보타주 ② 스트라이크

③ 보이콧 ④ 피케팅

해설
② 스트라이크(Strike) : 근로자가 집단적으로 노동 제공을 거부하는 쟁의행위로 '동맹파업'이라고 한다.
③ 보이콧(Boycott) : 부당 행위에 대항하기 위해 집단적·조직적으로 벌이는 거부 운동이다.
④ 피케팅(Picketing) : 플래카드, 피켓, 확성기 등을 사용하여 근로자들이 파업에 동참할 것을 요구하는 행위이다.

18 소위 '금수저' 층에 속하는 기업체 오너 2세들의 권력을 이용한 행패는 비일비재하다. 이처럼 높은 사회적 지위를 가진 사람들이 도덕적 의무를 경시하고 오히려 그 권력을 이용하여 부정부패를 저지르며 사회적 약자를 상대로 부도덕한 행동을 하는 것은?

① 리세스 오블리주
② 트래픽 브레이크
③ 노블레스 오블리주
④ 노블레스 말라드

해설
노블레스 말라드(Noblesse Malade)는 노블레스 오블리주와 반대되는 개념이다. 병들고 부패한 귀족이라는 뜻으로 사회 지도층이 도덕적 의무와 책임을 지지 않고 부정부패나 사회적 문제를 일으키는 것을 말한다.

19 다음 중 유니언숍(Union Shop) 제도에 대한 설명으로 틀린 것은?

① 노동자들이 노동조합에 의무적으로 가입해야 하는 제도이다.
② 조합원이 그 노동조합을 탈퇴하는 경우 사용자의 해고의무는 없다.
③ 채용할 때에는 조합원·비조합원을 따지지 않는다.
④ 목적은 노동자의 권리를 강화하기 위한 것이다.

해설
② 조합원이 그 노동조합을 탈퇴하는 경우 사용자는 해고의무를 가진다.

20 다음 중 화이트칼라 범죄에 대한 설명으로 잘못된 것은?

① 주로 직업과 관련된 범죄이다.
② 대부분 발견되어 처벌받는다.
③ 중산층 또는 상류층이 많이 저지른다.
④ 공금횡령, 문서위조, 탈세 등이 있다.

해설
화이트칼라 범죄는 범죄를 입증할 증거를 인멸하거나, 사회적 지위가 높아서 처벌이 쉽지 않은 경우가 많다.

21 다음의 예시 사례는 어떤 현상에 대한 해결방법인가?

> • B해방촌 신흥시장 – 소유주·상인 자율협약 체결, 향후 6년간 임대료 동결
> • 성수동 – 구청, 리모델링 인센티브로 임대료 인상 억제 추진
> • 서촌 – 프랜차이즈 개업 금지

① 스프롤 현상 ② 젠트리피케이션
③ 스테이케이션 ④ 투어리스티피케이션

해설

도심 변두리 낙후된 지역에 중산층 이상 계층이 유입됨으로써 지가나 임대료가 상승하고, 기존 주민들은 비용을 감당하지 못하여 살던 곳에서 쫓겨나고 이로 인해 지역 전체의 구성과 성격이 변하는 것이다. 지역공동체 붕괴나 영세상인의 몰락을 가져온다는 문제가 제기되면서 젠트리피케이션에 대한 대책 마련도 시급한 상황이다.

22 뛰어난 인재들만 모인 집단에서 오히려 성과가 낮게 나타나는 현상을 일컫는 용어는?

① 제노비스 신드롬 ② 롤리팝 신드롬
③ 스톡홀름 신드롬 ④ 아폴로 신드롬

해설

① 제노비스 신드롬 : 주위에 사람들이 많을수록 어려움에 처한 사람을 돕지 않게 되는 심리현상
③ 스톡홀름 신드롬 : 극한 상황을 유발한 대상에게 동화·동조하여 긍정적인 감정을 갖는 심리현상

23 영향력 있는 여성들의 고위직 승진을 가로막는 사회 내 보이지 않는 장벽을 의미하는 용어는 무엇인가?

① 그리드락 ② 데드락
③ 로그롤링 ④ 유리천장

해설

유리천장은 충분한 능력을 갖춘 사람이 직장 내 성차별이나 인종차별 등의 이유로 고위직을 맡지 못하는 상황을 비유적으로 일컫는 말이다.

24 각종 화재, 선박사고 등은 우리 사회가 얼마나 안전에 소홀했는지를 보여주었다. 이들 사례처럼 사소한 것 하나를 방치하면 그것을 중심으로 범죄나 비리가 확산된다는 이론은 무엇인가?

① 낙인 이론   ② 넛지 이론

③ 비행하위문화 이론   ④ 깨진 유리창 이론

해설

깨진 유리창 이론은 깨진 유리창 하나를 방치해 두면 그 지점을 중심으로 범죄가 확산되기 시작한다는 주장이다.

25 재활용품에 디자인 또는 활용도를 더해 그 가치를 더 높은 제품으로 만드는 것은?

① 업사이클링(Up-cycling)   ② 리사이클링(Recycling)

③ 리뉴얼(Renewal)   ④ 리자인(Resign)

해설

업사이클링(Up-cycling)은 쓸모없어진 것을 재사용하는 리사이클링의 상위 개념이다. 즉 자원을 재이용할 때 디자인 또는 활용도를 더해 전혀 다른 제품으로 생산하는 것을 말한다.

26 대도시 지역에서 나타나는 열섬 현상의 원인으로 적절하지 않은 것은?

① 인구의 도시 집중   ② 콘크리트 피복의 증가

③ 인공열의 방출   ④ 옥상 녹화

해설

옥상 녹화는 건물의 옥상이나 지붕에 식물을 심는 것으로, 주변 온도를 낮추어 도시의 열섬 현상을 완화시킨다.

27 2007년 환경부가 도입한 제도로서 온실가스를 줄이는 활동에 국민들을 참여시키기 위해 온실가스를 줄이는 활동에 대해 각종 인센티브를 제공하는 제도는?

① 프리덤 푸드   ② 탄소발자국

③ 그린워시   ④ 탄소포인트제

해설

① 프리덤 푸드 : 동물학대방지협회가 심사·평가하여 동물복지를 실현하는 농장에서 생산된 축산제품임을 인증하는 제도

② 탄소발자국 : 개인 또는 단체가 직·간접적으로 발생시키는 온실기체의 총량

③ 그린워시 : 실제로는 환경에 유해한 활동을 하면서 마치 친환경적인 것처럼 광고하는 행위

28 다음 중 바이오에너지에 대한 설명으로 적절하지 않은 것은?

① 직접연소, 메테인발효, 알코올발효 등을 통해 얻을 수 있다.

② 산업폐기물도 바이오에너지의 자원이 될 수 있다.

③ 재생 가능한 무한의 자원이다.

④ 브라질이나 캐나다 등의 국가에서 바이오에너지가 도입 단계에 있다.

해설

브라질, 캐나다, 미국 등에서는 알코올을 이용한 바이오에너지 공급량이 이미 원자력에 맞먹는 수준에 도달해 있다.

29 오존층 파괴물질의 규제와 관련된 국제협약은?

① 리우선언 ② 교토의정서
③ 몬트리올 의정서 ④ 런던 협약

해설

① 리우선언 : 환경보전과 개발에 관한 기본원칙을 담은 선언문
② 교토의정서 : 기후변화협약(UNFCCC)에 따른 온실가스 감축을 이행하기 위한 의정서
④ 런던 협약 : 바다를 오염시킬 수 있는 각종 산업폐기물의 해양투기나 해상 소각을 규제하는 협약

30 그린 밴(Green Ban) 운동이 의미하는 것은?

① 그린벨트 안에서 자연을 파괴하는 사업 착수 거부

② 농민 중심의 생태계 보존운동

③ 정치권의 자연 파괴 정책

④ 환경을 위해 나무를 많이 심자는 운동

해설

최초의 그린 밴은 1970년대 호주 시드니의 켈리 덤불숲(Kelly's Bush)이 개발될 위기에 처하자 잭 먼디를 중심으로 개발 사업 착수를 거부하며 시작되었다. 도시발전이라는 명목으로 그린벨트지역을 파괴하는 개발이 무분별하게 이루어지는 것에 반대하여 노동조합, 환경단체, 지역사회가 전개한 도시환경운동이다.

31 다음 보기에서 설명하는 협약은 무엇인가?

> 정식 명칭은 '물새서식지로서 특히 국제적으로 중요한 습지에 관한 협약'으로, 환경올림픽이라고도 불린다. 가맹국은 철새의 번식지가 되는 습지를 보호할 의무가 있으며 국제적으로 중요한 습지를 1개소 이상 보호지로 지정해야 한다.

① 런던 협약 ② 몬트리올 의정서
③ 람사르 협약 ④ 바젤 협약

해설
① 런던 협약 : 선박이나 항공기, 해양시설로부터의 폐기물 해양투기나 해상소각을 규제하는 국제협약
② 몬트리올 의정서 : 지구의 오존층을 보호하기 위해 오존층 파괴물질의 사용을 규제하는 국제협약
④ 바젤 협약 : 유해폐기물의 국가 간 교역을 규제하는 국제협약

32 다음에서 설명하고 있는 것은 무엇인가?

> 이것은 유기물이 분해되어 형성되는 바이오 가스에서 메탄만을 정제하여 추출한 연료로, 천연가스 수요처에서 에너지로 활용할 수 있다.

① 질 소
② 이산화탄소
③ 바이오-메탄가스
④ LNG

해설
생물자원인 쓰레기, 배설물, 식물 등이 분해되면서 만들어지는 바이오 가스에서 메탄을 추출한 바이오-메탄가스는 발전이나 열 에너지원으로 이용할 수 있다.

33 대기오염지수인 ppm단위에서 1ppm은 얼마인가?

① 1만분의 1
② 10만분의 1
③ 100만분의 1
④ 1,000만분의 1

해설
대기오염의 단위인 ppm(part per million)은 100만분의 1을 나타내며, ppb(part per billion)는 1ppm의 1,000분의 1로 10억분의 1을 의미한다.

34 핵가족화에 따른 노인들이 고독과 소외로 우울증에 빠지게 되는 것을 무엇이라 하는가?

① LID 증후군
② 쿠바드 증후군
③ 펫로스 증후군
④ 빈둥지 증후군

해설
② 쿠바드 증후군 : 아내가 임신했을 경우 남편도 육체적·심리적 증상을 아내와 똑같이 겪는 현상
③ 펫로스 증후군 : 가족처럼 사랑하는 반려동물이 죽은 뒤에 경험하는 상실감과 우울 증상
④ 빈둥지 증후군 : 자녀가 독립하여 집을 떠난 뒤에 부모나 양육자가 경험하는 외로움과 상실감

35 다음 설명과 관련된 국제 협약은 무엇인가?

> 지난 4월 해양수산부는 국제해사기구에서 열린 국제회의에 참가해 2016년부터 육상 폐기물의 해양
> 배출을 전면 금지하기로 한 정부 의지를 밝혔다. 회의에서는 당사국의 폐기물 해양 배출 현황 보고
> 및 평가 등이 진행됐다.

① 바젤 협약   ② 람사르 협약
③ 런던 협약   ④ 로마 협약

해설

① 바젤 협약 : 핵 폐기물의 국가 간 교역을 규제하는 국제 환경 협약
② 람사르 협약 : 물새 서식지로서 특히 국제적으로 중요한 습지에 관한 협약
④ 로마 협약 : 지적 재산권 보호를 위한 협약

36 다음 중 성격이 다른 하나는?

① BBB   ② 파리기후협약
③ UNFCCC   ④ CBD

해설

① BBB는 'Before Babel Bridge'의 약어로, 무료 통역 서비스를 말한다.
②·③·④는 모두 환경 관련 국제 협약이다(UNFCCC : 유엔기후변화협약, CBD : 생물다양성협약).

37 '생물자원에 대한 이익 공유'와 관련된 국제협약은?

① 리우선언   ② 교토의정서
③ 나고야의정서   ④ 파리기후협약

해설

나고야의정서는 다양한 생물자원을 활용해 생기는 이익을 공유하기 위한 지침을 담은 국제협약이다.

38 환경영향평가에 대한 설명으로 옳은 것은?

① 환경보존 운동의 효과를 평가하는 것
② 환경보전법, 해상환경관리법, 공해방지법 등을 총칭하는 것
③ 공해지역 주변에 특별감시반을 설치하여 환경보전에 만전을 기하는 것
④ 건설이나 개발 전에 주변 환경에 미치는 영향을 미리 측정하여 대책을 세우는 것

해설

환경영향평가

건설이나 개발 전에 주변 환경에 미치는 영향을 미리 측정하여 해로운 환경영향을 측정해보는 것이다. 정부나 기업이 환경에 끼칠 영향이 있는 사업을 수행하고자 할 경우 시행하게 되어 있다.

39 핵 폐기물의 국가 간 교역을 규제하는 내용의 국제 환경 협약은?

① 람사르 협약   ② 런던 협약
③ CBD   ④ 바젤 협약

해설

① 람사르 협약 : 물새 서식지로서 특히 국제적으로 중요한 습지에 관한 협약
② 런던 협약 : 해양오염 방지를 위한 국제 협약
③ 생물 다양성 협약(CBD) : 지구상의 동·식물을 보호하고 천연자원을 보존하기 위한 국제협약

40 지구상의 동·식물을 보호하고 천연자원을 보존하기 위한 국제협약으로 멸종 위기의 동식물을 보존하려는 것이 목적인 협약은?

① CBD   ② 람사르 협약
③ WWF   ④ 교토의정서

해설

① CBD는 생물 다양성 협약의 영문 약자이다.
② 람사르 협약 : 물새 서식지로서 특히 국제적으로 중요한 습지에 관한 협약
③ 세계 물포럼(WWF) : 세계 물 문제 해결을 논의하기 위해 3년마다 개최되는 국제회의
④ 교토의정서 : 기후변화협약(UNFCCC)에 따른 온실가스 감축을 이행하기 위한 의정서

04 과학·컴퓨터·IT·우주

01 해안으로 밀려들어오는 파도와 다르게, 해류가 해안에서 바다 쪽으로 급속히 빠져나가는 현상을 무엇이라고 하는가?

① 이안류   ② 파송류
③ 향안류   ④ 연안류

해설
② 바람에 의해 해파가 형성되어 바람의 방향으로 물이 이동하는 해류
③ 바다에서 해안으로 흐르는 해류
④ 해안으로부터 먼 곳에서 나타나는 해안과 평행한 바닷물의 흐름

02 다음 중 방사능과 관련 있는 에너지(량) 단위는?

① Bq   ② J
③ eV   ④ cal

해설
Bq(베크렐)은 방사능 물질이 방사능을 방출하는 능력을 측정하기 위한 방사능의 국제단위이다.

03 다음 중 간의 기능에 해당하지 않는 것은?

① 쓸개즙 분비   ② 호르몬 분비량 조절
③ 음식물 분해   ④ 해독작용

해설
간은 쓸개즙을 생산해 쓸개로 보내는데, 쓸개즙에는 소화효소가 없으며 지방의 흡수를 돕는 역할을 한다. 소화효소를 분비하는 기관은 위, 이자, 소장이다.

04 다음 중 온실효과를 일으키는 것만 묶인 것은?

① 이산화탄소(CO_2), 메탄(CH_4)
② 질소(N), 아산화질소(N_2O)
③ 프레온(CFC), 산소(O_2)
④ 질소(N), 이산화탄소(CO_2)

해설

질소(N), 산소(O_2) 등의 기체는 가시광선이나 적외선을 모두 통과시키기 때문에 온실효과를 일으키지 않는다. 교토의정서에서 정한 대표적 온실가스에는 이산화탄소(CO_2), 메탄(CH_4), 아산화질소(N_2O), 수소불화탄소(HFCs), 과불화탄소(PFCs), 육불화황(SF_6) 등이 있다.

05 다음 중 밑줄 친 '이것'이 가리키는 것은?

> 탄수화물을 섭취하면 혈당이 올라가는데, 우리 몸은 이 혈당을 낮추기 위해 인슐린을 분비하고, 인슐린은 당을 지방으로 만들어 체내에 축적하게 된다. 하지만 모든 탄수화물이 혈당을 동일하게 올리지는 않는다. 칼로리가 같은 식품이어도 <u>이것</u>이 낮은 음식을 먹으면 인슐린이 천천히 분비되어 혈당 수치가 정상적으로 조절되고 포만감 또한 오래 유지할 수 있어 다이어트에 도움이 되는 것으로 알려졌다.

① GMO
② 글루텐
③ GI
④ 젖 산

해설

GI, 즉 혈당지수는 어떤 식품이 혈당을 얼마나 빨리, 많이 올리느냐를 나타내는 수치이다. 예를 들어 혈당지수가 85인 감자는 혈당지수가 40인 사과보다 혈당을 더 빨리 더 많이 올린다. 일반적으로 혈당지수 55 이하는 저혈당지수 식품, 70 이상은 고혈당지수 식품으로 분류한다.

06 다음 중 OLED에 대한 설명으로 옳지 않은 것은?

① 스스로 빛을 내는 현상을 이용한다.
② 휴대전화, PDA 등 전자제품의 액정 소재로 사용된다.
③ 화질 반응속도가 빠르고 높은 화질을 자랑한다.
④ 에너지 소비량이 크고 가격이 비싸다.

해설

OLED(Organic Light-Emitting Diode)는 형광성 유기화합물질에 전류를 흐르게 하면 자체적으로 빛을 내는 발광현상을 이용하는 디스플레이를 말한다. LCD보다 선명하고 보는 방향과 무관하게 잘 보이는 장점을 가진다. 화질의 반응 속도 역시 LCD에 비해 1,000배 이상 빠르다. 또한 단순한 제조공정으로 인해 가격 경쟁면에서 유리하다.

07 버스가 갑자기 서면 몸이 앞으로 쏠리는 현상은 무엇과 관련이 있는가?

① 관성의 법칙　　　　　　　　　② 작용·반작용의 법칙
③ 가속도의 법칙　　　　　　　　④ 원심력

해설
관성의 법칙은 물체가 원래 운동 상태를 유지하고자 하는 법칙이다. 달리던 버스가 갑자기 서면서 몸이 앞으로 쏠리는 것은 관성 때문이다.

08 대기 중에 이산화탄소가 늘어나는 것이 원인이 되어 발생하는 온도상승 효과는?

① 엘니뇨현상　　　　　　　　　② 터널효과
③ 온실효과　　　　　　　　　　④ 오존층파괴현상

해설
온실효과는 대기 중에 탄산가스, 아황산가스 등이 증가하면서 대기의 온도가 상승하는 현상으로 생태계의 균형을 위협한다.

09 다음 중 아폴로 11호를 타고 인류 최초로 달에 첫 발걸음을 내디딘 인물은 누구인가?

① 에드윈 올드린　　　　　　　　② 닐 암스트롱
③ 알렉세이 레오노프　　　　　　④ 이소연

해설
닐 암스트롱은 1969년 7월 20일 아폴로 11호로 인류 역사상 최초로 달에 착륙했다.

10 다음 중 뉴턴의 운동법칙이 아닌 것은?

① 만유인력의 법칙　　　　　　　② 관성의 법칙
③ 작용·반작용의 법칙　　　　　④ 가속도의 법칙

해설
뉴턴의 운동법칙으로는 관성의 법칙, 가속도의 법칙, 작용·반작용의 법칙이 있다. 만유인력은 뉴턴의 운동법칙이 아니다.

11 다음 중 희토류가 아닌 것은?

① 우라늄   ② 망 간
③ 니 켈   ④ 구 리

해설

구리는 금속물질이며, 희토류가 아니다.

12 다음 중 구제역에 걸리는 동물은?

① 닭   ② 말
③ 돼 지   ④ 코뿔소

해설

구제역은 짝수 발굽을 가진 우제류 동물(돼지, 소, 양, 낙타, 사슴)에게 나타나며, 조류인 닭, 기제류인 말과 코뿔소는 구제역에 걸리지 않는다.

13 다음 중 리튬폴리머 전지에 대한 설명으로 옳지 않은 것은?

① 안정성이 높고, 에너지 효율이 높은 2차 전지이다.
② 외부전원을 이용해 충전하여 반영구적으로 사용한다.
③ 전해질이 액체 또는 젤 형태이므로 안정적이다.
④ 제조 공정이 간단해 대량 생산이 가능하다.

해설

리튬폴리머 전지(Lithium Polymer Battery)
외부 전원을 이용해 충전하여 반영구적으로 사용하는 고체 전해질 전지로, 안정성이 높고 에너지 효율이 높은 2차 전지이다. 전해질이 고체 또는 젤 형태이기 때문에 사고로 인해 전지가 파손되어도 발화하거나 폭발할 위험이 없어 안정적이다. 또한 제조 공정이 간단해 대량 생산이 가능하며 대용량도 만들 수 있다.

14 특허가 만료된 바이오의약품과 비슷한 효능을 내게 만든 복제의약품을 무엇이라 하는가?

① 바이오시밀러   ② 개량신약
③ 바이오베터   ④ 램시마

해설

바이오시밀러란 바이오의약품을 복제한 약을 말한다. 오리지널 바이오의약품과 비슷한 효능을 갖도록 만들지만 바이오의약품의 경우처럼 동물세포나 효모, 대장균 등을 이용해 만든 고분자의 단백질 제품이 아니라 화학 합성으로 만들기 때문에 기존의 특허받은 바이오의약품에 비해 약값이 저렴하다.

15 매우 무질서하고 불규칙적으로 보이는 현상 속에 내재된 일정 규칙이나 법칙을 밝혀내는 이론은?

① 카오스이론
② 빅뱅이론
③ 엔트로피
④ 퍼지이론

해설

카오스이론은 무질서하고 불규칙적으로 보이는 현상에 숨어 있는 질서와 규칙을 설명하려는 이론이다.

16 방사성 원소란 원자핵이 불안정하여 방사선을 방출하여 붕괴하는 원소이다. 다음 중 방사성 원소가 아닌 것은?

① 헬 륨
② 우라늄
③ 라 듐
④ 토 륨

해설

방사성 원소는 천연 방사성 원소와 인공 방사성 원소로 나눌 수 있다. 방사선을 방출하고 붕괴하면서 안정한 원소로 변한다. 안정한 원소가 되기 위해 여러 번의 붕괴를 거친다. 천연적인 것으로는 우라늄, 악티늄, 라듐, 토륨 등이 있고, 인공적인 것으로는 넵투늄 등이 있다. 헬륨은 방사성 원소가 아니라 비활성 기체이다.

17 장보고기지에 대한 설명으로 옳지 않은 것은?

① 남극의 미생물, 천연물질을 기반으로 한 의약품 연구 등 다양한 응용분야 연구가 이뤄진다.
② 대한민국의 두 번째 과학기지이며 한국해양연구원 부설기관인 극지연구소에서 운영한다.
③ 남극 최북단 킹조지섬에 위치한다.
④ 생명과학, 토목공학과 같은 응용 분야 연구에도 확장되고 있다.

해설

세종과학기지가 킹조지섬에 위치해 있다. 장보고기지는 테라노바 만에 있다.

18 이동하면서도 초고속 인터넷을 사용할 수 있도록 우리나라에서 개발한 광대역 인터넷 무선 통신 기술은 무엇인가?

① CDMA
② 와이파이
③ 와이브로
④ LAN

해설

한국은 2.3GHz 주파수를 사용하는 와이브로라는 기술 방식을 주도했고 유럽의 LTE 방식과 국제표준제정 과정에서 주도권을 놓고 경쟁했다. 와이브로 서비스는 2018년 12월 우리나라에서 종료됐다.

19 기술의 발전으로 인해 제품의 라이프 사이클이 점점 빨라지는 현상을 이르는 법칙은 무엇인가?

① 스마트법칙   ② 구글법칙

③ 안드로이드법칙   ④ 애플법칙

> **해설**
>
> 안드로이드법칙은 구글의 안드로이드 운영체제를 장착한 스마트폰을 중심으로 계속해서 향상된 성능의 스마트폰이 출시돼 출시 주기도 짧아질 수밖에 없다는 법칙이다. 구글이 안드로이드를 무료로 이용할 수 있게 하면서 제품의 출시가 쉬워진 것이 큰 요인이다.

20 시간과 장소, 컴퓨터나 네트워크 여건에 구애받지 않고 네트워크에 자유롭게 접속할 수 있는 IT환경을 무엇이라고 하는가?

① 텔레매틱스   ② 유비쿼터스

③ ITS   ④ 스니프

> **해설**
>
> 유비쿼터스는 라틴어로 '언제, 어디에나 있는'을 의미한다. 즉 사용자가 시공간의 제약 없이 자유롭게 네트워크에 접속할 수 있는 환경을 말한다.

21 다음에 나타난 게임에 적용된 기술은 무엇인가?

> 유저들이 직접 현실세계를 돌아다니며 포켓몬을 잡는 모바일 게임 열풍에 평소 사람들이 찾지 않던 장소들이 붐비는 모습을 보였다.

① MR   ② BR

③ AV   ④ AR

> **해설**
>
> 현실에 3차원의 가상물체를 겹쳐서 보여주는 기술을 활용해 현실과 가상환경을 융합하는 복합형 가상현실을 증강현실(AR, Augmented Reality)이라 한다.

22 컴퓨터 전원을 끊어도 데이터가 없어지지 않고 기억되며 정보의 입출력도 자유로운 기억장치는?

① 램   ② 캐시메모리

③ 플래시메모리   ④ CPU

> **해설**
>
> 플래시메모리는 전원이 끊겨도 저장된 정보가 지워지지 않는 비휘발성 기억장치이다. 내부 방식에 따라 저장용량이 큰 낸드(NAND)형과 처리 속도가 빠른 노어(NOR)형의 2가지로 나뉜다.

23 클라우드를 기반으로 하는 이 서비스는 하나의 콘텐츠를 여러 플랫폼을 통해 이용할 수 있다. 이 서비스는 무엇인가?

① N스크린   ② DMB

③ IPTV   ④ OTT

> **해설**
>
> N스크린은 하나의 콘텐츠를 여러 개의 디지털 기기들을 넘나들며 시간과 장소에 구애받지 않고 이용할 수 있도록 해주는 기술이다. 'N'은 수학에서 아직 결정되지 않은 미지수를 뜻하는데, 하나의 콘텐츠를 이용할 수 있는 스크린의 숫자를 한정짓지 않는다는 의미에서 N스크린이라고 부른다.

24 이용자의 특정 콘텐츠에 대한 데이터 비용을 이동통신사가 대신 부담하는 것을 무엇이라 하는가?

① 펌웨어   ② 플러그 앤 플레이

③ 제로레이팅   ④ 웹2.0

> **해설**
>
> 제로레이팅은 특정한 콘텐츠에 대한 데이터 비용을 이동통신사가 대신 지불하거나 콘텐츠 사업자가 부담하도록 하여 서비스 이용자는 무료로 이용할 수 있게 하는 것을 말한다.

25 음성·데이터, 통신·방송·인터넷 등이 융합된 품질보장형 광대역 멀티미디어서비스를 언제 어디서나 끊임없이 안전하게 이용할 수 있는 차세대 통합네트워크로, 유비쿼터스를 통한 홈네트워킹 서비스를 여는 데 핵심이 되는 기술은 무엇인가?

① RFID
② NFC
③ OTT
④ 광대역통합망

> **해설**
> 광대역통합망(BcN)은 전화, 가전제품, 방송, 컴퓨터, 종합 유선방송 등 다양한 기기를 네트워크로 연결해 서비스를 제공할 수 있도록 만드는 인프라로, 정부가 정보통신기술의 최종 목표로 삼고 있다.

26 다음 중 RAM에 대한 설명으로 옳은 것은?

① 컴퓨터의 보조기억장치로 이용된다.
② 크게 SRAM, DRAM, ROM으로 분류할 수 있다.
③ Read Access Memory의 약어이다.
④ SRAM이 DRAM보다 성능이 우수하나 고가이다.

> **해설**
> ④ SRAM은 DRAM보다 몇 배나 더 빠르긴 하지만 가격이 고가이기 때문에 소량만 사용한다.
> ① 컴퓨터의 주기억장치로 이용된다.
> ② 크게 SRAM, DRAM으로 분류할 수 있다.
> ③ 'Random Access Memory'의 약어이다.

27 악성 코드에 감염된 PC를 조작해 이용자를 허위로 만든 가짜 사이트로 유도하여 개인정보를 빼가는 수법은 무엇인가?

① 스미싱
② 스피어피싱
③ 파 밍
④ 메모리해킹

> **해설**
> ③ 파밍은 해커가 특정 사이트의 도메인 자체를 중간에서 탈취해 개인정보를 훔치는 인터넷 사기이다. 진짜 사이트 주소를 입력해도 가짜 사이트로 연결되도록 하기 때문에, 사용자들은 가짜 사이트를 진짜 사이트로 착각하고 자신의 개인정보를 입력하여 피해를 입는다.
> ① 스미싱은 문자메시지(SMS)와 피싱(Phishing)의 합성어로, 인터넷 접속이 가능한 스마트폰의 문자메시지를 이용한 휴대폰 해킹을 뜻한다.
> ② 스피어피싱은 대상의 신상을 파악하고 그것에 맞게 낚시성 정보를 흘리는 사기수법으로 주로 회사의 고위 간부들이나 국가에 중요한 업무를 담당하고 있는 사람들이 공격 대상이 된다.

28 넷플릭스를 통해 많은 사람들이 인터넷으로 TV드라마나 영화를 본다. 이렇듯 인터넷으로 TV 프로그램 등을 볼 수 있는 서비스를 무엇이라 하는가?

① NFC
② OTT
③ MCN
④ VOD

해설

OTT는 'Top(셋톱박스)를 통해 제공됨'을 의미하는 것으로, 범용 인터넷을 통해 미디어 콘텐츠를 이용할 수 있는 서비스를 말한다. 넷플릭스는 세계적으로 유명한 OTT 서비스제공업체이다.

29 지나치게 인터넷에 몰두하고 인터넷에 접속하지 않으면 극심한 불안감을 느끼는 중독증을 나타내는 현상은?

① INS증후군
② 웨바홀리즘
③ 유비쿼터스
④ VDT증후군

해설

웨바홀리즘은 월드와이드웹의 웹(Web)과 알코올 중독증(Alcoholism)의 합성어로, IAD(Internet Addiction Disorder)로도 불린다. 정신적·심리적으로 인터넷에 과도하게 의존하는 사람들이 생겨나 인터넷에 접속하지 않으면 불안감을 느끼고 일상생활을 하기 힘들어하며, 수면 부족, 생활 패턴의 부조화, 업무 능률 저하 등이 나타나기도 한다.

30 인터넷 사용자가 접속한 웹사이트 정보를 저장하는 정보 기록 파일을 의미하며, 웹사이트에서 사용자의 하드디스크에 저장되는 특별한 텍스트 파일을 무엇이라 하는가?

① 쿠 키
② 피 싱
③ 캐 시
④ 텔 넷

해설

쿠키에는 PC 사용자의 ID와 비밀번호, 방문한 사이트 정보 등이 담겨 하드디스크에 저장된다. 이용자들의 홈페이지 접속을 도우려는 목적에서 만들어졌기 때문에 해당 사이트를 한 번 방문하고 이후에 다시 방문했을 때에는 별다른 절차를 거치지 않고 빠르게 접속할 수 있다는 장점이 있다.

31 인터넷 주소창에 사용하는 'HTTP'의 의미는?

① 인터넷 네트워크망
② 인터넷 데이터 통신규약
③ 인터넷 사용경로 규제
④ 인터넷 포털서비스

해설

HTTP(HyperText Transfer Protocol)는 WWW상에서 클라이언트와 서버 사이에 정보를 주고 받는 요청/응답 프로토콜로 인터넷 데이터 통신규약이다.

32 기업이나 조직의 모든 정보가 컴퓨터에 저장되면서, 컴퓨터의 정보 보안을 위해 외부에서 내부 또는 내부에서 외부의 정보통신망에 불법으로 접근하는 것을 차단하는 시스템은?

① 쿠 키
② DNS
③ 방화벽
④ 아이핀

해설

화재가 발생했을 때 불이 번지지 않게 하기 위해서 차단막을 만드는 것처럼, 네트워크 환경에서도 기업의 네트워크를 보호해주는 하드웨어, 소프트웨어 체제를 방화벽이라 한다.

33 하나의 디지털 통신망에서 문자, 동영상, 음성 등 각종 서비스를 일원화해 통신·방송서비스의 통합, 효율성 극대화, 저렴화를 추구하는 종합통신 네트워크는 무엇인가?

① VAN
② UTP케이블
③ ISDN
④ RAM

해설

ISDN(Integrated Sevices Digital Network)은 종합디지털서비스망이라고도 하며, 각종 서비스를 일원화해 통신·방송서비스의 통합, 효율성 극대화, 저렴화를 추구하는 종합통신네트워크이다.

34 다음 중 증강현실에 대한 설명으로 옳지 않은 것은?

① 현실세계에 3차원 가상물체를 겹쳐 보여준다.

② 스마트폰의 활성화와 함께 주목받기 시작했다.

③ 실제 환경은 볼 수 없다.

④ 위치기반 서비스, 모바일 게임 등으로 활용 범위가 확장되고 있다.

해설

가상현실 기술은 가상환경에 사용자를 몰입하게 하여 실제 환경은 볼 수 없지만, 증강현실 기술은 실제 환경을 볼 수 있게 하여 현실감을 제공한다.

35 스마트TV와 인터넷TV 각각의 기기는 서버에 연결되는 방식이 서로 달라 인터넷망 사용의 과부하가 발생할 수밖에 없다. 최근에 이와 관련해 통신사와 기기회사 사이에 갈등이 빚어졌는데 무엇 때문인가?

① 프로그램 편성   ② 요금징수체계

③ 수익모델   ④ 망중립성

해설

망중립성은 네트워크사업자가 관리하는 망이 공익을 위한 목적으로 사용돼야 한다는 원칙이다. 통신사업자는 막대한 비용을 들여 망설치를 하여 과부하로 인한 망의 다운을 막으려고 하지만, 스마트TV 생산 회사들이나 콘텐츠 제공업체들은 망중립성을 이유로 이에 대한 고려 없이 제품 생산에만 그쳐, 망중립성을 둘러싼 갈등이 불거졌다.

36 다음 인터넷 용어 중 허가된 사용자만 디지털콘텐츠에 접근할 수 있도록 제한해 비용을 지불한 사람만 콘텐츠를 사용할 수 있도록 하는 서비스는?

① DRM(Digital Rights Management)

② WWW(World Wide Web)

③ IRC(Internet Relay Chatting)

④ SNS(Social Networking Service)

해설

① DRM은 우리말로 디지털 저작권 관리라고 부른다. 허가된 사용자만 디지털 콘텐츠에 접근할 수 있도록 제한해 비용을 지불한 사람만 콘텐츠를 사용할 수 있도록 하는 서비스 또는 정보보호 기술을 통틀어 가리킨다.

② 인터넷에서 그래픽, 음악, 영화 등 다양한 정보를 통일된 방법으로 찾아볼 수 있는 서비스를 의미한다.

③ 인터넷에 접속된 수많은 사용자와 대화하는 서비스이다.

④ 온라인 인맥구축 서비스로 1인 미디어, 1인 커뮤니티, 정보 공유 등을 포괄하는 개념이다.

37 다음 내용에서 밑줄 친 이것에 해당하는 용어는?

> • 이것은 웹2.0, SaaS(Software as a Service)와 같이 최근 잘 알려진 기술 경향들과 연관성을 가지는 일반화된 개념이다.
> • 이것은 네트워크에 서버를 두고 데이터를 저장하거나 관리하는 서비스이다.

① 클라우드 컴퓨팅(Cloud Computing)
② 디버깅(Debugging)
③ 스풀(SPOOL)
④ 멀티태스킹(Multitasking)

해설
② 디버깅(Debugging) : 원시프로그램에서 목적프로그램으로 번역하는 과정에서 발생하는 오류를 찾아 수정하는 것
③ 스풀(SPOOL) : 데이터를 주고받는 과정에서 중앙처리장치와 주변장치의 처리 속도가 달라 발생하는 속도 차이를 극복해 지체 현상 없이 프로그램을 처리하는 기술
④ 멀티태스킹(Multitasking) : 한 사람의 사용자가 한 대의 컴퓨터로 2가지 이상의 작업을 동시에 처리하거나, 2가지 이상의 프로그램들을 동시에 실행시키는 것

38 다음 중 유전자 변형 생물에 대한 문제와 거리가 가장 먼 것은?

① 생산비용이 증가한다.
② 생태계 교란이 우려된다.
③ 안전성이 검증되지 않았다.
④ 생물의 다양성이 감소된다.

해설
유전자 변형 생물(GMO)은 유용한 형질만 선택적으로 사용하므로 농약과 제초제의 사용이 줄어 생산비용이 감소한다. 식량문제의 해결에는 도움이 되지만 안전성과 생물의 다양성 감소로 문제가 되고 있다.

39 우리나라 최초의 인공위성은 무엇인가?

① 무궁화1호
② 우리별1호
③ 온누리호
④ 스푸트니크1호

해설
우리나라 최초의 인공위성은 우리별1호(1992)이고, 세계 최초의 인공위성은 구소련의 스푸트니크1호(1957)이다.

05 문화 · 미디어 · 스포츠

01 미국 브로드웨이에서 연극과 뮤지컬에 대해 수여하는 상은 무엇인가?

① 토니상　　　　　　　　　　　② 에미상
③ 오스카상　　　　　　　　　　④ 골든글로브상

해설

토니상은 연극의 아카데미상이라고 불리며 브로드웨이에서 상연된 연극과 뮤지컬 부문에 대해 상을 수여한다.

02 다음 중 판소리 5마당이 아닌 것은?

① 춘향가　　　　　　　　　　　② 수궁가
③ 흥보가　　　　　　　　　　　④ 배비장전

해설

판소리 5마당은 춘향가, 심청가, 흥보가, 적벽가, 수궁가이다.

03 다음 중 유네스코 세계문화유산이 아닌 것은?

① 석굴암 · 불국사　　　　　　　② 종 묘
③ 경복궁　　　　　　　　　　　④ 수원 화성

해설

유네스코 세계문화유산
석굴암 · 불국사, 해인사 장경판전, 종묘, 창덕궁, 수원화성, 경주역사유적지구, 고창 · 화순 · 강화 고인돌 유적, 조선왕릉, 안동하회 · 경주양동마을, 남한산성, 백제역사유적지구, 산사 · 한국의 산지승원, 한국의 서원, 한국의 갯벌

04 불교 의식인 재를 올릴 때 부처의 공덕을 찬양하며 부르는 노래로, 우리나라의 3대 전통 성악곡 중 하나로 꼽히는 이것은 무엇인가?

① 범 패   ② 계면조
③ 시나위   ④ 판소리

해설

우리나라 3대 성악곡에는 판소리, 범패, 가곡이 있으며, 그중 범패는 부처의 공덕을 찬양하며 부르는 노래이다.

05 다음 중 3대 영화제가 아닌 것은?

① 베니스영화제   ② 베를린영화제
③ 몬트리올영화제   ④ 칸영화제

해설

세계 3대 영화제는 베니스, 베를린, 칸 영화제이다.

06 '새로운 물결'이라는 뜻을 지닌 프랑스의 영화 운동으로, 기존의 영화 산업의 틀에서 벗어나 개인적·창조적인 방식이 담긴 영화를 만드는 것은 무엇인가?

① 네오리얼리즘   ② 누벨바그
③ 맥거핀   ④ 인디즈

해설

누벨바그는 '새로운 물결'이라는 뜻의 프랑스어로, 1958년경부터 프랑스 영화계에서 젊은 영화인들이 주축이 되어 펼친 영화 운동이다. 대표적인 작품으로는 고다르의 〈네 멋대로 해라〉, 트뤼포의 〈어른들은 알아주지 않는다〉 등이 있다.

07 음악의 빠르기에 대한 설명이 잘못된 것은?

① 아다지오(Adagio) : 아주 느리고 침착하게
② 모데라토(Moderato) : 보통 빠르게
③ 알레그레토(Allegretto) : 빠르고 경쾌하게
④ 프레스토(Presto) : 빠르고 성급하게

해설

③ 알레그레토(Allegretto) : 조금 빠르게

08 국보 1호와 주요 무형문화재 1호를 각각 바르게 연결한 것은?

① 숭례문 – 남사당놀이
② 숭례문 – 종묘제례악
③ 흥인지문 – 종묘제례악
④ 흥인지문 – 양주별산대놀이

해설

흥인지문은 보물 1호, 양주별산대놀이와 남사당놀이는 각각 무형문화재 2호와 3호이다.

09 다음 중 유네스코 지정 세계기록유산이 아닌 것은?

① 삼국사기
② 훈민정음
③ 직지심체요절
④ 5 · 18 민주화운동 기록물

해설

유네스코 세계기록유산
훈민정음, 조선왕조실록, 직지심체요절, 승정원일기, 해인사 대장경판 및 제경판, 조선왕조 의궤, 동의보감, 일성록, 5 · 18 민주화운동 기록물, 난중일기, 새마을운동 기록물, 한국의 유교책판, KBS 특별 생방송 '이산가족을 찾습니다' 기록물, 조선왕실 어보와 어책, 국채보상운동 기록물, 조선통신사 기록물

10 2년마다 주기적으로 열리는 국제 미술 전시회를 가리키는 용어는?

① 트리엔날레
② 콰드리엔날레
③ 비엔날레
④ 아르누보

해설

비엔날레는 이탈리아어로 '2년마다'라는 뜻으로, 미술 분야에서 2년마다 열리는 전시 행사를 일컫는다. 가장 역사가 길며 그 권위를 인정받고 있는 것은 베니스 비엔날레이다.

11 다음 중 사물놀이에 쓰이는 악기가 아닌 것은?

① 꽹과리
② 장 구
③ 징
④ 소 고

해설

사물놀이는 꽹과리, 징, 장구, 북을 연주하는 음악 또는 놀이이다.

12 국악의 빠르기 중 가장 느린 장단은?

① 휘모리
② 중모리
③ 진양조
④ 자진모리

해설

국악의 빠르기 : 진양조 → 중모리 → 중중모리 → 자진모리 → 휘모리

13 다음 중 2020년 노벨상과 가장 관련이 없는 과학 연구 분야는 무엇인가?

① C형 감염
② 블랙홀
③ 유전자가위
④ 페가수스자리51

해설

2020 노벨생리의학상은 'C형 감염' 바이러스를 연구한 학자들이 수상했고, 노벨물리학상은 '블랙홀'을 발견한 학자들이 수상했으며, 노벨화학상은 '유전자가위'를 발명한 학자들이 수상했다. '페가수스자리51'은 2019 노벨물리학상을 수상한 학자들과 관련된 연구 분야이다.

14 다음 중 르네상스 3대 화가가 아닌 사람은?

① 레오나르도 다빈치
② 미켈란젤로
③ 피카소
④ 라파엘로

해설

피카소는 20세기 초 입체파의 대표 화가이다.

15 베른조약에 따르면 저작권의 보호 기간은 저작자의 사후 몇 년인가?

① 30년
② 50년
③ 80년
④ 100년

해설

베른조약은 1886년 스위스의 수도 베른에서 체결된 조약으로, 외국인의 저작물을 무단 출판하는 것을 막고 다른 가맹국의 저작물을 자국민의 저작물과 동등하게 대우하도록 한다. 보호 기간은 저작자의 생존 및 사후 50년을 원칙으로 한다.

16 저작권에 반대되는 개념으로 지적 창작물에 대한 권리를 모든 사람이 공유할 수 있도록 하는 것은?

① 베른조약 ② WIPO
③ 실용신안권 ④ 카피레프트

해설

카피레프트는 저작권(Copyright)에 반대되는 개념이며 정보의 공유를 위한 조치이다.

17 조선시대 국가의 주요 행사를 그림 등으로 상세하게 기록한 책은 무엇인가?

① 외규장각 ② 조선왕실의궤
③ 종묘 제례 ④ 직지심체요절

해설

조선왕실의궤는 조선시대 국가나 왕실의 주요 행사를 그림 등으로 상세하게 기록한 책이다. '의궤'는 의식과 궤범을 결합한 말로 '의식의 모범이 되는 책'이라는 뜻이다.
① 외규장각은 1782년 정조가 왕실 관련 서적을 보관할 목적으로 강화도에 설치한 규장각의 부속 도서관이다.
③ 종묘제례는 조선 역대 군왕의 신위를 모시는 종묘에서 지내는 제사이다.
④ 직지심체요절은 고려 시대의 것으로, 현존하는 세계에서 가장 오래된 금속활자본이다.

18 오페라 등 극적인 음악에서 나오는 기악 반주의 독창곡은?

① 아리아 ② 칸타타
③ 오라토리오 ④ 세레나데

해설

② 아리아·중창·합창 등으로 이루어진 대규모 성악곡
③ 성경에 나오는 이야기를 극화한 대규모의 종교적 악극
④ 17～18세기 이탈리아에서 발생한 가벼운 연주곡

19 영화의 한 화면 속에 소품 등 모든 시각적 요소를 동원해 주제를 드러내는 방법은?

① 몽타주 ② 인디즈
③ 미장센 ④ 옴니버스

해설

① 미장센과 상대적인 개념으로 따로 촬영된 짧은 장면들을 연결해서 의미를 창조하는 기법
② 독립 영화
④ 독립된 콩트들이 모여 하나의 주제를 나타내는 것

20 다음 중 올림픽에 관한 설명으로 옳지 않은 것은?

① 한국은 1948년에 최초로 올림픽에 출전했다.
② 국제올림픽위원회 본부는 스위스 로잔에 있다.
③ 한국 대표팀이 최초로 메달을 획득한 구기 종목은 핸드볼이다.
④ 근대 5종 경기 종목은 펜싱, 수영, 승마, 사격, 크로스컨트리 등이다.

해설

1976년 몬트리올 올림픽에서 여자 배구가 첫 메달(동메달)을 획득했으며, 1984년 로스앤젤레스 대회에서는 여자 농구와 핸드볼이 은메달을 획득했다. 또한 1988년 서울 대회에서 여자 핸드볼이 단체 구기종목 사상 최초로 올림픽 금메달을 획득했다.

21 다음 중 광고에서 친근함을 주어 주목률을 높이기 위해 쓰는 3B가 아닌 것은?

① Baby
② Body
③ Beauty
④ Beast

해설

미인(Beauty), 동물(Beast), 아기(Baby)는 광고의 주목률을 높이기 위해 고려해야 하는 3가지 요소이다.

22 다음 중 종합편성채널 사업자가 아닌 것은?

① 조선일보
② 중앙일보
③ 연합뉴스
④ 매일경제

해설

종합편성채널 사업자는 조선일보(TV조선), 중앙일보(JTBC), 매일경제(MBN), 동아일보(채널A)이다.

23 매스커뮤니케이션의 효과 이론 중 지배적인 여론과 일치되면 의사를 적극 표출하지만 그렇지 않으면 침묵하는 경향을 보이는 이론은 무엇인가?

① 탄환 이론
② 미디어 의존 이론
③ 모델링 이론
④ 침묵의 나선 이론

해설

침묵의 나선 이론은 지배적인 여론 형성에 큰 영향력을 행사한다.

24 다음 중 미국의 4대 방송사가 아닌 것은?

① CNN   ② ABC

③ CBS   ④ NBC

해설

미국의 4대 방송사는 NBC, CBS, ABC, FOX이다.

25 광고의 종류에 관한 설명이 잘못 연결된 것은?

① 인포머셜 광고 – 상품의 정보를 상세하게 제공하는 것

② 애드버토리얼 광고 – 언뜻 보아서는 무슨 내용인지 알 수 없는 광고

③ 레트로 광고 – 과거에 대한 향수를 느끼게 하는 회고 광고

④ PPL 광고 – 영화나 드라마 등에 특정 제품을 노출시키는 간접 광고

해설

② 신문·잡지에 기사 형태로 실리는 논설식 광고. 신세대의 취향을 만족시키는 것으로 언뜻 보아서는 무슨 내용인지 알 수 없는 광고는 '키치 광고'이다.

26 언론을 통해 뉴스가 전해지기 전에 뉴스 결정권자가 뉴스를 취사선택하는 것을 무엇이라고 하는가?

① 바이라인   ② 발롱데세

③ 게이트키핑   ④ 방송심의위원회

해설

게이트키핑은 게이트키퍼가 뉴스를 취사선택하여 전달하는 것으로, 게이트키퍼의 가치관이 작용할 수 있다.

27 처음에는 상품명을 감췄다가 서서히 공개하면서 궁금증을 유발하는 광고 전략을 무엇이라 하는가?

① PPL 광고   ② 비넷 광고

③ 트레일러 광고   ④ 티저 광고

해설

① 영화나 드라마의 장면에 상품이나 브랜드 이미지를 노출시키는 광고 기법

② 한 주제에 맞춰 다양한 장면을 짧게 보여주면서 강렬한 이미지를 주는 기법

③ 메인광고 뒷부분에 다른 제품을 알리는 맛보기 광고. '자매품'이라고도 함

28 오락거리만 있고 정보는 전혀 없는 새로운 유형의 뉴스를 가리키는 용어는?

① 블랙 저널리즘(Black Journalism)

② 옐로 저널리즘(Yellow Journalism)

③ 하이프 저널리즘(Hype Journalism)

④ 팩 저널리즘(Pack Journalism)

> **해설**
> ① 감추어진 이면적 사실을 드러내는 취재 활동
> ② 독자들의 관심을 유도하기 위해 범죄, 성적 추문 등의 선정적인 사건들 위주로 취재하여 보도하는 것
> ④ 취재 방법이나 취재 시각 등이 획일적이어서 개성이나 독창성이 없는 저널리즘

29 선거 보도 형태의 하나로 후보자의 여론조사 결과 및 득표 상황만을 집중적으로 보도하는 저널리즘은 무엇인가?

① 가차 저널리즘(Gotcha Journalism)

② 경마 저널리즘(Horse Race Journalism)

③ 센세이셔널리즘(Sensationalism)

④ 제록스 저널리즘(Xerox Journalism)

> **해설**
> ① 유명 인사의 사소한 해프닝을 집중 보도
> ③ 스캔들 기사 등을 보도하여 호기심을 자극
> ④ 극비 문서를 몰래 복사하여 발표

30 다음 중 IPTV에 관한 설명으로 잘못된 것은 무엇인가?

① 방송·통신 융합 서비스이다.

② 영화·드라마 등 원하는 콘텐츠를 제공받을 수 있다.

③ 양방향 서비스이다.

④ 별도의 셋톱박스를 설치할 필요가 없다.

> **해설**
> IPTV의 시청을 위해서는 TV 수상기에 셋톱박스를 설치해야 한다.

31 미국 콜롬비아대 언론대학원에서 선정하는 미국 최고 권위의 보도 · 문학 · 음악상은?

① 토니상 ② 그래미상
③ 퓰리처상 ④ 템플턴상

해설

퓰리처상

미국의 언론인 퓰리처의 유산으로 제정된 언론 · 문학상이다. 1917년에 시작되어 매년 저널리즘 및 문학계의 업적이 우수한 사람을 선정하여 19개 부분에 걸쳐 시상한다.

32 언론의 사실적 주장에 관한 보도로 피해를 입었을 때 자신이 작성한 반론문을 보도해줄 것을 요구할 수 있는 권리는 무엇인가?

① 액세스권 ② 정정보도청구권
③ 반론보도청구권 ④ 퍼블릭액세스

해설

① 언론 매체에 자유롭게 접근 · 이용할 수 있는 권리
② 언론에 대해 정정을 요구할 수 있는 권리로 사실 보도에 한정되며 비판 · 논평은 해당하지 않는다.
④ 일반인이 직접 제작한 영상물을 그대로 반영하는 것

33 다음 뉴스의 종류와 그에 대한 설명이 바르게 연결되지 않은 것은?

① 디스코 뉴스 – 뉴스의 본질에 치중하기보다 스타일을 더 중요시하는 형태
② 스폿 뉴스 – 사건 현장에서 얻어진 생생한 뉴스로, 핫뉴스라고도 한다.
③ 패스트 뉴스 – 논평 · 해설 등을 통해 잘 정리되고 오보가 적은 뉴스
④ 스트레이트 뉴스 – 사건 · 사고의 내용을 객관적 입장에서 보도하는 것

해설

③ 패스트 뉴스 : 긴 해설이나 설명 없이 최신 뉴스를 보도하는 형태이다. 자세한 논평과 해설을 통해 잘 정리된 기사를 보도하는 형태의 뉴스는 '슬로 뉴스'이다.

34 숨겨진 사실을 드러내는 것으로 약점을 보도하겠다고 위협하거나 특정 이익을 위해 보도하는 저널리즘은 무엇인가?

① 블랙 저널리즘(Black Journalism)
② 뉴 저널리즘(New Journalism)
③ 팩 저널리즘(Pack Journalism)
④ 하이에나 저널리즘(Hyena Journalism)

해설

② 뉴 저널리즘 : 속보성과 단편성을 거부하고 소설의 기법을 이용해 심층적인 보도 스타일을 보이는 저널리즘
③ 팩 저널리즘 : 취재 방법 및 시각이 획일적인 저널리즘으로, 신문의 신뢰도 하락을 불러온다.
④ 하이에나 저널리즘 : 권력 없고 힘없는 사람에 대해서 집중적인 매도와 공격을 퍼붓는 저널리즘

35 다음 중 미디어렙에 관한 설명으로 옳지 않은 것은?

① Media와 Representative의 합성어이다.
② 방송사의 위탁을 받아 광고주에게 광고를 판매하는 대행사이다.
③ 판매 대행시 수수료는 따로 받지 않는다.
④ 광고주가 광고를 빌미로 방송사에 영향을 끼치는 것을 막아준다.

해설

미디어렙은 방송광고판매대행사로, 판매 대행 수수료를 받는 회사이다.

36 매스컴 관련 권익 보호와 자유를 위해 설립된 기구 중 워싱턴에 위치하고 외국 수뇌 인물들의 연설을 듣고 질의·응답하는 것을 주 행사로 삼는 기구는?

① 내셔널프레스클럽　　　　　　　② 세계신문협회
③ 국제언론인협회　　　　　　　　④ 국제기자연맹

해설

② 1948년 국제신문발행인협회로 발족한 세계 최대의 언론 단체이다.
③ 1951년 결성된 단체로 언론인 상호 간의 교류와 협조를 통해 언론의 자유를 보장하는 것을 목적으로 매년 1회씩 대회가 열린다.
④ 본부는 브뤼셀에 있으며 3년마다 '기자 올림픽'이라 불리는 대규모 총회가 열린다.

37 신제품 또는 기업에 대하여 언론이 일반 보도로 다루도록 함으로써 결과적으로 무료로 광고 효과를 얻게 하는 PR의 한 방법은?

① 콩로머천드(Conglomerchant)

② 애드버커시(Advocacy)

③ 퍼블리시티(Publicity)

④ 멀티스폿(Multispot)

> **해설**
> 퍼블리시티는 광고주가 회사·제품·서비스 등과 관련된 뉴스를 신문·잡지 등의 기사나 라디오·방송 등에 제공하여 무료로 보도하도록 하는 PR방법이다.

38 지상파와 케이블 등 기존 TV 방송 서비스를 해지하고 인터넷 등으로 방송을 보는 소비자를 일컫는 신조어는?

① 다운시프트족　　　　　　　　② 프리터족

③ 그루밍족　　　　　　　　　　④ 코드커터족

> **해설**
> 코드커터족(Cord Cutters)은 지상파와 케이블 등 기존 TV 방송 서비스를 해지하고 인터넷 등으로 능동적인 방송시청을 하는 소비자군을 말한다.

39 아날로그 채널 주파수(6MHz)를 쪼개 지상파 방송사가 가용할 수 있는 채널수를 늘리는 것을 무엇이라고 하는가?

① 시분할다중화(TDM)　　　　　② 파장분할다중화(WDM)

③ 압축다중화(PMSB)　　　　　　④ 멀티모드서비스(MMS)

> **해설**
> 멀티모드서비스란 1개 주파수 대역에서 고화질(HD)과 표준화질(SD) 등 비디오채널을 복수로 운영하는 기술이다.

40 시청자가 원하는 콘텐츠를 양방향으로 제공하는 방송·통신 융합 서비스로 시청자가 편리한 시간에 원하는 프로그램을 선택해 볼 수 있는 방송 서비스는?

① CATV
② Ustream
③ Podcasting
④ IPTV

해설
① 동축케이블을 이용해 프로그램을 송신하는 유선 TV
② 실시간 동영상 중계 사이트
③ 사용자들이 인터넷을 통해 새로운 방송을 자동으로 구독할 수 있게 하는 미디어

41 스위스에 있는 올림픽 관리 기구는 무엇인가?

① IOC
② IBF
③ ITF
④ FINA

해설
① IOC(International Olympic Committee) : 국제올림픽위원회
② IBF(International Boxing Federation) : 국제복싱연맹
③ ITF(International Tennis Federation) : 국제테니스연맹
④ FINA(Federation Internationale de Natation) : 국제수영연맹

42 골프의 일반적인 경기 조건에서 각 홀에 정해진 기준 타수를 'Par'라고 한다. 다음 중 Par보다 2타수 적은 스코어로 홀인하는 것을 뜻하는 용어는 무엇인가?

① 버디(Birdie)
② 이글(Eagle)
③ 보기(Bogey)
④ 알바트로스(Albatross)

해설
기준 타수보다 2타수 적은 스코어로 홀인하는 것을 이글이라 한다.
① 버디 : 기준 타수보다 1타 적은 타수로 홀인하는 것
③ 보기 : 기준 타수보다 1타수 많은 스코어로 홀인하는 것
④ 알바트로스 : 기준 타수보다 3개가 적은 타수로 홀인하는 것

43 다음 육상 경기 중 필드경기에 해당하지 않는 것은?

① 높이뛰기

② 창던지기

③ 장애물 경기

④ 멀리뛰기

> **해설**
> 필드경기는 크게 도약경기와 투척경기로 나뉜다. 도약경기에는 멀리뛰기, 높이뛰기, 장대높이뛰기, 세단뛰기 등이 있으며, 투척경기에는 창던지기, 원반던지기, 포환던지기, 해머던지기 등의 종목이 있다.

44 다음 중 야구에서 타자가 투스트라이크 이후 아웃이 되는 상황이 아닌 것은?

① 번트파울

② 헛스윙

③ 파울팁

④ 베이스온볼스

> **해설**
> 투스트라이크 이후 번트는 쓰리번트라고 하여 성공하지 못하고 파울이 되면 아웃이며, 파울팁은 타자가 스윙을 하여 배트에 살짝 스친 뒤 포수에게 잡히는 공이다. 베이스온볼스(Base On Balls)는 볼넷을 의미한다.

45 권투 선수처럼 뇌에 많은 충격을 받은 사람에게 주로 나타나는 뇌세포 손상증을 일컫는 말은?

① 펀치 드렁크(Punch Drunk)

② 신시내티 히트(Cincinnati Hit)

③ 더블 헤더(Double Header)

④ 샐러리 캡(Salary Cap)

> **해설**
> 펀치 드렁크는 권투 선수처럼 뇌에 많은 손상을 입은 사람들 대부분이 겪는 증상으로 혼수상태, 기억상실, 치매 등의 증세가 나타나며 심한 경우 생명을 잃기도 한다.

46 골프의 18홀에서 파 5개, 버디 2개, 보기 4개, 더블보기 4개, 트리플보기 3개를 기록했다면 최종 스코어는 어떻게 되는가?

① 이븐파

② 3언더파

③ 9오버파

④ 19오버파

> **해설**
> 파 5개(0)+버디 2개(−2)+보기 4개(+4)+더블보기 4개(+8)+트리플보기 3개(+9)=19오버파

47 남자부 4대 골프 대회에 속하지 않는 것은?

① 마스터스　　　　　　　　　　② 브리티시 오픈
③ 맥도널드 오픈　　　　　　　　④ US 오픈

> **해설**
>
> • 남자부 4대 골프 대회 : 마스터스, 브리티시 오픈(영국 오픈), PGA 챔피언십, US 오픈
> • 여자부 4대 골프 대회 : AIG 브리티시 여자오픈, US 여자오픈, KPMG 위민스 PGA 챔피언십, ANA 인스퍼레이션

48 농구에서 스타팅 멤버를 제외한 벤치 멤버 중 가장 기량이 뛰어나 언제든지 경기에 투입할 수 있는 투입 1순위 후보는?

① 포스트맨　　　　　　　　　　② 스윙맨
③ 식스맨　　　　　　　　　　　④ 세컨드맨

> **해설**
>
> 벤치 멤버 중 투입 1순위 후보는 식스맨이라고 한다. 포스트맨은 공을 등지고 골 밑 근처에서 패스를 연결하거나 스스로 공격하는 선수이고, 스윙맨은 가드 · 포워드 역할을 모두 수행할 수 있는 선수이다.

49 축구 경기에서 해트트릭이란 무엇인가?

① 1경기에서 1명의 선수가 1골을 넣는 것
② 1경기에서 1명의 선수가 2골을 넣는 것
③ 1경기에서 1명의 선수가 3골을 넣는 것
④ 1경기에서 3명의 선수가 1골씩 넣는 것

> **해설**
>
> 크리켓에서 3명의 타자를 삼진 아웃시킨 투수에게 명예를 기리는 뜻으로 선물한 모자(Hat)에서 유래했으며, 한 팀이 3년 연속 대회 타이틀을 석권했을 때도 해트트릭이라고 한다.

50 다음 중 유럽의 국가와 국가별 프로 축구 리그의 연결로 옳은 것은?

① 스페인 – 프리미어리그
② 독일 – 분데스리가
③ 이탈리아 – 프리미어리그
④ 잉글랜드 – 라리가

> **해설**
> ① 스페인 – 라리가
> ③ 이탈리아 – 세리에 A
> ④ 잉글랜드 – 프리미어리그

51 다음 중 골프 용어가 아닌 것은?

① 로진백
② 이 글
③ 어프로치샷
④ 언더파

> **해설**
> 로진백은 투수나 타자가 공이 미끄러지지 않게 하기 위해 묻히는 송진 가루나 로진이 들어있는 작은 주머니이다. 손에 묻힐 수는 있어도 배트, 공, 글러브 등에 묻히는 것은 금지되어 있다. 그밖에 역도나 체조 선수들도 사용한다.

52 월드컵 본선에서 골을 넣은 뒤 파울로 퇴장당한 선수들을 일컫는 용어는?

① 가린샤 클럽
② 블랙슈즈 클럽
③ 170 클럽
④ 벤치맙 클럽

> **해설**
> 가린샤 클럽은 1962년 칠레 월드컵에서 브라질의 스트라이커 가린샤가 골을 넣은 뒤 퇴장을 당하면서 생긴 용어이다.

53 세계 5대 모터쇼에 포함되지 않는 모터쇼는?

① 토리노 모터쇼
② 도쿄 모터쇼
③ 제네바 모터쇼
④ 북미 국제 오토쇼

> **해설**
> 세계 5대 모터쇼 : 파리 모터쇼, 프랑크푸르트 모터쇼, 제네바 모터쇼, 북미 국제 오토쇼(디트로이트 모터쇼), 도쿄 모터쇼

54 미국과 유럽을 오가며 2년마다 개최되는 미국과 유럽의 남자 골프 대회는?

① 데이비스컵   ② 라이더컵

③ 프레지던츠컵   ④ 스탠리컵

해설

② 라이더컵은 영국인 사업가 새뮤얼 라이더(Samuel Ryder)가 순금제 트로피를 기증함으로써 그 이름을 따서 붙인, 미국과 유럽의 남자 골프 대회이다.

① 데이비스컵은 테니스 월드컵이라고도 불리는 세계 최고 권위의 국가 대항 남자 테니스 대회이다.

③ 프레지던츠컵은 미국과 유럽을 제외한 인터내셔널팀 사이의 남자 프로 골프 대항전이다.

④ 스탠리컵은 북아메리카에서 프로아이스하키 리그의 플레이오프 우승 팀에게 수여되는 트로피를 가리킨다.

55 다음 중 2스트라이크 이후에 추가로 스트라이크 판정을 받았으나 포수가 이 공을 놓칠 경우(잡기 전에 그라운드에 닿은 경우도 포함)를 가리키는 말은 무엇인가?

① 트리플 더블   ② 낫아웃

③ 퍼펙트게임   ④ 노히트노런

해설

① 트리플 더블 : 한 선수가 득점, 어시스트, 리바운드, 스틸, 블록슛 중 세 부문에서 2자리 수 이상을 기록하는 것을 가리키는 농구 용어

③ 퍼펙트게임 : 야구에서 투수가 상대팀에게 한 개의 진루도 허용하지 않고 승리로 이끈 게임

④ 노히트노런 : 야구에서 투수가 상대팀에게 한 개의 안타도 허용하지 않고 승리로 이끈 게임

56 근대 5종 경기는 기원전 708년에 실시된 고대 5종 경기를 현대에 맞게 발전시킨 것으로 근대 올림픽을 창설한 쿠베르탱의 실시로 시작하게 되었다. 이와 관련된 근대 5종 경기가 아닌 것은?

① 마라톤   ② 사 격

③ 펜 싱   ④ 승 마

해설

근대 5종 경기는 한 경기자가 사격, 펜싱, 수영, 승마, 크로스컨트리(육상) 5종목을 겨루어 종합 점수로 순위를 매기는 경기이다.

06 한국사 · 세계사

01 다음 유물이 처음 사용된 시대의 생활 모습으로 옳은 것은?

① 거친무늬 거울을 사용하였다.
② 주로 동굴이나 막집에서 살았다.
③ 빗살무늬 토기에 식량을 저장하였다.
④ 철제 농기구를 이용하여 농사를 지었다.

해설

제시된 유물은 가락바퀴로 신석기시대의 유물이다. 가락바퀴는 실을 뽑는 도구로 신석기시대에 원시적 형태의 수공예가 이루어졌음을 알 수 있는 증거이다. 빗살무늬 토기는 신석기시대를 대표하는 토기로, 서울 암사동 유적지에서 출토된 밑이 뾰족한 모양의 토기가 대표적이다.

02 한서지리지에 다음의 법 조항을 가진 나라로 소개되는 국가는?

• 사람을 죽인 자는 즉시 사형에 처한다.
• 남에게 상처를 입힌 자는 곡물로써 배상한다.
• 남의 재산을 훔친 사람은 노비로 삼고, 용서받으려면 한 사람당 50만전을 내야 한다.

① 고구려 ② 고조선
③ 발 해 ④ 신 라

해설

고조선의 '8조법'의 내용이다. 현재 3개의 조목만 전해지는 8조금법을 통해 고조선은 사유재산제의 사회로서 개인의 생명 보호를 중시했으며 계급사회였음을 알 수 있다.

03 다음 자료에 해당하는 나라에 대한 설명으로 옳은 것은?

> 혼인할 때는 말로 미리 정하고, 여자 집에서는 본채 뒤편에 작은 별채를 짓는데, 그 집을 서옥이라 부른다. 해가 저물 무렵에 신랑이 신부의 집 문 밖에 도착하여 자기 이름을 밝히고 절하면서, 신부의 집에서 머물기를 청한다. … (중략) … 자식을 낳아 장성하면 아내를 데리고 집으로 돌아간다.
> — 〈삼국지 동이전〉

① 12월에 영고라는 제천 행사를 열었다.
② 제가회의에서 국가의 중대사를 결정하였다.
③ 특산물로 단궁, 과하마, 반어피 등이 있었다.
④ 제사장인 천군과 신성 지역인 소도가 있었다.

해설

제시된 사료는 고구려의 서옥제라는 혼인풍습에 대한 것이다. 남녀가 혼인을 하면 신부집 뒤꼍에 서옥이라는 집을 짓고 살다가, 자식을 낳아 장성하면 신부를 데리고 자기 집으로 가는 풍습이다. 제가회의는 고구려의 귀족회의로 유력 부족의 우두머리들이 모여 국가의 중대사와 주요 정책을 논의하고 결정하였다.

04 다음 자료와 관련된 설명으로 옳지 않은 것은?

> 진평왕 30년, 왕은 ㉠ <u>고구려가 빈번하게 강역을 침범</u>하는 것을 근심하다가 수나라에 병사를 청하여 고구려를 정벌하고자 하였다. 이에 ㉡ <u>원광</u>에게 군사를 청하는 글을 짓도록 명하니, 원광이 "자기가 살려고 남을 죽이도록 하는 것은 승려로서 할 일이 아니나, 제가 대왕의 토지에서 살고 대왕의 물과 풀을 먹으면서, 어찌 감히 명령을 좇지 않겠습니까?"라고 하며, 곧 글을 지어 바쳤다. … (중략) … 33년에 왕이 수나라에 사신을 보내어 표문을 바치고 출병을 청하니, ㉢ <u>수나라 양제가 이를 받아들이고 군사를 일으켰다.</u>
> — 〈삼국사기〉 신라본기

① 당시 신라는 백제와 동맹을 맺어 고구려의 남진에 대처하고 있었다.
② ㉠ – 고구려는 한강 유역을 되찾기 위해 신라를 자주 공격하였다.
③ ㉡ – 원광은 세속오계를 지어 화랑도의 행동 규범을 제시하였다.
④ ㉢ – 고구려는 살수에서 대승을 거두고, 수나라의 침략을 격퇴하였다.

해설

고구려가 빈번하게 신라를 공격했던 시기는 신라가 진흥왕 이후 한강 하류 지역을 차지하고 팽창한 6세기 후반이다. 이때 고구려의 남하 정책에 대항하여 체결되었던 나제 동맹이 결렬되고 여제 동맹이 체결되었으며 신라는 고립을 피하기 위해 중국의 수·당과 동맹을 체결하였다. 고구려는 7세기에 중국의 혼란을 통일한 수의 침입을 살수 대첩으로 물리쳤으며, 신라는 진흥왕 때 화랑도를 국가 차원에서 장려하고 조직을 확대하였으며 원광의 세속 5계를 행동 규범으로 삼았다. 원광이 수에 군사를 청원하는 글을 쓴 것으로 보아 당시 불교는 호국불교적 성격이 강함을 알 수 있다.

05 (가), (나)에 대한 설명으로 옳지 않은 것은?

> • 임금과 신하들이 인재를 어떻게 뽑을까 의논하였다. 그래서 여러 사람들을 모아 함께 다니게 하고 그 행실과 뜻을 살펴 등용하였다. 그러므로 김대문이 쓴 책에서 "우리나라의 현명한 재상과 충성 스러운 신하, 훌륭한 장수와 용감한 병졸은 모두 [(가)]에서 나왔다."라고 하였다.
> • [(나)]는(은) 예부에 속한다. 경덕왕이 태학으로 이름을 고쳤다. 박사와 조교가 예기·주역·논 어·효경을 가르친다. 9년이 되도록 학업에 진척이 없는 자는 퇴학시킨다.

① (가)는 원시 사회의 청소년 집단에서 기원하였다.
② (가)에서는 전통적 사회 규범과 전쟁에 관한 교육을 하였다.
③ (나)는 유학 교육을 위하여 신문왕 때 설치하였다.
④ (나)에는 7품 이상 문무 관리의 자제가 입학하였다.

> **해설**
> (가)는 화랑도, (나)는 국학이다. 화랑도는 원시 사회의 청소년 집단 수련에 기원을 두고 있다. 귀족자제 중에서 선발된 화랑을 지도자로 삼고, 낭도는 귀족은 물론 평민까지 망라하였다. 국학은 신문왕 때 설립하였으며 관등이 없는 자부터 대사(12관등) 이하인 자들이 입학할 수 있었고, 논어, 효경 등의 유학을 가르쳤다.

06 다음 밑줄 친 제도와 같은 성격의 정책은?

> 고구려의 고국천왕이 을파소 등을 기용하여 왕 16년(194)에 실시한 <u>진대법</u>은 춘궁기에 가난한 백성 에게 관곡을 빌려주었다가 추수인 10월에 관(官)에 환납케 하는 제도이다. 이것은 귀족의 고리 대금 업으로 인한 폐단을 막고, 양민들의 노비화를 막으려는 목적으로 실시한 제도였다. 이러한 제도는 신라나 백제에도 있었을 것이며 고려의 의창 제도, 조선의 환곡 제도의 선구가 되었다.

① 실업자를 위한 일자리 창출 대책
② 출산율 상승을 위한 출산장려금 정책
③ 생활무능력자를 대상으로 한 공공부조
④ 초등학생을 대상으로 한 무상급식 제도

> **해설**
> 고구려의 진대법, 고려의 의창 제도, 조선의 환곡 제도는 흉년이나 춘궁기에 곡식을 빈민에게 대여하고 추수기에 이를 환수하던 제도이다. 이와 같은 성격을 지닌 오늘날의 제도는 어려운 사람들의 의식주를 돕기 위한 공공부조라고 할 수 있다.

07 다음 연표에 활동했던 백제의 왕을 소재로 영화를 제작하려고 한다. 등장할 수 있는 장면으로 옳은 것은?

> 346 백제 제13대 왕위 등극
> 369 왜 왕에게 칠지도 하사
> 황해도 치양성 전투에서 태자 근구수의 활약으로 고구려군을 상대하여 승리함
> 371 평양성 전투에서 고구려 고국원왕을 전사시킴

① 중앙집권을 위해 율령을 반포하는 장면
② 동맹국인 신라의 왕에게 배신당하여 고민하고 있는 장면
③ 사상의 통합을 위해 불교를 공인하는 장면
④ 〈서기〉라는 역사책을 편찬하는 고흥

해설

제시된 연표의 칠지도, 고국원왕 전사 등을 통해 연표의 왕이 근초고왕임을 알 수 있다. 근초고왕은 4세기 백제의 왕으로 고구려, 신라보다 앞서 국가를 흥성시켰다. 또 다른 업적으로는 요서·산동·규슈 진출, 왕위 부자 상속, 고흥의 역사서 〈서기〉 편찬 등이 있다.

08 다음 중 발해에 관한 설명으로 옳지 않은 것은?

① 대조영이 고구려 유민과 말갈족을 연합하여 건국했다.
② 당나라의 제도를 받아들여 독자적인 3성 6부 체제를 갖췄다.
③ 독자적인 연호를 사용하고 '해동성국'이라는 칭호를 얻었다.
④ 여진족의 세력 확대로 인해 여진족에게 멸망당하였다.

해설

발해는 거란족의 세력 확대와 내분 때문에 국력이 약해져 926년 거란족(요나라)에 의해 멸망당하였다.

09 다음에서 설명하고 있는 삼국시대의 왕은?

> • 한반도의 한강 이남까지 영토를 늘렸다.
> • 신라의 요청으로 원군을 보내 왜구를 격퇴하였다.
> • 후연과 전쟁에서 승리하여 요동지역을 확보하였다.

① 미천왕   ② 소수림왕
③ 장수왕   ④ 광개토대왕

해설

광개토대왕은 후연, 동부여, 백제 등과의 전쟁에서 승리하고 남으로는 한강이남 지역, 북으로는 요동 등으로 영토를 넓혔다.
① 미천왕 : 낙랑군, 대방군 등을 정복하였다.
② 소수림왕 : 율령반포, 불교공인 등 내부체제를 정비하였다.
③ 장수왕 : 도읍을 평양으로 옮기는 등 남하정책을 펼쳤다.

10 공민왕의 개혁 정치에 대한 설명으로 옳지 않은 것은?

① 친원파와 기씨 일족을 숙청했다.
② 원·명 교체의 상황에서 개혁을 추진했다.
③ 신진사대부를 견제하기 위해 정방을 설치했다.
④ 관제를 복구하고 몽골식 생활 풍습을 금지했다.

해설

정방은 고려 무신집권기 최우가 설치한 인사 담당 기관인데, 공민왕은 정방을 폐지했다.

11 음서 제도와 공음전이 고려 사회에 끼친 영향은?

① 농민층의 몰락을 방지하였다.
② 문벌 귀족 세력을 강화시켰다.
③ 국가 재정의 확보에 공헌하였다.
④ 개방적인 사회 분위기를 가져왔다.

해설

문벌 귀족은 고위 관직을 독점하고 음서의 특권으로 승진하였으며, 공음전 등의 경제적 특권을 누리기도 했다.

12 (가), (나) 역사서에 대한 설명으로 옳지 않은 것은?

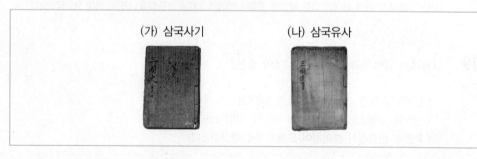

(가) 삼국사기   (나) 삼국유사

① (가) – 김부식이 주도하여 편찬하였다.
② (가) – 유교적 합리주의 사관에 기초하였다.
③ (나) – 신라와 발해를 남북국이라 하였다.
④ (나) – 단군의 건국 이야기가 수록되어 있다.

해설

③은 조선 후기 실학자 유득공이 발해에 관해 쓴 역사서인 〈발해고〉의 내용으로 발해의 역사·문화·풍습 등을 9부문으로 나누어 서술했고, 신라와 발해를 남북국이라고 칭하였다.

13 다음은 고려 무신집권기의 기구명과 그에 대한 특징이다. (가)에 들어갈 내용으로 옳은 것은?

기구명	특 징
중 방	고위 무신들의 회의 기구
교정도감	국정을 총괄하는 최고 권력 기구
정 방	(가)

① 법률과 소송을 관장한 기구
② 곡식의 출납 및 회계 담당 기구
③ 최우가 설치한 인사 행정 담당 기구
④ 역사서의 편찬과 보관을 담당한 기구

해설

무신정권의 실질적인 권력자였던 최우는 교정도감을 통하여 정치권력을 행사하였고, 독자적인 인사 기구인 정방을 설치하여 인사권을 장악하였다.

14 고려 태조 왕건이 실시한 정책으로 옳지 않은 것은?

① 사심관 제도와 기인 제도 등의 호족 견제 정책을 실시했다.
② 연등회와 팔관회를 중요하게 다룰 것을 강조했다.
③ 과거 제도를 실시하여 신진 세력을 등용했다.
④ '훈요십조'를 통해 후대의 왕들에게 유언을 남겼다.

해설

광종(재위 949 ~ 975)은 과거 제도를 시행하여 신진 세력을 등용하고 신·구세력의 교체를 꾀하는 한편 노비안검법 실시, 호족과 귀족세력 견제 등 개혁적인 정치를 단행하여 강력한 왕권을 확립하였다.

15 다음에서 설명하고 있는 고려의 기구는 무엇인가?

> 고려시대 변경의 군사문제를 의논하던 국방회의기구로 중서문하성과 중추원의 고위 관료들이 모여 국가의 군기 및 국방상 중요한 일을 의정하던 합의기관이다. 무신정변 이후에는 군사적 문제뿐 아니라 민사적 문제까지 관장하는 등 권한이 강화되었으며, 왕권을 제한하는 역할도 하였다.

① 도병마사 　　　　　　　② 식목도감
③ 중서문하성 　　　　　　④ 비변사

해설

고려의 독자적인 기구인 도병마사에 대한 내용이다. 도병마사는 변경의 군사 문제를 의논해 결정하는 것이었으나 무신정변 이후 도당이라 불리며 국사전반에 걸쳐 권한이 확대되었다. 원간섭기에는 도평의사사로 개칭되고 국가의 모든 중대사를 회의해 결정하는 기관으로 변질되었다.

16 다음 중 고려시대에 '정혜쌍수(定慧雙修)', '돈오점수(頓悟漸修)'를 주장하고, 수선사 결사 운동을 주도한 승려는?

① 지 눌 ② 원 효
③ 의 천 ④ 도 선

해설

보조국사 지눌대사는 조계종을 중심으로 한 선종과 교종의 통합운동을 전개하였으며 수선사 결사 제창, 정혜쌍수 · 돈오점수를 통해 선교일치 사상의 완성을 이루었다.

17 다음 시의 내용에 나타난 폐단을 개혁하기 위해 실시했던 제도에 대한 설명으로 가장 적절한 것은?

> 우리라고 좋아서 이 짓 하나요?
> 간밤에도 관가에서 문서가 날아 왔죠.
> 내일 아침 높은 손님 맞아서 연희를 성대히 벌인다고
> 물고기 회치고 굽고 모두 다 이 강에서 나갑니다.
> 자가사비 문절망둑 쏘가리 잉어 어느 것 없이 거둬 가지요
> 물고기 잡아다 바치라 한 달에도 너덧 차례
> 한 번 바치는데 적기나 한가요 걸핏하면 스무 마리 서른 마리
> 정해진 마릿수 채우지 못하면 장터에 나가 사다가 바치고
> 혹시 잡다가 남으면 팔아서 양식에 보태지요
>
> – 〈작살질〉, 송명흠

① 군적의 문란이 심해지면서 농민의 부담이 다시 가중되었다.
② 지주는 결작이라고 하여 토지 1결당 미곡 2두를 납부하게 되었다.
③ 농민은 1년에 베 1필씩만 부담하면 과중한 납부량에서 벗어날 수 있었다.
④ 토지가 없거나 적은 농민에게 과중하게 부과되었던 부담이 다소 경감되었다.

해설

① · ② · ③은 균역법과 관련된 내용이다. 제시된 시의 내용은 공납의 폐단에 관한 것으로, 관가에서 공납을 바치라면 양과 내용에 관계없이 따라야 하는 어민들의 어려움을 얘기하고 있다. 공납은 정해진 양을 채우지 못하면 시장에서 사서 납부해야 하는 등 백성들에게 많은 부담을 주었다. 이러한 공납의 폐단을 개선하기 위해 특산물을 현물로 내는 대신 쌀이나 돈으로 납부하게 하고, 공납을 토지에 부과하도록 하는 대동법을 시행하였다. 대동법은 토지가 없거나 적은 농민들의 부담을 다소 경감시키는 효과가 있었다.

18 다음 그림과 관련하여 당시 대외 관계에 대해 옳게 설명한 것은?

① 이종무의 쓰시마 섬 정벌로 인하여 우리나라 사신을 맞는 일본의 태도가 정중하였다.
② 왜구의 소란으로 조선에서는 3포 개항을 불허하고 일본 사신의 파견만을 허용하였다.
③ 왜란 이후 끌려간 도공과 백성들을 돌려받기 위하여 조선 정부는 매년 통신사를 파견하였다.
④ 일본은 조선의 문화를 받아들이고 에도 막부의 권위를 인정받기 위해 통신사 파견을 요청하였다.

> **해설**
> 제시된 그림은 임진왜란 이후 우리나라에서 일본에 파견한 통신사 그림이다. 일본은 조선의 선진 문화를 받아들이고, 도쿠가와 막부의 쇼군이 바뀔 때마다 권위를 인정받기 위하여 조선의 사절 파견을 요청하였다. 이에 따라 조선은 1607년부터 1811년까지 12회에 걸쳐 많을 때는 400~500명에 달하는 인원의 통신사를 파견하였다.

19 다음 중 조선시대의 신분 제도에 대한 설명으로 옳은 것은?

① 서얼은 양반으로 진출하는 데 제한을 받지 않았다.
② 노비의 신분은 세습되지 않았다.
③ 서리, 향리, 기술관은 직역 세습이 불가능했다.
④ 양인 이상이면 과거에 응시할 수 있었다.

> **해설**
> ① 서얼은 관직 진출이 제한되었고, ② 노비의 신분은 세습되었고 매매·양도·상속의 대상이었으며, ③ 직역 세습과 신분 안에서 혼인이 가능했다.

20 조선시대 기본법전인 '경국대전'에 관한 설명으로 옳지 않은 것은?

① 세조가 편찬을 시작하여 성종 대에 완성되었다.
② 조선 초의 법전인 '경제육전'의 원전과 속전 및 그 뒤의 법령을 종합해 만들었다.
③ '형전'을 완성한 뒤, 재정·경제의 기본이 되는 '호전'을 완성했다.
④ 이전·호전·예전·병전·형전·공전 등 6전으로 이루어졌다.

> **해설**
> 1460년(세조 6년) 7월에 먼저 재정·경제의 기본이 되는 호전을 완성했고, 이듬해 7월에는 형전을 완성하여 공포·시행하였다.

21 조선시대 4대 사화를 시대 순으로 바르게 연결한 것은?

① 무오사화 → 기묘사화 → 갑자사화 → 을사사화
② 무오사화 → 갑자사화 → 기묘사화 → 을사사화
③ 갑자사화 → 무오사화 → 을사사화 → 기묘사화
④ 갑자사화 → 기묘사화 → 갑자사화 → 을사사화

해설

무오사화	1498년 (연산군)	• 훈구파와 사림파의 대립 • 연산군의 실정, 세조의 왕위 찬탈을 비판한 김종직의 조의제문 • 유자광, 이극돈
갑자사화	1504년 (연산군)	• 폐비 윤씨 사건이 배경 • 무오사화 때 피해를 면한 일부 훈구 세력까지 피해
기묘사화	1519년 (중종)	• 조광조 개혁 정치 • 위훈 삭제로 인한 훈구 세력의 반발 • 주초위왕 사건
을사사화	1545년 (명종)	• 인종의 외척 윤임(대윤파)과 명종의 외척 윤원형(소윤파)의 대립 • 명종의 즉위로 문정왕후 수렴청정 • 집권한 소윤파가 대윤파를 공격

22 다음의 설명에 해당하는 조선 후기의 실학자는 누구인가?

> • 농민을 위한 제도 개혁을 주장한 중농학파
> • 목민심서, 경세유표 편찬
> • 과학 기술의 발전을 주장하고 실학을 집대성

① 유형원   ② 이 익
③ 정약용   ④ 박지원

해설
• 목민심서 : 정약용이 관리들의 폭정을 비판하며 수령이 지켜야 할 지침을 밝힌 책
• 경세유표 : 정약용이 행정기구의 개편과 토지 제도와 조세 제도 등 제도의 개혁 원리를 제시한 책

23 조선 후기에 발생한 사건들을 시대 순으로 바르게 나열한 것은?

① 임오군란 → 갑신정변 → 동학농민운동 → 아관파천
② 임오군란 → 아관파천 → 동학농민운동 → 갑신정변
③ 갑신정변 → 임오군란 → 아관파천 → 동학농민운동
④ 갑신정변 → 아관파천 → 임오군란 → 동학농민운동

해설

임오군란 (1882년)	별기군 창설에 대한 구식 군인의 반발, 청의 내정간섭 초래
갑신정변 (1884년)	급진적 개혁 추진, 청의 내정간섭 강화
동학농민운동 (1894년)	반봉건·반침략적 민족운동, 우금치 전투에서 패배
아관파천 (1896년)	명성황후가 시해당한 뒤 고종과 왕세자가 러시아 공관으로 대피

24 다음과 같은 내용이 발표된 배경으로 가장 적절한 것은?

> 옛날에는 군대를 가지고 나라를 멸망시켰으나 지금은 빚으로 나라를 멸망시킨다. 옛날에 나라를 멸망케 하면 그 명호를 지우고 그 종사와 정부를 폐지하고, 나아가 그 인민으로 하여금 새로운 변화를 받아들여 복종케 할 따름이다. 지금 나라를 멸망케 하면 그 종교를 없애고 그 종족을 끊어버린다. 옛날에 나라를 잃은 백성들은 나라가 없을 뿐이었으나, 지금 나라를 잃은 백성은 아울러 그 집안도 잃게 된다. … 국채는 나라를 멸망케 하는 원본이며, 그 결과 망국에 이르게 되어 모든 사람이 화를 입지 않을 수 없게 된다.

① 우리나라 최초의 은행인 조선은행이 설립되면서 자금 조달이 어려워졌다.
② 외국 상인의 활동 범위가 넓어지면서 서울을 비롯한 전국의 상권을 차지하였다.
③ 정부의 상공업 진흥 정책으로 회사 설립이 늘어나면서 차관 도입이 확대되었다.
④ 일제는 화폐 정리와 시설 개선 등의 명목으로 거액의 차관을 대한제국에 제공하였다.

해설

자료는 국채보상운동에 관한 내용이다. 국채보상운동은 일본이 조선에 빌려준 국채를 갚아 경제적으로 독립하자는 운동으로 1907년 2월 서상돈 등에 의해 대구에서 시작되었다. 대한매일신보, 황성신문 등 언론기관이 자금 모집에 적극 참여했으며, 남자들은 금연운동을 하였고 부녀자들은 비녀와 가락지를 팔아서 이에 호응하였다. 일제는 친일 단체인 일진회를 내세워 국채보상운동을 방해하였고, 통감부에서 국채보상회의 간사인 양기탁을 횡령이라는 누명을 씌워 구속하는 등 적극적으로 탄압했다. 결국 양기탁은 무죄로 석방되었지만 국채보상운동은 좌절되고 말았다.

25 다음 개화기 언론에 대한 설명으로 옳지 않은 것은?

① 황성신문은 국·한문 혼용으로 발간되었고, '시일야방성대곡'을 게재하였다.

② 순한글로 간행된 제국신문은 창간 이듬해 이인직이 인수하여 친일지로 개편되었다.

③ 독립신문은 한글과 영문을 사용하였으며, 근대적 지식 보급과 국권·민권 사상을 고취하였다.

④ 우리나라 최초의 신문인 한성순보는 관보의 성격을 띠고 10일에 한 번 한문으로 발행되었다.

해설

제국신문은 1898년부터 1910년까지 순한글로 발행한 신문으로 여성과 일반 대중을 독자로 언론 활동을 전개하였다. 이인직이 인수하여 친일지로 개편한 신문은 천도교계의 만세보로서 1907부터 '대한신문'으로 제호를 바꾸어 발간하였다.

26 다음과 같은 활동을 한 '이 단체'는 어디인가?

'이 단체'의 깃발 밑에 공고한 단결을 이루기가 뼈저리게 힘들다고 고민할망정 결국 분산을 재촉한 것은 중대한 과오가 아닌가. 계급운동을 무시한 민족 당일당 운동이 문제가 있는 것과 같이 민족을 도외시하고 계급운동만 추구하며 민족주의 진영을 철폐하자는 것도 중대한 과오이다. … (중략) … 조선의 운동은 두 진영의 협동을 지속적으로 추구해야 할 정세에 놓여 있고, 서로 대립할 때가 아니다. 두 진영의 본질적 차이를 발견하기 어려운 만큼 긴밀히 동지적 관계를 기할 수 있는 것이다.

① 신민회

② 정우회

③ 신간회

④ 근우회

해설

신간회는 좌우익 세력이 합작하여 결성된 대표적 항일단체로, 민족적·정치적·경제적 예속을 탈피하고, 언론 및 출판의 자유를 쟁취하였으며, 동양척식회사 반대, 근검절약운동 전개 등을 활동목표로 전국에 지회와 분회를 조직하여 활동하였다.

27 3·1운동 이후 1920년대 일제의 식민통치 내용으로 옳지 않은 것은?

① 회사령 폐지

② 산미증식계획

③ 경성제국대학 설립

④ 헌병경찰제 실시

해설

1910년대에 무단 통치(헌병 경찰 통치)를 하던 일제는 3·1운동(1919) 이후 1920년대부터 통치방법을 변화해 문화통치(보통 경찰 통치)를 실시했다. 경성제국대학은 1924년에 설립됐으며, 회사령은 1910년 12월에 조선총독부가 공포했다가 1920년에 폐지됐다.

28 다음 중 홍범 14조에 관한 설명으로 옳지 않은 것은?

① 갑오개혁 이후 정치적 근대화와 개혁을 위해 제정된 국가기본법이다.
② 왜에 의존하는 생각을 끊고 자주독립의 기초를 세울 것을 선포했다.
③ 납세를 법으로 정하고 함부로 세금을 거두어 들이지 못하도록 했다.
④ 종실 · 외척의 정치관여를 용납하지 않음으로써 대원군과 명성황후의 정치개입을 배제했다.

해설

홍범 14조는 갑오개혁 후 선포된 우리나라 최초의 근대적 헌법으로 청에 의존하는 것을 끊음으로써 청에 대한 종주권을 부인했고, 종실 · 외척의 정치개입 배제 및 조세법정주의 등의 내용을 담고 있다.

29 시일야방성대곡이 최초로 실린 신문은 무엇인가?

① 한성순보
② 황성신문
③ 독립신문
④ 대한매일신보

해설

시일야방성대곡은 을사늑약의 부당함을 알리고 을사오적을 규탄하기 위해 장지연이 쓴 논설로, 황성신문에 게재되었다. 이 논설로 황성신문은 일제에 의해 정간이 되기도 했다.

30 다음 중 3 · 1 운동에 대한 설명으로 옳지 않은 것은?

① 33인의 민족대표가 탑골공원에서 독립선언서를 발표하는 것으로 시작됐다.
② 비폭력 투쟁에서 점차 폭력 투쟁으로 발전하였다.
③ 기미독립운동이라고도 불린다.
④ 대한민국 임시 정부 수립의 영향을 받아 일어났다.

해설

3 · 1 운동을 계기로 1919년 4월 11일 중국 상해에서 대한민국 임시정부가 수립됐다.

31 다음 법이 공포된 이후 나타난 일제의 지배 정책에 대한 설명으로 옳지 않은 것은?

> 제4조 정부는 전시에 국가총동원상 필요할 때는 칙령이 정하는 바에 따라 제국 신민을 징용하여 총동원 업무에 종사하게 할 수 있다.

① 마을에 애국반을 편성하여 일상생활을 통제하였다.
② 일본식 성과 이름으로 고치는 창씨개명을 시행하였다.
③ 여성에게 작업복인 '몸뻬'라는 바지의 착용을 강요하였다.
④ 토지 현황 파악을 위해 전국적으로 토지 소유권을 조사하였다.

해설

제시된 자료는 국가총동원법(1938)이다. ④는 1910년대 토지조사사업에 대한 설명이다.

32 다음이 설명하는 운동에 대한 내용을 보기에서 고른 것은?

> • 광화문 광장 : 경무대와 국회의사당, 중앙청 등 국가 주요 기관이 광장 주변에 몰려있어 가장 격렬한 시위가 벌어졌다.
> • 마로니에 공원(옛 서울대학교 교수회관 터) : 대학 교수단이 시국 선언을 한 뒤 '학생의 피에 보답하라'는 현수막을 들고 가두 시위에 나섰다.
> • 이화장 : 대통령이 하야 성명을 발표하고 경무대를 떠나 사저인 이화장에 도착하였다.

보기

ㄱ. 4 · 13 호헌 조치의 철폐를 요구하였다.
ㄴ. 신군부 세력의 집권이 배경이 되었다.
ㄷ. 3 · 15 부정선거에 항의하는 시위에서 시작되었다.
ㄹ. 대통령 중심제에서 의원 내각제로 변화되는 계기가 되었다.

① ㄱ, ㄴ   ② ㄱ, ㄷ
③ ㄴ, ㄷ   ④ ㄷ, ㄹ

해설

4 · 10 혁명에 대한 설명이다.
ㄱ. 전두환 정부의 4 · 13 호헌 조치에 반대하여 1987년 6월 민주항쟁이 전개되었다.
ㄴ. 1980년 신군부가 비상계엄을 전국으로 확대하였고, 이에 반대하여 5 · 18 광주 민주화 운동이 전개되었다.

33 (가) ~ (라)를 일어난 순서대로 옳게 나열한 것은?

(가) 경부고속도로 준공	(나) 100억 달러 수출 달성
(다) IMF 구제 금융 지원 요청	(라) 고속 철도 개통

① (가) - (나) - (다) - (라)
② (가) - (나) - (라) - (다)
③ (나) - (가) - (다) - (라)
④ (나) - (가) - (라) - (다)

> **해설**

(가) 경부고속도로 준공(1970년, 박정희 정부)
(나) 수출 100억 달러 달성(1977년, 박정희 정부)
(다) IMF 구제 금융 요청(1997년, 김영삼 정부)
(라) 고속 철도 개통(2004년, 노무현 정부)

34 (가)에 들어갈 내용으로 옳은 것은?

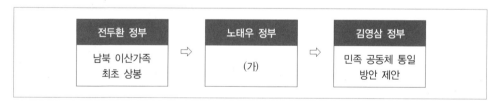

① 남북 조절 위원회 구성
② 경의선 복구 사업 시작
③ 남북 기본 합의서 채택
④ 7・4 남북 공동 성명 발표

> **해설**

1991년 노태우 정부는 남북 기본 합의서를 채택하였다.
• 남북한 당국자 간의 통일 논의의 재개를 추진함으로써 남북 이산가족 고향 방문단 및 예술 공연단의 교환방문이 전두환 정부 때 성사되었다(1985).
• 민족 공동체 통일 방안(1994)은 한민족 공동체 통일 방안(1989)과 3단계 3대 기조 통일 정책(1993)의 내용을 종합한 것으로 공동체 통일 방안이라고도 한다. 김영삼 정부가 이를 북한에 제안하였고, 자주, 평화, 민주의 3대 원칙과 화해 협력, 남북 연합, 통일 국가 완성의 3단계 통일 방안을 발표하였다.

35 청동기 문화를 배경으로 기원전 3000년을 전후해 큰 강 유역에서 발생한 4대 문명에 해당하지 않는 것은?

① 메소포타미아 문명　　　　　　　② 잉카 문명
③ 황하 문명　　　　　　　　　　　④ 인더스 문명

> **해설**

메소포타미아 문명(기원전 3500년)	티그리스강, 유프라테스강
이집트 문명(기원전 3000년)	나일강
황하 문명(기원전 3000년)	황하강
인더스 문명(기원전 2500년)	인더스강

36 세계 4대 문명 발상지 중 다음에서 설명하는 것과 관계가 깊은 것은?

> 쐐기문자, 60진법, 태음력 제정

① 황하 문명　　　　　　　　　　　② 마야 문명
③ 이집트 문명　　　　　　　　　　④ 메소포타미아 문명

> **해설**

티그리스강, 유프라테스강 유역을 중심으로 발전한 메소포타미아 문명은 기원전 3500년경에 발전하였으며 쐐기문자와 60진법을 사용하였고 함무라비 법전을 편찬하였으며 태음력을 제정하였다.

37 다음 중 헬레니즘 문화에 대한 설명으로 옳지 않은 것은?

① 실용적인 자연과학이 발전하였다.
② 알렉산드리아 지방을 중심으로 크게 융성하였다.
③ 신 중심의 기독교적 사고방식을 사상적 기초로 하였다.
④ 인도의 간다라 미술에 상당한 영향을 미쳤다.

> **해석**

헬레니즘 문화는 그리스 문화가 오리엔트 문명과 융합되어 형성한 유럽문화의 2대 조류로, 로마 문화를 일으키고 인도의 간다라 미술을 탄생시켰던 인간 중심의 문화였다.

38 십자군 원정의 결과로 옳지 않은 것은?

① 교황권과 영주의 세력이 강화되었다.
② 동방 무역이 활발해지며 동양에 대한 관심이 높아졌다.
③ 상공업도시가 성장하면서 장원이 해체되었다.
④ 이슬람 문화가 유입되면서 유럽인들의 시야가 확대되었다.

해설

십자군 원정의 결과 교황권이 쇠퇴하였고, 영주의 세력이 약화된 반면 국왕의 권위가 강화되었다.

39 다음 보기의 전쟁들을 시대 순으로 바르게 나열한 것은?

㉠ 크림 전쟁	㉡ 십자군 전쟁
㉢ 장미 전쟁	㉣ 종교 전쟁
㉤ 백년 전쟁	

① ㉠ - ㉡ - ㉢ - ㉣ - ㉤
② ㉡ - ㉤ - ㉢ - ㉣ - ㉠
③ ㉢ - ㉣ - ㉤ - ㉡ - ㉠
④ ㉣ - ㉠ - ㉡ - ㉢ - ㉤

해설

㉡ 십자군 전쟁 : 11 ~ 13세기 중세 서유럽의 그리스도교 국가들이 이슬람교도들로부터 성지를 탈환하기 위해 벌인 전쟁이다.
㉤ 백년 전쟁 : 1337 ~ 1453년 영국과 프랑스 사이에 벌어진 전쟁으로 봉건제후와 귀족들이 몰락하고 중앙집권적 국가로 발전하는 계기가 되었다.
㉢ 장미 전쟁 : 1455 ~ 1485년 영국의 왕위 계승을 둘러싸고 요크 가문과 랭커스터 가문이 대립하며 발생한 내란이다.
㉣ 종교 전쟁 : 종교개혁(16 ~ 17세기) 이후 낭트칙령으로 신앙의 자유를 얻기 전까지 구교와 신교 간의 대립으로 일어난 전쟁이다.
㉠ 크림 전쟁 : 1853~1856년 러시아와 오스만투르크, 영국, 프랑스, 프로이센, 사르데냐 연합군이 크림반도와 흑해를 둘러싸고 벌인 전쟁이다.

40 종교개혁의 발생 배경으로 적절하지 않은 것은?

① 왕권의 약화
② 교황권의 쇠퇴
③ 교회의 지나친 세속화
④ 이성 중시 사상의 확대

해설

종교개혁은 16세기 교회의 세속화와 타락에 반발하여 출현한 그리스도교 개혁운동으로 1517년 독일의 마틴 루터가 이를 비판하는 95개조의 반박문을 발표한 것을 시작으로 이후 스위스의 츠빙글리, 프랑스의 칼뱅 등에 의해 전 유럽에 퍼졌고 그 결과 가톨릭으로부터 이탈한 프로테스탄트라는 신교가 성립되었다.

41 다음 밑줄 친 사상의 영향으로 일어난 사건은?

> 몽테스키외, 볼테르, 루소, 디드로 등에 의해 약 반세기에 걸쳐 배양되었고 특히 루소의 문명에 대한 격렬한 비판과 인민주권론이 혁명사상의 기초가 되었다. 기독교의 전통적인 권위와 낡은 사상을 비판하고 합리적인 이성의 계발로 인간생활의 진보와 개선을 꾀하였다.

① 영국에서 권리장전이 승인되었다.
② 칼뱅을 중심으로 종교개혁이 진행되었다.
③ 레닌이 소비에트 정권을 무너뜨렸다.
④ 시민들이 혁명을 통해 새로운 헌법을 정하고 프랑스 공화정이 성립되었다.

해설
이성과 진보를 강조하는 계몽주의는 프랑스 혁명의 사상적 배경이 되었다. 1789 ~ 1794년 프랑스에서 일어난 프랑스 혁명은 정치권력이 왕족과 귀족에서 시민으로 옮겨진 역사적 전환점이 되었다.

42 미국의 독립혁명에 대한 설명으로 옳지 않은 것은?

① 보스턴 차 사건을 계기로 시작되었다.
② 프랑스 · 스페인 · 네덜란드 등의 지원을 받아 요크타운 전투에서 승리했다.
③ 1783년 파리조약으로 평화 협정을 맺고 영국이 독립을 인정했다.
④ 프랑스 혁명과 달리 영국으로부터 독립하는 것만을 목적으로 하였다.

해설
미국의 독립혁명(1775년)은 영국으로부터 독립하는 것이 주된 목적이었으나 절대군주제에 대항하며 자연적 평등과 권리를 주장했고, 민주적인 정치형태를 수립하고자 한 점에서 프랑스 혁명과 유사하다.

43 다음 중 청 말기 서양 기술의 도입으로 부국강병을 이루고자 한 근대화 운동은 무엇인가?

① 양무운동   ② 태평천국운동
③ 의화단 운동   ④ 인클로저 운동

해설
양무운동은 당시 아편 전쟁과 애로호 사건을 겪으며 서양의 군사적 위력을 알게 된 청조는 서양 문물을 도입하고 군사 · 과학 · 통신 등을 개혁함으로써 부국강병을 이루고자 했으나 1894년 청일 전쟁의 패배로 좌절되었다.

44 다음 중 시기적으로 가장 먼저 일어난 사건은 무엇인가?

① 청교도 혁명
② 갑오개혁
③ 프랑스 혁명
④ 신해혁명

해설
① 청교도 혁명(1640 ~ 1660년)
③ 프랑스 혁명(1789 ~ 1794년)
② 갑오개혁(1894 ~ 1896년)
④ 신해혁명(1911년)

45 다음의 사상을 바탕으로 전개된 중국의 민족 운동으로 옳은 것은?

- 만주족을 몰아내고 우리 한족 국가를 회복한다.
- 이제는 평민혁명에 의해 국민 정부를 세운다. 무릇 국민은 평등하게 참정권을 갖는다.
- 사회 · 경제 조직을 개량하고 천하의 땅값을 조사하여 결정해야 한다.

① 양무운동
② 신해혁명
③ 의화단운동
④ 태평천국운동

해설
쑨원이 제창하였던 민족주의, 민권주의, 민생주의의 삼민주의를 설명한 것이다. 이 사상을 바탕으로 한 신해혁명은 1911년에 청나라를 멸망시키고 중화민국을 세운 민주주의 혁명이다.

46 다음 중 제1차 세계대전 이후의 세계 정세에 대한 설명으로 옳지 않은 것은?

① 얄타 회담에서 전후 국세기구 설립에 합의하였다.
② 독일과 연합국 사이의 강화 조약으로 베르사유 조약이 체결되었다.
③ 세계 평화를 유지하기 위한 최초의 국제평화기구인 국제연맹이 만들어졌다.
④ 전후 문제 처리를 위하여 파리 강화 회의가 개최되었다.

해설
제2차 세계대전 이후 얄타 회담에서 전후 국제기구 설립에 합의하면서 국제연합이 창설되었다.

47 제2차 세계대전과 관련된 다음의 사건들 중 가장 먼저 일어난 것은?

① 얄타 회담
② 나가사키 원폭 투하
③ UN 창설
④ 카이로 회담

해설
카이로 회담은 제2차 세계대전 때 이집트의 카이로에서 개최된 것으로 1943년 11월에 제1차 카이로 회담이, 그해 12월에 제2차 카이로 회담이 열렸다.
① 얄타 회담 : 1945년 2월 4 ~ 11일
② 나가사키 원폭 투하 : 1945년 8월 9일
③ UN 창설 : 1945년 10월 24일

48 국제연합에 대한 설명으로 옳지 않은 것은?

① 미국과 영국의 대서양 헌장을 기초로 결성되었다.
② 안전 보장 이사회의 상임 이사국은 거부권을 행사할 수 있다.
③ 소련과 미국이 참여함으로써 세계 중심 기구로 자리 잡았다.
④ 독일과 일본은 제2차 세계대전을 일으킨 국가로서 가입하지 못하였다.

해설
국제연합은 미국의 루스벨트와 영국의 처칠이 발표한 대서양 헌장(1941년)을 기초로 결성되었다. 제1차 세계대전 후 결성된 국제연맹에 소련과 미국이 불참한 것과 달리 국제연합에는 소련과 미국이 참여함으로써 현재까지 세계 중심 기구로 활동하고 있다. 독일, 일본은 제2차 세계대전을 일으킨 국가였지만 국제연합에 가입되어 있다.

49 제1·2차 세계대전과 관련하여 열린 국제회담을 순서대로 바르게 나열한 것은?

① 베르사유 조약 – 카이로 회담 – 얄타 회담 – 포츠담 선언
② 카이로 회담 – 얄타 회담 – 포츠담 선언 – 베르사유 조약
③ 얄타 회담 – 포츠담 선언 – 베르사유 조약 – 카이로 회담
④ 포츠담 선언 – 베르사유 조약 – 카이로 회담 – 얄타 회담

해설
베르사유 조약(1919년) → 카이로 회담(1943) → 얄타 회담(1945.2) → 포츠담 선언(1945.7)

47 ④   48 ④   49 ①   정답

4 PART

NCS 직업기초능력평가

CHAPTER 01 의사소통능력

CHAPTER 02 수리능력

CHAPTER 03 문제해결능력

CHAPTER 04 정보능력

CHAPTER 05 대인관계능력

CHAPTER 06 정답 및 해설

01 의사소통능력

01 다음에 나타난 의사소통능력 개발 과정에서의 피드백에 대한 설명으로 적절하지 않은 것은?

> 피드백(Feedback)이란 상대방에게 그의 행동의 결과가 어떠한지에 대하여 정보를 제공해 주는 것을 말한다. 즉, 그의 행동이 나의 행동에 어떤 영향을 미치고 있는가에 대하여 상대방에게 솔직하게 알려주는 것이다. 말하는 사람 또는 전달자는 피드백을 이용하여 메시지의 내용이 실제로 어떻게 해석되고 있는가를 조사할 수 있다.

① 대인관계에 있어서의 행동을 개선할 수 있는 기회를 제공해 줄 수 있다.
② 의사소통의 왜곡에서 오는 오해와 부정확성을 줄일 수 있다.
③ 상대방의 긍정적인 면뿐만 아니라 부정적인 면도 솔직하게 전달해야 한다.
④ 말뿐만 아니라 얼굴 표정 등으로 정확한 반응을 얻을 수 있다.
⑤ 효과적인 개선을 위해서는 긍정적인 면보다 부정적인 면을 강조하여 전달해야 한다.

02 공문서는 결재권자가 해당 문서에 결재함으로써 성립하고, 성립한 문서는 입법주의에 따라 문서의 종류마다 효력이 다르게 발생한다. 〈보기〉는 문서의 효력 발생에 대한 입법주의를 각각 설명한 것일 때, 다음 중 올바르게 연결된 것은?

> **보기**
>
> (가) 성립한 문서가 상대방에게 발신된 때 효력이 발생한다는 견해로, 신속한 거래에 적합하며 다수에게 동일한 통지를 해야 할 경우 획일적으로 효력을 발생하게 할 수 있다는 장점이 있다.
>
> (나) 상대방이 문서의 내용을 알게 되었을 때에 효력이 발생한다는 견해로, 상대방의 부주의나 고의 등으로 인해 내용을 알 수 없을 경우 발신자가 불이익을 감수해야 하는 폐단이 발생할 수 있다.
>
> (다) 문서가 상대방에게 도달해야 효력이 발생한다는 견해로, 이때 도달은 문서가 상대방의 지배범위 내에 들어가 사회 통념상 그 문서의 내용을 알 수 있는 상태가 되었다고 인정되는 것을 의미한다.
>
> (라) 문서가 성립한 때, 즉 결재로써 문서의 작성이 끝났을 때에 효력이 발생한다는 견해로, 문서 발신 지연 등 발신자의 귀책사유로 인한 불이익을 상대방이 감수해야 하는 부당함이 발생하기도 한다.

	(가)	(나)	(다)	(라)
①	표백주의	도달주의	요지주의	발신주의
②	도달주의	요지주의	발신주의	표백주의
③	도달주의	표백주의	발신주의	요지주의
④	발신주의	표백주의	도달주의	요지주의
⑤	발신주의	요지주의	도달주의	표백주의

03 다음 중 경청 훈련 방법과 사례가 잘못 연결된 것은?

	방법	사례
①	주의 기울이기	A씨는 말을 하고 있는 B씨의 얼굴과 몸의 움직임뿐만 아니라 호흡하는 자세까지도 주의하여 관찰하고 있다. 또한 B씨의 어조와 억양, 소리 크기에도 귀를 기울이고 있다.
②	상대방의 경험을 인정하고 더 많은 정보 요청하기	C씨는 자신의 경험담을 이야기하고 있는 D씨에게 관심과 존경을 보이고 있으며, D씨가 계속해서 이야기를 할 수 있도록 질문을 던지기도 한다.
③	정확성을 위해 요약하기	E씨는 유치원에서 친구와 다투었다는 아이의 말을 듣고는 "친구와 간식을 두고 다툼을 해서 너의 기분이 좋지 않구나."라며 아이의 이야기를 자신의 말로 반복하여 표현하였다.
④	개방적인 질문	F씨는 G씨에 대한 이해의 정도를 높이기 위해 주말에 부산으로 여행을 간다는 G씨에게 이번 여행은 누구와 가는지 질문하고 있다.
⑤	'왜?'라는 질문 삼가기	H씨는 부정적·강압적인 표현의 '왜?'라는 질문을 사용하지 않으려고 노력하고 있다.

04 김 팀장은 이 사원에게 다음과 같은 업무지시를 내렸고, 이 사원은 김 팀장의 업무지시에 따라 홍보 자료를 작성하려고 한다. 다음 중 이 사원이 작성 과정에서 고려해야 할 사항으로 적절하지 않은 것은?

> 이○○ 씨, 근로자들에게 NCS 기반의 신직업자격을 알리기 위한 홍보 자료를 제작해야 합니다. 먼저, 아무래도 신직업자격의 개념과 기능에 대한 설명이 있어야 할 것 같군요. 그리고 기존 국가기술자격에 비해 무엇이 달라졌는지 알려주는 것도 좋을 것 같네요. 마지막으로 신직업자격 체계도를 한 눈에 볼 수 있었으면 좋겠네요. 참! 관련 문의는 이메일로만 받을 예정이므로 참고바랍니다.

① 모든 근로자들의 이해를 돕기 위해 개념은 핵심 용어 중심으로 쉽게 설명해야겠어.
② 기업과 근로자 두 가지 측면에서의 기능으로 나누어 필요성을 강조해야겠어.
③ 기존 국가기술자격과의 차이점을 표로 비교하여 나타내야겠어.
④ 펼칠 수 있는 신직업자격 체계도 맵을 만들어 한 눈에 볼 수 있게 해야지.
⑤ 궁금한 점은 별도로 문의할 수 있도록 자격설계팀 이메일 주소를 넣어야겠어.

05 다음 사례에 나타난 A씨의 문제점으로 가장 적절한 것은?

> 안 좋은 일이 발생하면 항상 자신을 탓하는 편인 A씨는 친구가 약속 시간에 늦는 경우에도 "내가 빨리 나온 게 죄지."라고 말한다. 또한 A씨는 평소 사소한 실수에도 '죄송합니다.' '미안합니다.' 등의 표현을 입에 달고 산다. 다른 사람에 의해 발생한 실수에도 자신이 미안해하는 탓에 A씨를 잘 모르는 사람들은 A씨를 예의 바른 사람으로 평가한다. 그러나 A씨를 오랫동안 지켜본 사람들은 A씨의 그런 태도가 오히려 A씨의 이미지를 부정적으로 만들고 있다고 이야기한다.

① 무엇을 보든지 부정적으로 평가를 내린다.
② 상대의 말에 공감을 하지 않는다.
③ 낮은 자존감과 열등감으로 자기 자신을 대한다.
④ 자신의 대화 패턴을 제대로 이해하지 못한다.
⑤ 불필요한 어휘나 거부감을 주는 표현을 자주 사용한다.

06 다음 제시문의 전개 순서로 가장 자연스러운 것은?

> (가) 상품 생산자, 즉 판매자는 화폐를 얻기 위해 자신의 상품을 시장에 내놓는다. 하지만 생산자가 만들어 낸 상품이 시장에 들어서서 다른 상품이나 화폐와 관계를 맺게 되면, 이제 그 상품은 주인에게 복종하기를 멈추고 자립적인 삶을 살아가게 된다.
>
> (나) 이처럼 상품이나 시장 법칙은 인간에 의해 산출된 것이지만, 이제 거꾸로 상품이나 시장 법칙이 인간을 지배하게 된다. 이때 인간 및 인간들 간의 관계가 소외되는 현상이 나타난다.
>
> (다) 상품은 그것을 만들어 낸 생산자의 분신이지만, 시장 안에서는 상품이 곧 독자적인 인격체가 된다. 즉, 사람이 주체가 아니라 상품이 주체가 된다.
>
> (라) 또한 사람들이 상품들을 생산하여 교환하는 과정에서 시장의 경제 법칙을 만들어 냈지만, 이제 거꾸로 상품들은 인간의 손을 떠나 시장 법칙에 따라 교환된다. 이런 시장 법칙의 지배 아래에서는 사람과 사람 간의 관계가 상품과 상품, 상품과 화폐 등 사물과 사물 간의 관계에 가려 보이지 않게 된다.

① (가) - (다) - (나) - (라)
② (가) - (다) - (라) - (나)
③ (다) - (라) - (가) - (나)
④ (다) - (라) - (나) - (가)
⑤ (다) - (가) - (라) - (나)

07 다음 글에서 ㉠~㉤의 수정방안으로 적절하지 않은 것은?

㉠ 일반적인 사전적 의미의 '취미'는 '전문적으로 하는 것이 아니라 즐기기 위하여 하는 일'이지만 좀 더 철학적 관점 에서 본다면 취미(Geschmack)는 주관적인 인간의 감정적 영역으로, 미적 대상을 감상하고 비판하는 능력이다. 발타사르 그라시안(Baltasar Gracian)에 따르면 취미는 충동과 자유, 동물성과 정신의 중간적인 것으로 각종 일에 대해 거리를 취하고 구별하여 선택하는 능력으로 일종의 인식방식이다.

취미에 대한 정의와 관점은 다양하다. 취미를 감각 판단으로 바라볼 것인가에 대해 서로 맞서고 있는 감각주의 전통과 합리주의 전통의 논쟁이 있어 왔으며, 현대사회에서는 취미 연구를 심리학적, 사회적 두 가지 관점에서 본다. 심리학적인 관점에서 취미는 개인의 생애를 통해서 변화하며 동시에 개인, 시대, 민족, 지역 등에 따라 ㉡ 틀리다. 개인의 취미는 넓고 깊은 교양에 의한 것이며, 통속적으로는 여가나 오락을 뜻하는 것으로 쓰이기도 한다. ㉢ 하지만 이와 동시에 일정한 시대, 민족에 있어서는 공통된 취미가 '객관적 정신'으로 전체를 지배하기도 한다. ㉣ 따라서 취미는 그 누구도 '취미란 이런 것이다.'라고 정의내릴 수 없다.

이 과정에서 우리는 '한 사회 내에서 일정 기간 동안 유사한 문화양식과 행동양식이 일정 수의 사람들에게 공유되는 사회적 동조 현상'인 유행과의 차이에 대해 의문을 가지게 된다. 유행은 취미와 아주 밀접하게 결부된 현상이다. ㉤ 그러나 유행은 경험적 일반성에 의존하는 공동체적 감각이고, 취미는 경험보다는 규범적 일반성에 의존하는 감각이다. 다시 말해 유행은 공동체 속에서 활동하고 또 그것에 종속되지만, 취미는 그것에 종속되지 않는다. 취미는 자신의 판단력에 의존한다는 점에서 유행과 구별된다.

① ㉠ : 문장이 너무 길어 호흡이 길어지므로 '… 하는 일'이다. 하지만 …'으로 수정한다.
② ㉡ : 의미상 '비교가 되는 대상이 서로 같지 아니하다.'라는 뜻의 '다르다'로 바꾼다.
③ ㉢ : 자연스러운 연결을 위해 '또한'으로 바꾼다.
④ ㉣ : 글의 전개상 불필요한 내용이므로 삭제한다.
⑤ ㉤ : 앞뒤 내용의 자연스러운 흐름을 위해 '그래서'로 바꾼다.

※ 다음 글을 읽고 이어지는 질문에 답하시오. [8~9]

(가) 인류의 생명을 위협하는 미세먼지와의 전쟁

먼지는 인류가 지구상에 등장하기 훨씬 전부터 지구 대기를 가득 채우고 있었다. 구름 속에서 눈과 비를 만들고 따가운 햇볕을 가려주는 등 인류에게 이로운 존재였던 먼지가 문제가 된 것은 산업화, 도시화로 인해 자연의 먼지보다 훨씬 작고 위험한 미세먼지가 대기를 덮기 시작했기 때문이다.

보통 지름이 $10\mu m$(머리카락 굵기의 $1/5 \sim 1/7$)보다 작고, $2.5\mu m$(머리카락 굵기의 $1/20 \sim 1/30$)보다 큰 입자를 미세먼지라고 부른다. 주로 자동차가 많은 도로변이나 화석연료를 쓰는 산업단지 등에서 발생한다. 지름이 $2.5\mu m$ 이하의 입자는 '초미세먼지'로 분류되며, 담배 연기나 연료의 연소 시에 생성된다.

이러한 미세먼지가 우리 몸속으로 들어오면 면역력이 급격히 떨어져 감기 천식 기관지염 같은 호흡기 질환은 물론 심혈관질환, 피부질환, 안구질환 등 각종 질병에 노출될 수 있다. 세계보건기구(WHO)는 지난 2014년 한 해 동안 미세먼지로 인해 기대수명보다 일찍 사망한 사람이 700만 명에 이른다고 발표했다. 흡연으로 연간 발생하는 조기 사망자가 600만 명임을 고려하면 미세먼지의 유해성이 얼마나 심각한지 잘 알 수 있다.

_____(나)_____

2010년 전 세계 자동차 보유대수는 10억 대를 넘었고, 우리나라는 2014년 10월 말에 세계 15번째로 2,000만 대(차량 1대당 인구 2.26명)를 돌파했다. 궁극적으로 미세먼지를 없애려면 도시에서 자동차 통행을 전면 금지하면 된다. 하지만 이것은 현실적으로 불가능하기에 자동차 통행수요를 줄임으로써 미세먼지 발생을 최소화하는 정책이 필요하다. 실제로 유럽이나 미국, 일본 등 많은 나라에서 다양한 자동차 배출가스 정책을 통해 미세먼지를 줄이려고 노력하고 있다.

(다) 미세먼지 없는 깨끗한 세상을 위한 우리의 정책

우리나라 역시 자동차 배출가스 저감을 통해 미세먼지를 줄이려는 세계적인 추세에 보조를 맞추고 있다. 우선, 자동차 배출가스 배출허용기준을 강화하고, 경유차에 배출가스 저감장치를 부착하도록 함으로써 저공해화를 유도한다. 이 밖에도 연료 품질기준 강화, 자동차배출가스검사 강화, 자동차 배출가스 단속 강화 등 다양한 정책을 추진 중이다. 따라서 대도시 미세먼지 기여도 1위의 불명예를 안고 있는 노후 경유차 77%를 퇴출하는 한편, 어린이집, 유치원 밀집지역을 '미세 먼지 프리존(Free Zone)'으로 선정해 노후 경유차 출입 제한 등의 규제 조치를 취한다.

최대 미세먼지 배출국인 중국과 공조도 활발히 전개하기로 했다. 기존의 연구협력 수준을 넘어 환경기술사업 분야의 협력을 강화한다. 아울러 한중 정상회의에서 미세먼지 문제를 의제화해 공동선언 발표를 추진한다는 계획이다. 이처럼 미세먼지는 국가 간 협력해야 하는 전 세계적 문제라고 할 수 있다.

08 다음 중 (나)의 제목으로 옳지 않은 것은?

① 자동차의 공급, 대기오염의 원인
② 대기오염의 주범, 자동차 배출가스
③ 미세먼지, 자동차 배출가스 정책으로 줄여
④ 자동차 통행수요, 미세먼지에 영향
⑤ 친환경 자동차 공급, 미세먼지 감소

09 다음 중 바르게 이해하지 못한 사람은?

① 김 사원 : 미세먼지라고 위험성을 간과하면 안 되겠구나. 미세먼지 때문에 면역력이 감소하게
　　　　　되면 각종 질병에 노출되니까 말이야.

② 이 사원 : 담배 연기로 생성되는 지름이 $3\mu\text{m}$ 이하인 입자는 모두 '초미세먼지'라고 분류하는
　　　　　구나.

③ 홍 대리 : 프랑스 파리에서는 미세먼지가 심각한 날에는 무조건 차량 2부제를 실시한다고 하는
　　　　　데, 이는 (나)의 사례로 적절하네.

④ 손 대리 : 미국에서 자동차 배출가스 정화 장치를 부착하는 것은 미세먼지와 대기오염을 줄이기
　　　　　위해 노력하는 방안 중 하나이구나.

⑤ 박 과장 : 우리나라의 노력도 중요하지만, 다른 나라와의 협력을 통해 대기오염을 개선하도록
　　　　　노력하는 것도 매우 중요하구나.

10 다음 글의 내용과 일치하지 않는 것은?

> 최근 4차 산업혁명과 사물인터넷의 관심이 매우 증대하고 있다. 제4차 산업혁명은 디지털, 바이오, 물리학 등 다양한 경계를 융합한 기술혁명이 그 핵심이며 기술융합을 위하여 사물인터넷을 적극적으로 활용한다는 것이 주요 내용이라 할 수 있다. 제4차 산업혁명은 2016년 초 세계경제포럼의 가장 중요한 회의인 다보스포럼의 주제로 '제4차 산업혁명의 이해'가 채택됨으로 전 세계 많은 사람들의 주목을 받는 어젠다로 급부상하게 된다. 제4차 산업혁명을 촉발시키는 중요한 기술 중 하나는 사물 인터넷이다.
>
> 미국의 정보기술 연구회사 가트너(Gartner)는 2011년 10대 전략기술 중 하나로 사물인터넷을 선정한 이후 사물인터넷과 그 확장개념들이라 할 수 있는 만물인터넷 및 만물정보 등을 현재까지 매년 10대 전략기술에 포함시키고 있을 정도로 사물 인터넷은 정보통신기술 중 가장 중요한 기술로 자리잡았다.
>
> 사물인터넷을 활용하는 정보통신기술의 변화를 반영하는 스마트도시가 전 세계적으로 확산 중에 있다. 그 결과 2008년 선진국 중심으로 20여 개에 불과하던 스마트도시 관련 프로젝트는 최근 5년 사이 중국, 인도, 동남아시아, 남미, 중동 국가들을 포함하여 600여 개 이상의 도시에서 스마트도시 관련 프로젝트들이 추진 중에 있다.
>
> 우리나라는 한국형 스마트도시라고 할 수 있는 유비쿼터스도시(U-City) 프로젝트를 해외 도시들에 비하여 비교적 빠르게 추진하였다. 한국에서는 2003년부터 시민 삶의 질 향상 및 도시 경쟁력 제고를 목표로 신도시 개발과정에 직접 적용하는 U-City 프로젝트를 추진하였으며 해외 국가들에 비하여 빠른 정책적 지원 및 스마트도시 구축과 운영을 위한 재정 투자 등을 통하여 실무적 경험이 상대적으로 우위에 있다.
>
> 하지만 최근 신도시형 스마트도시 구축 위주의 한국형 스마트도시 모델은 한계점을 노출하게 된다. 최근 국내 건설경기 침체, 수도권 제2기 신도시 건설의 만료 도래 등으로 U-City 투자가 위축되었으며 대기업의 U-City 참여 제한 등으로 신도시 중심의 U-City 사업 모델 성장 동력이 축소되는 과정을 최근까지 겪어왔다. 또한, U-City 사업이 지능화시설물 구축 혹은 통합운영센터의 건설로 표면화 되었지만 공공주도 및 공급자 중심의 스마트도시 시설투자는 정책 수혜자인 시민의 체감으로 이어지지 못하는 한계가 발생하게 된다.
>
> ※ 어젠다 : 모여서 서로 의논할 사항이나 주제

① 제4차 산업혁명은 디지털, 바이오, 물리학 등 다양한 경계를 융합한 기술혁명이 그 핵심이다.
② 제4차 산업혁명을 촉발시키는 중요한 기술 중 하나는 사물 인터넷이다.
③ 만물인터넷 및 만물정보 등은 사물인터넷의 확장개념으로 정보통신기술의 중요한 기술로 자리잡았다.
④ 우리나라는 한국형 스마트도시라고 할 수 있는 유비쿼터스도시(U-City) 프로젝트를 비교적 빠르게 추진하였다.
⑤ 스마트도시 시설투자의 수혜자인 시민의 체감으로 이어지지 못하는 이유로 대기업 주도의 투자이기 때문이다.

11 귀하는 K회사의 채용절차 중 토론면접에 참여하고 있다. 토론 주제는 '공공 자전거 서비스 제도를 실시해야 하는가.'이며, 다음은 토론면접의 일부이다. 토론 내용에 대한 이해로 올바르지 않은 것은?

사회자 : 최근 사람들의 교통 편의를 위해 공공 자전거 서비스를 제공하는 지방 자치 단체가 늘고 있습니다. 공공 자전거 서비스 제도는 지방 자치 단체에서 사람들에게 자전거를 무상으로 빌려주어 일상생활에서 이용하게 하는 제도입니다. 이에 대해 '공공 자전거 서비스 제도를 시행해야 한다.'라는 논제로 토론을 하고자 합니다. 먼저 찬성 측 입론해 주십시오.

A씨 : 최근 회사나 학교 주변의 교통 체증이 심각한 상황입니다. 특히, 출퇴근 시간이나 등하교 시간에는 많은 자동차가 한꺼번에 쏟아져 나와 교통 혼잡이 더욱 가중되고 있습니다. 공공 자전거 서비스 제도를 도입하여 많은 사람이 자전거를 이용하여 출퇴근하게 되면 출퇴근이나 등하교 시의 교통 체증 문제를 완화할 수 있을 것입니다. 또한 공공 자전거 서비스 제도를 시행하면 자동차의 배기가스로 인한 대기 오염을 줄일 수 있고, 경제적으로도 교통비가 절감되어 가계에 도움이 될 것입니다.

사회자 : 반대 측에서 반대 질의해 주십시오.

B씨 : 공공 자전거 서비스 제도를 실시하면 교통 체증 문제를 완화할 수 있다고 하셨는데, 그럴 경우 도로에 자전거와 자동차가 섞이게 되어 오히려 교통 혼잡 문제가 발생하지 않을까요?

A씨 : 자전거 전용 도로를 만들면 자전거와 자동차가 뒤섞여 빚는 교통 혼잡을 막을 수 있어서 말씀하신 문제점을 해결할 수 있습니다.

사회자 : 이번에는 반대 측에서 입론해 주십시오.

B씨 : 공공 자전거 서비스 제도가 도입되면 자전거를 구입하거나 유지하는 데 드는 비용, 자전거 대여소를 설치하고 운영하는 데 드는 경비 등을 모두 지방 자치 단체에서 충당해야 합니다. 그런데 이 비용들은 모두 사람들의 세금으로 마련되는 것입니다. 따라서 자전거를 이용하지 않는 사람들도 공공 자전거 서비스에 필요한 비용을 지불해야 하기 때문에 형평성의 문제가 발생할 수 있습니다. 자신의 세금 사용에 대해 문제를 제기할 수 있는 사람들의 요구를 고려하여 신중한 접근이 필요하다고 봅니다.

사회자 : 그러면 이번에는 찬성 측에서 반대 질의해 주십시오.

A씨 : 공공 자전거 서비스 제도의 운용 경비를 모두 지방 자치 단체에서 충당해야 한다고 하셨는데, 통계 자료에 따르면 공공 자전거 서비스 제도를 시행하고 있는 지방 자치 단체 열 곳 중 여덟 곳이 공공 자전거 대여소를 무인으로 운영하고 있으며, 운영 경비의 70%를 정부로부터 지원받고 있다고 합니다. 이런 점에서 지방 자치 단체가 운영 경비를 모두 부담한다고 보기 어렵지 않나요? 그리고 공공 자전거 서비스는 사람들 모두가 이용할 수 있는 혜택이므로 세금 사용의 형평성 문제가 발생한다고 보기 어렵다고 생각합니다.

B씨 : 물론 그렇게 볼 수도 있습니다만, 정부의 예산도 국민의 세금에서 지출되는 것입니다. 공공 자전거 무인 대여소 설치에 들어가는 비용은 얼마나 되는지, 우리 구에 정부 예산이 얼마나 지원될 수 있는지 등을 더 자세하게 살펴봐야 합니다.

---

① 반대 측은 형평성을 근거로 공공 자전거 서비스 제도에 대해 문제를 제기하고 있다.
② 찬성 측과 반대 측은 공공 자전거 서비스 시행 시 발생할 수 있는 교통 체증 문제에 대립하는 논점을 가지고 있다.
③ 찬성 측은 공공 자전거 서비스 제도의 효과에 대해 구체적인 근거를 제시하고 있다.
④ 반대 측은 예상되는 상황을 제시해서 찬성 측의 주장에 대해 의문을 제기하고 있다.
⑤ 반대 측은 찬성 측의 주장을 일부 인정하고 있다.

12 다음 중 글을 읽고 알 수 있는 사실이 아닌 것은?

인류의 역사를 석기시대, 청동기시대 그리고 철기시대로 구분한다면 현대는 '플라스틱시대'라고 할 수 있을 만큼 플라스틱은 현대사회에서 가장 혁명적인 물질 중 하나이다. "플라스틱은 현대 생활의 뼈, 조직, 피부가 되었다."는 미국의 과학 저널리스트 수전 프라인켈(Susan Freinkel)의 말처럼 플라스틱은 인간의 생활에 많은 부분을 차지하고 있다. 저렴한 가격과 필요에 따라 내구성, 강도, 유연성 등을 조절할 수 있는 장점 덕분에 일회용 컵부터 옷, 신발, 가구 등 플라스틱이 아닌 것이 거의 없을 정도이다. 그러나 플라스틱에는 치명적인 단점이 있다. 플라스틱이 지닌 특성 중 하나인 영속성(永續性)이다. 즉, 인간이 그동안 생산한 플라스틱은 바로 분해되지 않고 어딘가에 계속 존재하고 있어 플라스틱은 환경오염의 원인이 된 지 오래다.

치약, 화장품, 피부 각질제거제 등 생활용품, 화장품에 들어 있는 작은 알갱이의 성분은 '마이크로비드(Microbead)'라는 플라스틱이다. 크기가 1mm보다 작은 플라스틱을 '마이크로비드'라고 하는데 이 알갱이는 정수처리과정에서 걸러지지 않고 생활 하수구에서 강으로, 바다로 흘러간다. 조그만 알갱이들은 바다를 떠돌면서 생태계의 먹이사슬을 통해 동식물 체내에 축적되어 면역체계 교란, 중추신경계 손상 등의 원인이 되는 잔류성 유기 오염물질(Persistent Organic Pollutants)을 흡착한다. 그리고 물고기, 새 등 여러 생물은 마이크로비드를 먹이로 착각해 섭취한다. 마이크로비드를 섭취한 해양생물은 다시 인간의 식탁에 올라온다. 즉, 우리가 버린 플라스틱을 우리가 다시 먹게 되는 셈이다.

플라스틱 포크로 음식을 먹고, 플라스틱 컵으로 물을 마시는 등 플라스틱을 음식을 먹기 위한 수단으로만 생각했지 직접 먹게 되리라고는 상상도 못 했을 것이다. 우리가 먹은 플라스틱이 우리 몸에 남아 분해되지 않고 큰 질병을 키우게 될 것을 말이다.

① 플라스틱은 필요에 따라 유연성, 강도 등을 조절할 수 있고, 값이 싼 장점이 있다.
② 플라스틱은 바로 분해되지 않고 어딘가에 존재한다.
③ 마이크로비드는 크기가 작기 때문에 정수처리과정에서 걸러지지 않고 바다로 유입된다.
④ 마이크로비드는 잔류성 유기 오염물질을 분해하는 역할을 한다.
⑤ 물고기 등 해양생물들은 마이크로비드를 먹이로 착각해 먹는다.

13 B대리는 부서별 동아리 활동 진행을 맡게 되었는데 이번 동아리 활동은 등산이다. 필요한 준비물을 챙기던 중 미세먼지에 대비해 마스크를 구입하라는 지시를 받고 마스크를 사려고 한다. 다음 중 올바르지 않은 것은?

〈보건용 마스크 고르는 법〉

의약외품으로 허가된 '보건용 마스크' 포장에는 입자차단 성능을 나타내는 'KF80', 'KF94', 'KF99'가 표시되어 있는데, 'KF' 문자 뒤에 붙은 숫자가 클수록 미세입자 차단 효과가 더 크다. 다만 숨쉬기가 어렵거나 불편할 수 있으므로 황사 · 미세먼지 발생 수준, 사람별 호흡량 등을 고려해 적당한 제품을 선택하는 것이 바람직하다.

약국, 마트, 편의점 등에서 보건용 마스크를 구입하는 경우에는 제품의 포장에서 '의약외품'이라는 문자와 KF80, KF94, KF99 표시를 반드시 확인해야 한다.

아울러 보건용 마스크는 세탁하면 모양이 변형되어 기능을 유지할 수 없으므로 세탁하지 않고 사용해야 하며, 사용한 제품은 먼지나 세균에 오염되어 있을 수 있으므로 재사용하지 말아야 한다.

또한 수건이나 휴지 등을 덧댄 후 마스크를 사용하면 밀착력이 감소해 미세입자 차단 효과가 떨어질 수 있으므로 주의해야 하고, 착용 후에는 마스크 겉면을 가능하면 만지지 말아야 한다.

① KF 뒤에 붙은 숫자가 클수록 미세입자 차단 효과가 더 크다.
② 수건이나 휴지 등을 덧댄 후 마스크를 사용하는 것은 이중 차단 효과를 준다.
③ 보건용 마스크는 세탁하면 모양이 변형되어 기능을 유지할 수 없다.
④ 사용한 제품은 먼지나 세균에 오염되어 있을 수 있으므로 재사용하지 말아야 한다.
⑤ 착용 후에는 마스크 겉면을 가능한 한 만지지 않도록 한다.

14 다음 중 ⊙과 ⓒ에 들어갈 내용을 가장 적절하게 나열한 것은?

아담 스미스의 '보이지 않는 손'이라는 가정은 시장에서 개인의 이익추구 활동을 제한하지 않는 것이 전체 이윤을 극대화하는 최선의 방책임을 보여주는 것으로 간주되었다. 그렇다면 다음의 경우는 어떠한가?

공동 소유의 목초지에 양을 치기에 알맞은 풀이 자라고 있다고 생각해 보자. 일정 넓이의 목초지에 방목할 수 있는 가축 두수에는 일정한 한계가 있기 마련이다. 즉 '수용 한계'가 존재하는 것이다. 그 목초지에 한 마리를 더 방목시킨다고 해서 다른 가축들이 갑자기 죽거나 병에 걸리는 것은 아니다. 하지만 목초지의 수용 한계를 넘어 양을 키울 경우, 목초가 줄어들어 그 목초지에서 양을 키워 얻을 수 있는 전체 생산량이 줄어든다. 나아가 수용 한계를 과도하게 초과할 정도로 사육 두수가 늘어날 경우 목초지 자체가 거의 황폐해진다.

예를 들어 수용 한계가 양 20마리인 공동 목초지에서 4명의 농부가 각각 5마리의 양을 키우고 있다고 해 보자. 그 목초지의 수용 한계에 이미 도달한 상태이지만, 그중 한 농부가 자신의 이익을 늘리고자 방목하는 양의 두수를 늘리려 한다. 그러면 5마리를 키우고 있는 농부들은 목초지의 수용 한계로 인하여 기존보다 이익이 줄어들지만, 두수를 늘린 농부의 경우 그의 이익이 기존보다 조금 늘어난다. 손실을 만회하기 위해 다른 농부들도 사육 두수를 늘리고자 할 것이다. 이러한 상황이 장기화될 경우, [⊙   ] 이처럼 아담 스미스의 '보이지 않는 손'에 시장을 맡겨 둘 경우 [ⓒ   ] 결과가 나타날 것이다.

---

① ⊙ : 농부들의 총이익은 기존보다 증가할 것이다.

　ⓒ : 한 사회의 공공 영역이 확장되는

② ⊙ : 농부들의 총이익은 기존보다 감소할 것이다.

　ⓒ : 한 사회의 전체 이윤이 감소하는

③ ⊙ : 농부들의 총이익은 기존보다 감소할 것이다.

　ⓒ : 한 사회의 전체 이윤이 유지되는

④ ⊙ : 농부들의 총이익은 기존과 같게 될 것이다.

　ⓒ : 한 사회의 전체 이윤이 유지되는

⑤ ⊙ : 농부들의 총이익은 기존과 같게 될 것이다.

　ⓒ : 한 사회의 공공 영역이 보호되는

15 다음 글을 읽고 '한국인의 수면 시간'과 관련된 글을 쓴다고 할 때, 글의 주제로 가장 적절하지 않은 것은?

> 인간은 평생 3분의 1 정도를 잠으로 보낸다. 잠은 낮에 사용한 에너지를 보충하고, 피로를 회복하는 중요한 과정이다. 하지만 한국인은 잠이 부족하다. 한국인의 수면 시간은 7시간 41분밖에 되지 않으며, 2016년 기준 경제협력개발기구(OECD) 회원국 가운데 꼴찌를 차지했다. 한 조사에 따르면, 전 국민의 17% 정도가 주 3회 이상 불면 증상을 갖고 있으며, 이는 연령이 높아짐에 따라 늘어났다. 이에 따라 불면증, 기면증, 수면무호흡증 등 수면장애로 병원을 찾는 사람은 2016년 기준 291만 8,976명으로 5년 새 13% 증가했다. 수면장애를 방치하면 삶의 질 저하는 물론 만성 두통, 심혈관계질환 등이 발생할 수 있다. 불면증은 수면 질환의 대명사로, 가장 흔하고 복합적인 질환이다. 불면증은 면역기능 저하, 인지감퇴뿐만 아니라 일상생활에 장애를 초래할 수 있으며, 우울증, 인지장애 등을 유발할 수 있다.
>
> 코를 골며 자다가 몇 초에서 몇 분 동안 호흡을 멈추는 수면무호흡증도 있다. 이 역시 인지기능 저하와 심혈관계질환 등 합병증을 일으킨다. 특히 수면무호흡증은 비만과 관계가 깊고, 졸음운전의 원인이 되기도 한다.
>
> 최근 고령 인구 증가로 뇌 퇴행성 질환인 렘수면 행동장애(RBD; Rem Sleep Behavior Disorder)도 늘고 있다. 이 병은 잠자는 동안 악몽을 꾸면서 소리를 지르고, 팔다리를 움직이고, 벽을 치고, 침대에서 뛰어내리는 등 난폭한 행동을 한다. 이 병을 앓는 상당수는 파킨슨병, 치매 환자로 이어진다. 또한, 잠들기 전에 다리에 이상 감각이나 통증이 생기는 하지불안증후군도 수면의 질을 떨어뜨리는 병이다. 낮 동안 졸리는 기면증(嗜眠症) 역시 일상생활에 심각한 장애를 초래한다.
>
> 한 정신건강의학과 교수는 "수면 문제는 결국 심혈관계질환, 치매와 파킨슨병 등의 퇴행성 질환, 우울증, 졸음운전의 원인이 되므로 전문적인 치료를 받아야 한다."고 했다.

① 한국인의 부족한 수면 시간
② 수면 마취제의 부작용
③ 수면장애의 종류
④ 수면장애의 심각성
⑤ 전문 치료가 필요한 수면장애

안심Touch

16 다음 중 글의 내용과 일치하지 않는 것은?

> 사람의 눈이 원래 하나였다면 세계를 입체적으로 지각할 수 있었을까? 입체 지각은 대상까지의 거
> 리를 인식하여 세계를 3차원으로 파악하는 과정을 말한다. 입체 지각은 눈으로 들어오는 시각 정보
> 로부터 다양한 단서를 얻어 이루어지는데, 이를 양안 단서와 단안 단서로 구분할 수 있다.
>
> 양안 단서는 양쪽 눈이 함께 작용하여 얻어지는 것으로, 양쪽 눈에서 보내오는 시차(視差)가 있는
> 유사한 상이 대표적이다. 단안 단서는 한쪽 눈으로 얻을 수 있는 것인데, 사람은 단안 단서만으로도
> 이전의 경험으로부터 추론에 의하여 세계를 3차원으로 인식할 수 있다. 망막에 맺히는 상은 2차원
> 이지만 그 상들 사이의 깊이의 차이를 인식하게 해 주는 다양한 실마리들을 통해 입체 지각이 이루
> 어진다.
>
> 동일한 물체가 크기가 다르게 시야에 들어오면 우리는 더 큰 시각(視角)을 가진 쪽이 더 가까이 있
> 다고 인식한다. 이렇게 물체의 상대적 크기는 대표적인 단안 단서이다. 또 다른 단안 단서로는 '직선
> 원근'이 있다. 우리는 앞으로 뻗은 길이나 레일이 만들어 내는 평행선의 폭이 좁은 쪽이 넓은 쪽보다
> 멀리 있다고 인식한다. 또 하나의 단안 단서인 '결 기울기'는 같은 대상이 집단적으로 어떤 면에 분
> 포할 때, 시야에 동시에 나타나는 대상들의 연속적인 크기 변화로 얻어진다. 예를 들면 들판에 만발
> 한 꽃을 보면 앞쪽은 꽃이 크고 뒤로 가면서 서서히 꽃이 작아지는 것으로 보이는데 이러한 시각적
> 단서가 쉽게 원근감을 일으킨다.
>
> 어떤 경우에는 운동으로부터 단안 단서를 얻을 수 있다. '운동 시차'는 관찰자가 운동할 때 정지한
> 물체들이 얼마나 빠르게 움직이는 것처럼 보이는지가 물체들까지의 상대적 거리에 대한 실마리를
> 제공하는 것이다. 예를 들어 기차를 타고 가다 창밖을 보면 가까이에 있는 나무는 빨리 지나가고
> 멀리 있는 산은 거의 정지해 있는 것처럼 보인다.

① 세계를 입체적으로 지각하기 위해서는 단서가 되는 다양한 시각 정보가 필요하다.

② 단안 단서에는 물체의 상대적 크기, 직선 원근, 결 기울기, 운동 시차 등이 있다.

③ 사고로 한쪽 눈의 시력을 잃은 사람은 입체 지각이 불가능하다.

④ 대상까지의 거리를 인식할 수 있어야 세계를 입체적으로 지각할 수 있다.

⑤ 이동하는 차 안에서 창밖을 보면 가까이에 있는 건물이 멀리 있는 건물보다 더 빨리 지나간다.

17 다음 제시된 단락 또는 문장을 읽고, 이어질 단락을 논리적 순서대로 알맞게 배열한 것은?

> 연금 제도의 금융 논리와 관련하여 결정적으로 중요한 원리는 중세에서 비롯된 신탁 원리다. 12세기 영국에서는 미성년 유족(遺族)에게 토지에 대한 권리를 합법적으로 이전할 수 없었다. 그럼에도 불구하고 영국인들은 유언을 통해 자식에게 토지 재산을 물려주고 싶어 했다.

> (가) 이런 상황에서 귀족들이 자신의 재산을 미성년 유족이 아닌, 친구나 지인 등 제3자에게 맡기기 시작하면서 신탁 제도가 형성되기 시작했다. 여기서 재산을 맡긴 성인 귀족, 재산을 물려받은 미성년 유족, 그리고 미성년 유족을 대신해 그 재산을 관리·운용하는 제3자로 구성되는 관계, 즉 위탁자, 수익자, 그리고 수탁자로 구성되는 관계가 등장했다.
>
> (나) 연금 제도가 이 신탁 원리에 기초해 있는 이상, 연금 가입자는 연기금 재산의 운용에 대해 영향력을 행사하기 어렵게 된다. 왜냐하면 신탁의 본질상 공·사 연금을 막론하고 신탁 원리에 기반을 둔 연금 제도에서는 수익자인 연금 가입자의 적극적인 권리 행사가 허용되지 않기 때문이다.
>
> (다) 이 관계에서 주목해야 할 것은 미성년 유족은 성인이 될 때까지 재산권을 온전히 인정받지는 못했다는 점이다. 즉 신탁 원리 하에서 수익자는 재산에 대한 운용 권리를 모두 수탁자인 제3자에게 맡기도록 되어 있었기 때문에 수익자의 지위는 불안정했다.
>
> (라) 결국 신탁 원리는 수익자의 연금 운용 권리를 현저히 약화시키는 것을 기본으로 한다. 그 대신 연금 운용을 수탁자에게 맡기면서 '수탁자 책임'이라는, 논란이 분분하고 불분명한 책임이 부과된다. 수탁자 책임 이행의 적절성을 어떻게 판단할 수 있는가에 대해 많은 논의가 있었지만, 수탁자 책임의 내용에 대해서 실질적인 합의가 이루어지지는 못했다.

① (가) - (다) - (나) - (라)
② (가) - (나) - (라) - (다)
③ (다) - (가) - (나) - (라)
④ (나) - (라) - (가) - (다)
⑤ (나) - (가) - (다) - (라)

※ 다음 글을 읽고 이어지는 질문에 답하시오. [18~19]

저명한 철학자 화이트헤드는 철학을 '관념들의 모험'이라고 하였다. 실로 그렇다. 그러나 어떠한 모험도 위험이 뒤따르며 철학의 모험도 예외가 아니다. 여기서는 철학의 모험을 처음으로 시도하려고 할 때에 겪을 수 있는 몇 가지 위험을 지적해 보겠다.

일반적으로 적은 지식은 위험하다고 말하곤 한다. 그러나 커다란 지식을 얻기 위해서는 적은 양에서 시작하지 않으면 안 된다. 또한, 커다란 지식을 갖추었다고 하더라도 위험이 완전히 배제되는 것은 아니다. 예를 들면, 원자 에너지의 파괴적인 위력에 대해 지대한 관심을 가진 사람들이 원자의 비밀을 꿰뚫어 보려고 막대한 노력을 기울였다. 그러나 원자에 대한 지식의 획득에도 불구하고 사람들이 느끼는 위험은 줄어들지 않고 오히려 늘어났다. 이와 같이 증대하는 지식이 새로운 난점들을 발생시킨다는 사실을 알게 된 것은 최근의 일이 아니다. 서양 철학자 플라톤의 '동굴의 비유'는 지식의 획득과 그에 따른 대가 지불을 불가분의 관계로 이해하고 있음을 보여준다.

㉠ '동굴의 비유'에 의하면, 사람들은 태어나면서부터 앞만 보도록 된 곳에 앉은 쇠사슬에 묶인 죄수와 같다는 것이다. 사람들의 등 뒤로는 불이 타오르고, 그 불로 인해 모든 사물은 동굴의 벽에 그림자로 나타날 뿐이다. 혹 동굴 밖의 환한 세상으로 나온 이가 있다면, 자신이 그동안 기만과 구속의 흐리멍덩한 삶을 살아왔음을 깨닫게 될 것이다. 그리하여 그가 동굴로 돌아가 사람들을 계몽하고자 한다면, 그는 오히려 무지의 장막에 휩싸인 자들에게 불신과 박해를 받게 될 것이다. 여기에서 박해를 받는 것은 깨달음에 가해진 '선물'이라고 할 수 있다.

철학 입문자들은 실제로 지적(知的)으로 도전을 받기를 원하는 사람들이다. 그들은 정신의 모험에 참여하겠다는 서명을 한 셈이다. 또한 그들은 자신들을 위해 계획된 새로운 내용과 높은 평가 기준이 자신에게 적용되기를 바란다. 그들은 앞으로 무슨 일이 일어날지 거의 모르고 있지만, 그들 자신은 자발적으로 상당한 정도의 개인적인 위험을 기꺼이 감수하려 든다. 이러한 위험을 구체적으로 말하면, 자기를 인식하는 데 따르는 위험이며, 이전부터 갖고 있던 사고와 행위 방식을 혼란시킬지도 모르는 모험이며, 학습하는 도중에 발생할 수 있는 미묘하고도 중대한 위험이다. 한 번 문이 열리면 다시 그 문을 닫기란 매우 어렵다. 일반 사람들은 더 큰 방, 더 넓은 인생 공간에 나아가면 대부분 두려움을 느끼며 용기를 잃게 된다. 그러나 몇몇의 뛰어난 입문자들은 사활(死活)을 걸어야 하는 도전에 맞서, 위험을 감싸 안으며 흥미로운 작업을 진전시키기 위해 지성적 도구들을 예리하게 간다.

철학의 모험은 자주 거칠고 무한한 혼돈의 바다에 표류하는 작은 뗏목에 비유된다. 어떤 철학적 조난자들은 뗏목과 파도와 날씨 등의 직접적인 환경을 더욱 깊이 알게 될 것이다. 또한 어떤 조난자들은 조류의 속도나 현재의 풍향을 알게 될 것이다. 또 어떤 조난자들은 진리의 섬을 얼핏 보고 믿음이라는 항구를 향해 힘차게 배를 저어 나아갈 것이다. 또 다른 조난자들은 막막함과 절망의 중심에서 완전히 좌초해 버릴 수도 있다. 뗏목과 그 위에 탄 사람들은 '보험'에 들어 있지 않다. 거기에는 보증인이 없다. 그러나 뗏목은 늘 거기에 있으며, 이미 뗏목을 타고 있는 사람들은 더 많은 사람이 자신이 있는 곳으로 올 수 있도록 자리를 마련할 것이다.

18 다음 중 윗글의 서술상의 특징으로 적절한 것은?

① 비유적인 표현으로 대상의 특성을 밝히고 있다.

② 여러 가지를 비교하면서 우월성을 논하고 있다.

③ 상반된 이론을 대비하여 독자의 관심을 유도하고 있다.

④ 용어의 개념을 제시하여 대상의 범위를 한정하고 있다.

⑤ 대상의 문제점을 파악하고 나름의 해결책을 모색하고 있다.

19 윗글의 글쓴이가 밑줄 친 ㉠을 인용한 이유를 바르게 추리한 것은?

① 자신의 운명은 스스로 개척해야 한다는 것을 주지시키기 위해

② 인간의 호기심은 불행한 결과를 초래한다는 것을 알려 주기 위해

③ 인간이 지켜야 할 공동의 규범은 반드시 따라야 함을 강조하기 위해

④ 새로운 지식을 획득하려면 대가를 치러야 한다는 것을 주지시키기 위해

⑤ 커다란 지식을 갖추는 것이 중요함을 알리기 위해

20 다음 중 글을 읽고 추론한 내용으로 가장 적절한 것은?

> 미적인 것이란 내재적이고 선험적인 예술 작품의 특성을 밝히는 데서 더 나아가 삶의 풍부하고 생동적인 양상과 가치, 목표를 예술 형식으로 변환한 것이다. 미(美)는 어떤 맥락으로부터도 자율적이기도 하지만 타율적이다. 미에 대한 자율적 견해를 지닌 칸트도 일견 타당하지만, 미를 도덕이나 목적론과 연관시킨 톨스토이나 마르크스도 타당하다. 우리가 길을 지나다 이름 모를 곡을 듣고서 아름답다고 느끼는 것처럼 순수미의 영역이 없는 것은 아니다. 하지만 그 곡이 독재자를 열렬히 지지하기 위한 선전곡이었음을 안 다음부터 그 곡을 혐오하듯 미(美) 또한 사회 경제적, 문화적 맥락의 영향을 받기도 한다.

① 작품의 구조 자체에 주목하여 문학작품을 감상해야 한다는 절대주의적 관점은 칸트의 견해와 유사하다.

② 칸트는 현실과 동떨어진 작품보다 부조리한 사회 현실을 고발하는 작품의 가치를 더 높게 평가하였을 것이다.

③ 칸트의 견해에 따르면 예술 작품이 독자에게 어떠한 영향을 미치느냐에 따라 작품의 가치가 달라질 수 있다.

④ 톨스토이의 견해에 따라 시를 감상한다면 운율과 이미지, 시상 전개 등을 중심으로 감상해야 한다.

⑤ 톨스토이와 마르크스는 예술 작품이 내재하고 있는 고유한 특성이 감상에 중요하지 않다고 주장했다.

안심Touch

CHAPTER

02 수리능력

---

01 집에서 약수터까지 가는 데 형은 $\frac{1}{2}$ m/s로 걸어서 10분 걸리고, 동생은 15분이 걸린다. 두 사람이 동시에 집에서 출발하여 약수터를 다녀오는 데 형이 집에 도착했다면 동생은 집에서 몇 m 떨어진 곳에 있는가?(단, 약수터에서 머문 시간은 생각하지 않는다)

① 150m
② 200m
③ 250m
④ 300m
⑤ 350m

02 남자 5명과 여자 3명 중에서 4명의 대표를 선출할 때, 적어도 1명의 여자가 포함되도록 선출하는 경우의 수는?

① 55가지
② 60가지
③ 65가지
④ 70가지
⑤ 75가지

03 양궁 대회에 참여한 진수, 민영, 지율, 보라 네 명의 최고점이 모두 달랐다. 진수의 최고점과 민영이 최고점의 2배를 합한 점수가 10점이었고, 지율이의 최고점과 보라 최고점의 2배를 합한 점수가 35점이었다. 진수, 민영, 지율이의 최고점에 각각 2배, 4배, 5배를 한 총점의 합이 85점이었다면 보라의 최고점은 몇 점인가?

① 8점
② 9점
③ 10점
④ 11점
⑤ 12점

04 다음과 같은 유통과정에서 상승한 최종 배추가격은 협동조합의 최초 구매가격 대비 몇 % 상승했는가?

판매처	구매처	판매가격
산지	협동조합	재배 원가에 10% 이윤을 붙임
협동조합	도매상	산지에서 구입가격에 20% 이윤을 붙임
도매상	소매상	협동조합으로부터 구입가격이 판매가의 80%
소매상	소비자	도매상으로부터 구입가격에 20% 이윤을 붙임

① 98%
② 80%
③ 78%
④ 70%
⑤ 65%

05 다음과 같은 도로를 따라 P지점에서 R지점까지 이동하려고 한다. Q, S지점을 반드시 거쳐야 할 때, 최단거리로 이동 가능한 방법은 모두 몇 가지인가?

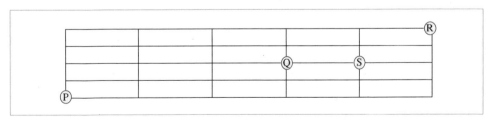

① 18가지
② 30가지
③ 32가지
④ 44가지
⑤ 48가지

※ 다음은 국내기업의 업종별 현재 수출 국가와 업종별 향후 진출 희망 국가에 관한 자료이다. 다음 자료를 읽고 이어지는 질문에 답하시오. [6~7]

〈업종별 현재 수출 국가〉

(단위 : 개)

구분	일본	중국	미국	동남아	독일	유럽 (독일제외)	기타	무응답	합계
주조	24	15	20	18	20	13	15	0	125
금형	183	149	108	133	83	83	91	0	830
소성가공	106	100	94	87	56	69	94	19	625
용접	96	96	84	78	120	49	77	0	600
표면처리	48	63	63	45	0	24	57	0	300
열처리	8	13	11	9	5	6	8	0	60
합계	465	436	380	370	284	244	342	19	2,540

〈업종별 향후 진출 희망 국가〉

(단위 : 개)

구분	일본	중국	미국	동남아	독일	유럽 (독일제외)	기타	합계
주조	24	16	29	25	1	8	3	106
금형	16	7	23	16	24	25	0	111
소성가공	96	129	140	129	8	28	58	588
용접	16	295	92	162	13	119	48	745
표면처리	5	32	7	19	0	13	10	86
열처리	0	16	2	7	0	0	2	27
합계	157	495	293	358	46	193	121	1,663

※ 모든 업종의 기업은 하나의 국가에만 수출한다.

06 다음 중 업종별 현재 수출 국가에 관한 설명으로 옳지 않은 것은?

① 열처리 분야 기업 중 중국에 수출하는 기업의 비율은 20% 이상이다.
② 금형 분야 기업의 수는 전체 기업 수의 40% 미만이다.
③ 일본에 수출하는 용접 분야 기업의 수는 중국에 수출하는 주조 분야 기업의 수의 7배 이상이다.
④ 소성가공 분야 기업 중 미국에 수출하는 기업의 수가 동남아에 수출하는 기업의 수보다 많다.
⑤ 주조 분야 기업 중 가장 많은 기업이 수출하는 국가는 일본이다.

07 다음 중 자료에 대해 옳은 설명을 한 사람을 모두 고른 것은?

> • 지현 : 가장 많은 수의 금형 분야 기업들이 진출하고 싶어 하는 국가는 독일이야.
> • 준엽 : 국내 열처리 분야 기업들이 가장 많이 수출하는 국가는 가장 많은 열처리 분야 기업들이 진출하고 싶어 하는 국가와 같아.
> • 찬영 : 표면처리 분야 기업 중 유럽(독일 제외)에 진출하고 싶어 하는 기업은 미국에 진출하고 싶어 하는 기업의 2배 이상이야.
> • 진경 : 용접 분야 기업 중 기타 국가에 수출하는 기업의 수는 용접 분야 기업 중 독일을 제외한 유럽에 진출하고 싶어 하는 기업의 수보다 많아.

① 지현, 준엽   ② 지현, 찬영
③ 준엽, 찬영   ④ 준엽, 진경
⑤ 찬영, 진경

08 다음은 P공장에서 근무하는 근로자들의 임금수준 분포를 나타낸 자료이다. 근로자 전체에게 지급된 임금(월 급여)의 총액이 2억 원일 때, 〈보기〉 중 올바른 설명을 모두 고른 것은?

〈공장 근로자의 임금수준 분포〉

임금수준(만 원)	근로자 수(명)
월 300 이상	4
월 270 이상 300 미만	8
월 240 이상 270 미만	12
월 210 이상 240 미만	26
월 180 이상 210 미만	30
월 150 이상 180 미만	6
월 150 미만	4
합계	90

보기

> ㉠ 근로자당 평균 월 급여액은 230만 원 이하이다.
> ㉡ 절반 이상의 근로자들이 월 210만 원 이상의 급여를 받고 있다.
> ㉢ 월 180만 원 미만의 급여를 받는 근로자의 비율은 약 14%이다.
> ㉣ 적어도 15명 이상의 근로자가 월 250만 원 이상의 급여를 받고 있다.

① ㉠   ② ㉠, ㉡
③ ㉠, ㉡, ㉣   ④ ㉡, ㉢, ㉣
⑤ ㉠, ㉡, ㉢, ㉣

※ 다음은 O사에서 제품별 밀 소비량을 조사한 그래프이다. 그래프를 참고하여 이어지는 질문에 답하시오. [9~10]

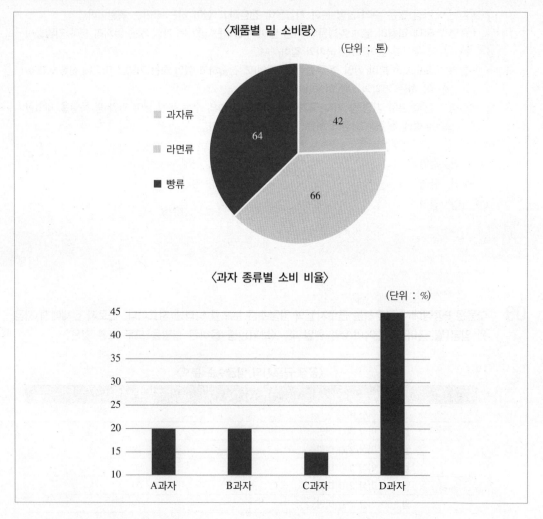

〈제품별 밀 소비량〉

(단위 : 톤)

■ 과자류
■ 라면류
■ 빵류

42
66
64

〈과자 종류별 소비 비율〉

(단위 : %)

09 O사가 과자류에 밀 사용량을 늘리기로 결정하였다. 라면류와 빵류에 소비되는 밀 소비량의 각각 10%씩을 과자류에 사용한다면, 과자류에는 총 몇 톤의 밀을 사용하게 되는가?

① 45톤
② 50톤
③ 55톤
④ 60톤
⑤ 65톤

10 A ~ D과자 중 밀을 가장 많이 소비하는 과자와 가장 적게 소비하는 과자의 밀 소비량 차이는 몇 톤인가?(단, 제품별 밀 소비량 그래프의 과자류 밀 소비량 기준이다)

① 10.2톤
② 11.5톤
③ 12.6톤
④ 13톤
⑤ 14.4톤

11 다음은 권장 소비자 가격과 판매 가격 차이를 조사한 자료 중 일부이다. 주어진 〈조건〉을 적용했을 때, 할인가 판매 시 괴리율이 가장 높은 품목은?(단, 괴리율은 소수점 이하 둘째 자리에서 버림한다)

(단위 : 원, %)

상품	판매 가격		권장 소비자 가격과의 괴리율	
	정상가	할인가	권장 소비자 가격	정상가 판매 시 괴리율
세탁기	600,000	580,000	640,000	6.2
무선전화기	175,000	170,000	181,000	3.3
오디오세트	470,000	448,000	493,000	4.6
골프채	750,000	720,000	786,000	4.5
운동복	195,000	180,000	212,500	8.2

조건

- [권장 소비자 가격과의 괴리율(%)] $= \dfrac{(\text{권장 소비자 가격}) - (\text{판매 가격})}{(\text{권장 소비자 가격})} \times 100$
- 정상가 : 할인 판매를 하지 않는 상품의 판매 가격
- 할인가 : 할인 판매를 하는 상품의 판매 가격

① 세탁기
② 무선전화기
③ 오디오세트
④ 골프채
⑤ 운동복

12 다음은 2016 ~ 2019년 행정기관들의 고충민원 접수처리 현황 자료이다. 자료에 대한 〈보기〉의 설명 중 적절한 것을 모두 고른 것은?(단, 소수점 이하 셋째 자리에서 반올림한다)

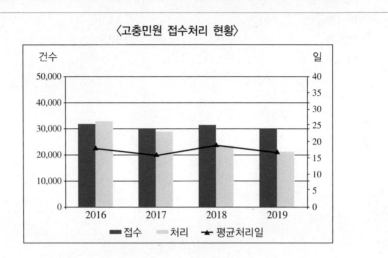

〈고충민원 접수처리 현황〉

〈고충민원 접수처리 항목별 세부현황〉

(단위 : 건)

구분		2016년	2017년	2018년	2019년
접수		31,681	30,038	31,308	30,252
처리		32,737	28,744	23,573	21,080
인용	시정권고	277	257	205	212
	제도개선	–	–	–	–
	의견표명	467	474	346	252
	조정합의	2,923	2,764	2,644	2,567
	소계	3,667	3,495	3,195	3,031
단순안내		12,396	12,378	10,212	9,845
기타처리		16,674	12,871	10,166	8,204
평균처리일		18일	16일	19일	17일

> **보기**
>
> ㄱ. 기타처리 건수의 전년 대비 감소율은 매년 증가하였다.
> ㄴ. 처리 건수 중 인용 건수 비율은 2019년이 2016년에 비해 3% 이상 높다.
> ㄷ. 조정합의 건수의 처리 건수 대비 비율은 2017년이 2018년보다 높다.
> ㄹ. 평균처리일이 짧은 해일수록 조정합의 건수 대비 의견표명 건수 비율이 높다.

① ㄱ   ② ㄴ
③ ㄱ, ㄷ   ④ ㄴ, ㄹ
⑤ ㄴ, ㄷ, ㄹ

※ 어느 나라의 중학교 졸업자의 그 해 진로에 관한 조사 결과이다. 이어지는 질문에 답하시오.
[13~14]

(단위 : 명)

구분		성별		중학교 종류		
		남	여	국립	공립	사립
중학교 졸업자		908,388	865,323	11,733	1,695,431	66,547
	고등학교 진학자	861,517	838,650	11,538	1,622,438	66,146
	진학 후 취업자	6,126	3,408	1	9,532	1
	직업학교 진학자	17,594	11,646	106	29,025	109
	진학 후 취업자	133	313	0	445	1
취업자(진학자 제외)		21,639	8,913	7	30,511	34
실업자		7,523	6,004	82	13,190	255
사망, 실종		155	110	0	222	3

13 남자와 여자의 고등학교 진학률은 각각 얼마인가?

	남자	여자
①	약 94.8%	약 96.9%
②	약 94.8%	약 94.9%
③	약 95.9%	약 96.9%
④	약 95.9%	약 94.9%
⑤	약 96.8%	약 96.9%

14 공립 중학교를 졸업한 남자 중 취업자는 몇 %인가?

① 50% ② 60%

③ 70% ④ 80%

⑤ 알 수 없음

안심Touch

※ 다음은 현 직장 만족도에 대하여 조사한 자료이다. 자료를 참고하여 이어지는 질문에 답하시오.
[15~16]

<현 직장 만족도>

만족분야별	직장유형별	2018년	2019년
전반적 만족도	기업	6.9	6.3
	공공연구기관	6.7	6.5
	대학	7.6	7.2
임금과 수입	기업	4.9	5.1
	공공연구기관	4.5	4.8
	대학	4.9	4.8
근무시간	기업	6.5	6.1
	공공연구기관	7.1	6.2
	대학	7.3	6.2
사내분위기	기업	6.3	6.0
	공공연구기관	5.8	5.8
	대학	6.7	6.2

15 2018년 3개 기관의 전반적 만족도의 합은 2019년 3개 기관의 임금과 수입 만족도의 합의 몇 배인가?(단, 소수점 이하 둘째 자리에서 반올림한다)

① 1.4배
② 1.6배
③ 1.8배
④ 2.0배
⑤ 2.2배

16 다음 중 자료에 대한 설명으로 옳지 않은 것은?(단, 비율은 소수점 이하 둘째 자리에서 반올림한다)

① 현 직장에 대한 전반적 만족도는 대학 유형에서 가장 높다.
② 2019년 근무시간 만족도에서는 공공연구기관과 대학의 만족도가 동일하다.
③ 2019년에 모든 유형의 직장에서 임금과 수입의 만족도는 전년 대비 증가했다.
④ 사내분위기 측면에서 2018년과 2019년 공공연구기관의 만족도는 동일하다.
⑤ 2019년 근무시간에 대한 만족도의 전년 대비 감소율은 대학 유형이 가장 크다.

17 다음은 2015 ~ 2019년 4종목의 스포츠 경기에 대한 경기 수를 나타낸 자료이다. 다음 중 자료에 대한 설명으로 가장 적절하지 않은 것은?

〈국내 연도별 스포츠 경기 수〉

(단위 : 회)

구분	2015년	2016년	2017년	2018년	2019년
농구	413	403	403	403	410
야구	432	442	425	433	432
배구	226	226	227	230	230
축구	228	230	231	233	233

① 농구의 경기 수는 2016년 전년 대비 감소율이 2019년 전년 대비 증가율보다 높다.
② 2015년 농구와 배구 경기 수 차이는 야구와 축구 경기 수 차이의 90% 이상이다.
③ 2015년부터 2019년까지 야구 평균 경기 수는 축구 평균 경기 수의 2배 이하이다.
④ 2016년부터 2018년까지 경기 수가 증가하는 스포츠는 1종목이다.
⑤ 2019년 경기 수가 5년 동안의 각 종목별 평균 경기 수보다 적은 스포츠는 1종목이다.

18 대학교 입학을 위해 지방에서 올라온 대학생 S씨는 자취방을 구하려고 한다. 대학교 근처 자취방의 월세와 대학교까지 거리는 다음과 같다. 한 달을 기준으로 S씨가 지출하게 될 자취방 월세와 자취 방에서 대학교까지 왕복 시 거리비용을 합산할 때, S씨가 선택할 수 있는 가장 저렴한 비용의 자취 방은?

구분	월세	대학교까지 거리(편도)
A자취방	330,000원	1.8km
B자취방	310,000원	2.3km
C자취방	350,000원	1.3km
D자취방	320,000원	1.6km
E자취방	340,000원	1.4km

※ 대학교 통학일(한 달 기준) : 15일
※ 거리비용 : 1km당 2,000원

① A자취방   ② B자취방
③ C자취방   ④ D자취방
⑤ E자취방

※ H사 인사팀에 근무하고 있는 E대리는 다른 부서의 D대리와 B과장의 승진심사를 위해 아래 표를 작성
하였다. 이어지는 질문에 답하시오. **[19~20]**

〈승진심사 점수〉

(단위 : 점)

구분	기획력	업무실적	조직 성과업적	청렴도	승진심사 평점
B과장	80	72	78	70	
D대리	60	70	48		63.6

※ 승진심사 평점은 기획력 30%, 업무실적 30%, 조직 성과업적 25%, 청렴도 15%로 계산한다.
※ 각 부문별 만점 기준점수는 100점이다.

19 다음 중 D대리의 청렴도 점수로 옳은 것은?

① 80점   ② 81점
③ 82점   ④ 83점
⑤ 84점

20 H사에서 과장이 승진후보에 오르기 위해서는 승진심사 평점이 80점 이상이어야 한다. B과장이
과장 승진후보가 되려면 몇 점이 더 필요한가?

① 4.2점   ② 4.4점
③ 4.6점   ④ 4.8점
⑤ 5.0점

03 문제해결능력

01 다음은 G화장품의 신제품 판매 동향 보고서이다. 이 기업이 가장 중점을 두어야 할 대책으로 적절한 것은?

- 대상제품 : 새로 개발한 상황버섯 로션
- 영업활동 : 발매와 동시에 대규모 광고 시행
- 판매실적 : 예상판매 목표의 50% 미만으로 매우 부진
- 원인분석 : 소비자들이 자사 브랜드를 잘 알고 있지만 상황버섯의 독특한 향이 싫어서 판매실적이 부진해 보임

① 제품 특성을 개선한다.
② 판매 가격을 인하한다.
③ 판매 점포를 확대한다.
④ 홍보 자료를 배포한다.
⑤ 점포 인원을 확대한다.

02 여덟 조각의 피자를 다음 〈조건〉에 따라 A, B, C, D가 나눠 먹는다고 할 때, 참이 아닌 진술은?

조건
- 네 사람 중 피자를 한 조각도 먹지 않은 사람은 없다.
- A는 피자 두 조각을 먹었다.
- 피자를 가장 적게 먹은 사람은 B이다.
- C는 D보다 피자 한 조각을 더 많이 먹었다.

① 피자 한 조각이 남는다.
② 두 명이 짝수 조각의 피자를 먹었다.
③ A와 D가 먹은 피자 조각 수는 같다.
④ C가 가장 많은 조각의 피자를 먹었다.
⑤ B는 D보다 피자 한 조각을 덜 먹었다.

안심Touch

03　A고객은 3일 후 떠날 3주간의 제주도 여행에 대비하여 가족 모두 여행자 보험에 가입하고자 H은행에 전화로 문의하였다. 이에 K사원이 A고객에게 여행자 보험 상품을 추천하고자 할 때, K사원의 설명으로 적절하지 않은 것은?(단, A고객 가족의 나이는 만 14세, 17세, 45세, 51세, 75세이다)

<H은행 여행자 보험>

- 가입연령 : 만 1 ~ 79세(인터넷 가입 만 19 ~ 70세)
- 납입방법 : 일시납
- 납입기간 : 일시납
- 보험기간 : 2일 ~ 최대 1개월
- 보장내용

보장의 종류	보험금 지급사유	지급금액
상해사망 및 후유장해	여행 중 사고로 상해를 입고 그 직접적인 결과로 사망하거나 후유장해상태가 되었을 때	– 사망 시 가입금액 전액 지급 – 후유장해 시 장해정도에 따라 가입금액의 30 ~ 100% 지급
질병사망	여행 중 발생한 질병으로 사망 또는 장해지급률 80% 이상의 후유장해가 남았을 경우	가입금액 전액 지급
휴대품손해	여행 중 우연한 사고로 휴대품이 도난 또는 파손되어 손해를 입은 경우	가입금액 한도 내에서 보상하되 휴대품 1개, 또는 1쌍에 대하여 20만 원 한도로 보상(단, 자기부담금 1만 원 공제)

- 유의사항
  - 보험계약 체결일 기준 만 15세 미만자의 경우 사망은 보장하지 않음
  - 보장금액과 상해, 질병 의료실비에 관한 보장내용은 홈페이지 참조

① 고객님, 가족 모두 가입하시려면 반드시 은행에 방문 접수를 해주셔야 합니다.
② 고객님, 만 14세 자녀의 경우에 본 상품에 가입하셔도 사망보험금은 지급되지 않습니다.
③ 고객님, 여행 도중 귀중품을 분실하셨을 경우에 분실물의 수량과 관계없이 최대 20만 원까지 보상해 드립니다.
④ 고객님, 후유장해 시 보험금은 장해정도에 따라 차등 지급됩니다.
⑤ 고객님, 보험가입 시 보험금은 한 번만 내시면 됩니다.

04 A공단에서는 사업주의 직업능력개발훈련 시행을 촉진하기 위해 훈련방법과 기업규모에 따라 지원금을 차등지급하고 있다. 다음 자료를 토대로 원격훈련으로 직업능력개발훈련을 시행하는 X, Y, Z 세 기업과 각 기업의 원격훈련지원금을 올바르게 짝지은 것은?

〈기업 규모별 지원 비율〉

구분	훈련	지원 비율
우선지원대상 기업	향상·양성훈련 등	100%
대규모 기업	향상·양성훈련	60%
	비정규직 대상훈련 / 전직훈련	70%
상시근로자 1,000인 이상 대규모 기업	향상·양성훈련	50%
	비정규직 대상훈련 / 전직훈련	70%

〈원격훈련 종류별 지원금〉

심사등급 \ 훈련종류	인터넷	스마트	우편
A	5,600원	11,000원	3,600원
B	3,800원	7,400원	2,800원
C	2,700원	5,400원	1,980원

※ 인터넷·스마트 원격훈련 : 정보통신매체를 활용하여 훈련이 시행되고 훈련생 관리 등이 웹상으로 이루어지는 훈련
※ 우편원격훈련 : 인쇄매체로 된 훈련교재를 이용하여 훈련이 시행되고 훈련생 관리 등이 웹상으로 이루어지는 훈련
※ (원격훈련지원금)＝(원격훈련 종류별 지원금)×(훈련시간)×(훈련수료인원)×(기업 규모별 지원 비율)

〈세 기업의 원격훈련 시행 내역〉

구분	X기업	Y기업	Z기업
기업규모	우선지원대상 기업	대규모 기업	상시근로자 1,000인 이상 대규모 기업
종류	스마트	인터넷	스마트
내용	향상·양성훈련	비정규직 대상훈련 / 전직훈련	향상·양성훈련
훈련시간	6시간	3시간	4시간
등급	C등급	B등급	A등급
훈련수료인원	7명	4명	6명

① X기업 – 201,220원
② X기업 – 226,800원
③ Y기업 – 34,780원
④ Y기업 – 35,120원
⑤ Z기업 – 98,000원

05 K공사에서 2박 3일로 신입사원 OT 행사를 하기로 하였다. 김 대리는 신입사원에게 할당된 방에 신입사원을 배정하는 업무를 맡았다. 아래 결과를 참고할 때 신입사원에게 주어진 방은 몇 개인가?

> • 4명씩 방을 배정하면 12명이 방 배정을 못 받는다.
> • 6명씩 방을 배정하면 방이 2개가 남는다.

① 12개 　　　　　　　　　② 14개
③ 16개 　　　　　　　　　④ 24개
⑤ 26개

06 S사는 신제품의 품번을 다음과 같은 규칙에 따라 정한다. 제품에 설정된 임의의 영단어가 'intellectual'라면 이 제품의 품번으로 올바른 것은?

> 〈규칙〉
> 1단계 : 알파벳 a~z를 숫자 1, 2, 3, …으로 변환하여 계산한다.
> 2단계 : 제품에 설정된 임의의 영단어를 숫자로 변환한 값의 합을 구한다.
> 3단계 : 임의의 영단어 속 자음의 합에서 모음의 합을 뺀 값의 절댓값을 구한다.
> 4단계 : 2단계와 3단계의 값을 더한 다음 4로 나누어 2단계의 값에 더한다.
> 5단계 : 4단계의 값이 정수가 아닐 경우, 소수점 이하 첫째 자리에서 버림한다.

① 120 　　　　　　　　　② 140
③ 160 　　　　　　　　　④ 180
⑤ 200

※ 다음은 A, B, C, D사원의 5월 근태 현황 중 일부를 나타낸 자료이다. 다음을 보고 이어지는 질문에 답하시오. **[7~8]**

〈5월 근태 현황〉

(단위 : 회)

구분	A사원	B사원	C사원	D사원
지각	1			1
결근				
야근				2
근태 총 점수(점)	0	-4	-2	0

〈5월 근태 정보〉

- 근태는 지각(-1), 결근(-1), 야근($+1$)으로 이루어져 있다.
- A, B, C, D사원의 근태 총 점수는 각각 0점, -4점, -2점이다.
- A, B, C사원은 지각, 결근, 야근을 각각 최소 1회, 최대 3회 하였고 각 근태 횟수는 모두 달랐다.
- A사원은 지각을 1회 하였다.
- 근태 중 야근은 A사원이 가장 많이 했다.
- 지각은 B사원이 C사원보다 적게 했다.

07 다음 중 항상 옳은 것은?

① 지각을 제일 많이 한 사람은 C사원이다.
② B사원은 결근을 2회 했다.
③ C사원은 야근을 1회 했다.
④ A사원은 결근을 3회 했다.
⑤ 야근을 가장 적게 한 사람은 A사원이다.

08 다음 중 지각보다 결근을 많이 한 사람은?

① A사원, B사원
② A사원, C사원
③ B사원, C사원
④ B사원, D사원
⑤ C사원, D사원

09 남성 정장 제조 전문회사에서 20대를 위한 캐주얼 SPA 브랜드에 신규 진출하려고 한다. 귀하는 3C 분석 방법을 취하여 다양한 자료를 조사했으며, 다음과 같은 분석내용을 도출하였다. 자사에서 추진하려는 신규 사업 계획의 타당성에 대해서 올바르게 설명한 것은?

3C	상황분석
고객(Customer)	• 40대 중년 남성을 대상으로 한 정장 시장은 정체 및 감소 추세 • 20대 캐주얼 및 SPA 시장은 매년 급성장
경쟁사(Competitor)	• 20대 캐주얼 SPA 시장에 진출할 경우, 경쟁사는 글로벌 및 토종 SPA 기업, 캐주얼 전문 기업 외에도 비즈니스 캐주얼, 아웃도어 의류 기업도 포함 • 경쟁사들은 브랜드 인지도, 유통망, 생산 등에서 차별화된 경쟁력을 가짐 • 경쟁사 중 상위업체는 하위업체와의 격차 확대를 위해 파격적 가격 정책과 20대 지향 디지털마케팅 전략을 구사
자사(Company)	• 신규 시장 진출 시 막대한 마케팅 비용 발생 • 낮은 브랜드 인지도 • 기존 신사 정장 이미지 고착 • 유통과 생산 노하우 부족 • 디지털마케팅 역량 미흡

① 20대 SPA 시장이 급성장하고, 경쟁이 치열해지고 있지만, 자사의 유통 및 생산 노하우로 가격경쟁력을 확보할 수 있으므로 신규 사업을 추진하는 것이 바람직하다.

② 40대 중년 정장 시장은 감소 추세에 있으므로 새로운 수요발굴이 필요하며, 기존의 신사 정장 이미지를 벗어나 20대 지향 디지털마케팅 전략을 구사하면 신규 시장의 진입이 가능하므로 신규 사업을 진행하는 것이 바람직하다.

③ 20대 SPA 시장이 급성장하고 있지만, 하위업체의 파격적인 가격정책을 이겨 내기에 막대한 비용이 발생하므로 신규 사업 진출은 적절하지 못하다.

④ 20대 SPA 시장은 계속해서 성장하고 매력적이지만, 경쟁이 치열하고 경쟁자의 전략이 막강하다. 이에 비해 자사의 자원과 역량은 부족하여 신규 사업 진출은 하지 않는 것이 바람직하다.

⑤ 브랜드 경쟁력을 유지하기 위해서는 20대 SPA 시장 진출이 필요하며, 파격적 가격정책을 도입하면 자사의 높은 브랜드 이미지와 시너지 효과를 낼 수 있기에 신규 사업을 진행하는 것이 바람직하다.

※ 다음은 호텔별 연회장 대여 현황에 대한 자료이다. 자료를 보고 이어지는 질문에 답하시오. **[10~11]**

〈호텔별 연회장 대여 현황〉

건물	연회장	대여료	수용 가능 인원	회사로부터 거리	비고
A호텔	연꽃실	140만 원	200명	6km	2시간 이상 대여 시 추가비용 40만 원
B호텔	백합실	150만 원	300명	2.5km	1시간 초과 대여 불가능
C호텔	매화실	150만 원	200명	4km	이동수단 제공
	튤립실	180만 원	300명	4km	이동수단 제공
D호텔	장미실	150만 원	250명	4km	–

10 총무팀에 근무하고 있는 이 대리는 김 부장에게 다음과 같은 지시를 받았다. 이 대리가 연회장 예약을 위해 지불해야 하는 예약금은 얼마인가?

다음 주에 있을 회사창립 20주년 기념행사를 위해 준비해야 할 것들 알려줄게요. 먼저 다음 주 금요일 오후 6시부터 8시까지 사용 가능한 연회장 리스트를 뽑아서 행사에 적합한 연회장을 예약해 주세요. 연회장 대여를 위한 예산은 160만 원이고, 회사에서의 거리가 가까워야 임직원들이 이동하기에 좋을 것 같아요. 행사 참석 인원은 240명이고, 이동수단을 제공해준다면 우선적으로 고려하도록 하세요. 예약금은 대여료의 10%라고 하니 예약 완료하고 지불하도록 하세요.

① 14만 원
② 15만 원
③ 16만 원
④ 17만 원
⑤ 18만 원

11 회사창립 20주년 기념행사의 연회장 대여 예산이 200만 원으로 증액된다면, 이 대리는 어떤 연회장을 예약하겠는가?

① A호텔 연꽃실
② B호텔 백합실
③ C호텔 매화실
④ C호텔 튤립실
⑤ D호텔 장미실

12 다음은 A와 B의 시계조립 작업지시서이다. 〈조건〉에 따라 작업할 때, B의 최종 완성 시간과 유휴 시간은 각각 얼마인가?(단, 이동 시간은 고려하지 않는다)

〈작업지시서〉

[각 공작 기계 및 소요 시간]
1. 앞면 가공용 A공작 기계 : 20분
2. 뒷면 가공용 B공작 기계 : 15분
3. 조립 : 5분

[공작 순서]
시계는 각 1대씩 만들며 A는 앞면부터 가공하여 뒷면 가공 후 조립하고, B는 뒷면부터 가공하여 앞면 가공 후 조립하기로 하였다.

조건

1. A, B공작 기계는 각 1대씩이며 모두 사용해야 하고, 두 명이 동시에 작업을 시작한다.
2. 조립은 가공이 이루어진 후 즉시 실시한다.

	최종 완성 시간	유휴 시간
①	40분	5분
②	45분	5분
③	45분	10분
④	50분	5분
⑤	50분	10분

※ 하반기에 연수를 마친 A, B, C, D, E 5명은 다음 〈조건〉에 따라 세계 각국에 있는 해외사업본부로 배치될 예정이다. 다음을 읽고 이어지는 질문에 답하시오. [13~14]

조건

- A, B, C, D, E는 인도네시아, 미국 서부, 미국 남부, 칠레, 노르웨이에 있는 서로 다른 해외사업본부로 배치된다.
- C와 D 중 한 명은 미국 서부에 배치된다.
- B는 칠레에 배치되지 않는다.
- E는 노르웨이로 배치된다.
- 미국 서부에는 회계직이 배치된다.
- C가 인도네시아에 배치되면 A는 칠레에 배치된다.
- A가 미국 남부에 배치되면 B는 인도네시아에 배치된다.
- A, D, E는 회계직이고, B, C는 기술직이다.

13 다음 중 D가 배치될 해외사업본부는 어디인가?

① 인도네시아   ② 미국 서부
③ 미국 남부   ④ 칠레
⑤ 알 수 없음

14 위의 〈조건〉을 바탕으로 할 때, ㉠ ~ ㉣의 설명 중 옳은 것을 모두 고른 것은?

㉠ C가 인도네시아에 배치되면 B는 미국 남부에 배치된다.
㉡ A가 미국 남부에 배치되면 C는 인도네시아에 배치된다.
㉢ A는 반드시 칠레에 배치된다.
㉣ 노르웨이에는 회계직이 배치된다.

① ㉠, ㉡   ② ㉠, ㉣
③ ㉡, ㉢   ④ ㉡, ㉣
⑤ ㉢, ㉣

15 귀하는 점심 식사 중 식당에 있는 TV에서 정부의 정책에 관한 뉴스를 보았다. 함께 점심을 먹는 동료들과 뉴스를 보고 나눈 대화의 내용으로 옳지 않은 것은?

> 앵커 : 저소득층에게 법률서비스를 제공하는 정책을 구상 중입니다. 정부는 무료로 법률자문을 하겠다고 자원하는 변호사를 활용하여 자원봉사제도와 정부에서 법률 구조공단 등의 기관을 신설하고 변호사를 유급으로 고용하여 법률서비스를 제공하는 유급법률구조제도, 정부가 법률서비스의 비용을 대신 지불하는 법률보호제도 등의 세 가지 정책대안 중 하나를 선택할 계획입니다.
>
> 이 정책대안을 비교하는 데 고려해야 할 정책목표는 비용저렴성, 접근용이성, 정치적 실현가능성, 법률서비스의 전문성입니다. 정책대안과 정책목표의 관계는 화면으로 보여드립니다. 각 대안이 정책목표를 달성하는 데 유리한 경우는 (+)로, 불리한 경우는 (−)로 표시하였으며, 유불리 정도는 같습니다. 정책목표에 대한 가중치의 경우, '0'은 해당 정책목표를 무시하는 것을, '1'은 해당 정책목표를 고려하는 것을 의미합니다.

〈정책대안과 정책목표의 상관관계〉

정책목표	가중치		정책대안		
	A안	B안	자원봉사제도	유급법률구조제도	법률보호제도
비용 저렴성	0	0	+	−	−
접근 용이성	1	0	−	+	−
정치적 실현 가능성	0	0	+	−	+
전문성	1	1	−	+	−

① 아마도 전문성 면에서는 유급법률구조제도가 자원봉사제도보다 더 좋은 정책 대안으로 평가받게 되겠군.

② A안의 가중치를 적용할 경우 유급법률구조제도가 가장 적절한 정책대안으로 평가받게 되지 않을까?

③ 반대로 B안의 가중치를 적용할 경우 자원봉사제도가 가장 적절한 정책대안으로 평가받게 될 것 같아.

④ A안과 B안 중 어떤 것을 적용하더라도 정책대안 비교의 결과는 달라지지 않을 것으로 보여.

⑤ 비용저렴성을 달성하기에 가장 유리한 정책대안은 자원봉사제도로군.

16 다음 중 바르게 추론한 것만을 〈보기〉에서 모두 고른 것은?

> (가) ~ (마)팀이 현재 수행하고 있는 과제의 수는 다음과 같다.
> – (가)팀 : 0
> – (나)팀 : 1
> – (다)팀 : 2
> – (라)팀 : 2
> – (마)팀 : 3
> 이 과제에 추가하여 8개의 새로운 과제 a, b, c, d, e, f, g, h를 다음 〈조건〉에 따라 (가) ~ (마)팀에 배정한다.

조건

- 어느 팀이든 새로운 과제를 적어도 하나는 맡아야 한다.
- 기존에 수행하던 과제를 포함해서 한 팀이 맡을 수 있는 과제는 최대 4개이다.
- 기존에 수행하던 과제를 포함해서 4개 과제를 맡는 팀은 둘이다.
- a, b는 한 팀이 맡아야 한다.
- c, d, e는 한 팀이 맡아야 한다.

보기

ㄱ. a를 (나)팀이 맡을 수 없다.
ㄴ. f를 (가)팀이 맡을 수 있다.
ㄷ. 기존에 수행하던 과제를 포함해서 2개 과제를 맡는 팀이 반드시 있다.

① ㄱ   ② ㄴ
③ ㄱ, ㄷ   ④ ㄴ, ㄷ
⑤ ㄱ, ㄴ, ㄷ

17 G공사는 직원들에게 간식을 제공하려고 한다. 피자 1판의 정가가 30,000원이고, 구매방식별 할인 혜택이 다음과 같을 때, 가장 저렴하게 구매할 수 있는 방법은 무엇인가?

구매방식	할인 혜택과 비용
스마트폰 앱	정가의 25% 할인
전화	정가에서 3,000원 할인 후, 할인된 가격의 10% 추가 할인
회원카드와 쿠폰	회원카드로 정가의 15% 할인 후, 쿠폰으로 할인된 가격의 10% 추가 할인
직접 방문	정가의 30% 할인, 교통비용 3,000원 발생
교환권	24,000원에 피자 1판 교환

① 스마트폰 앱
② 전화
③ 회원카드와 쿠폰
④ 직접 방문
⑤ 교환권

18 대구에서 광주까지 편도운송을 하는 A사의 화물차량 운행상황은 다음과 같다. 만약, 적재효율을 기존의 1,000상자에서 1,200상자로 높여 운행 횟수를 줄이고자 한다면, A사가 얻을 수 있는 월 수송비 절감액은?

- 차량 운행대수 : 4대
- 1대당 1일 운행횟수 : 3회
- 1대당 1회 수송비 : 100,000원
- 월 운행일수 : 20일

① 3,500,000원
② 4,000,000원
③ 4,500,000원
④ 5,000,000원
⑤ 5,500,000원

19 김 대리는 회의 참석자의 역할을 고려해 A ～ F 총 6명이 앉을 6인용 원탁 자리를 세팅 중이다. 다음 내용을 모두 만족하도록 세팅했을 때, 나란히 앉게 되는 사람은?

> • 원탁 둘레로 6개의 의자를 같은 간격으로 세팅한다.
> • A가 C와 F 중 한 사람의 바로 옆 자리에 앉도록 세팅한다.
> • D의 바로 옆 자리에 C나 E가 앉지 않도록 세팅한다.
> • A가 좌우 어느 쪽을 봐도 B와의 사이에 2명이 앉도록 세팅하고, B의 바로 왼쪽 자리에 F가 앉도록 세팅한다.

① A와 D   ② A와 E

③ B와 C   ④ B와 D

⑤ C와 F

20 경영학과에 재학 중인 A ～ E는 계절학기 시간표에 따라 요일별로 하나의 강의만 수강한다. 전공 수업을 신청한 C는 D보다 앞선 요일에 수강하고, E는 교양 수업을 신청한 A보다 나중에 수강한다고 할 때, 다음 중 항상 참이 되는 것은?

월	화	수	목	금
전공 1	전공 2	교양 1	교양 2	교양 3

① A가 수요일에 강의를 듣는다면 E는 교양 2 강의를 듣는다.

② B가 전공 수업을 듣는다면 C는 화요일에 강의를 듣는다.

③ C가 화요일에 강의를 듣는다면 E는 교양 3 강의를 듣는다.

④ D는 반드시 전공 수업을 듣는다.

⑤ E는 반드시 교양 수업을 듣는다.

04 정보능력

01 다음 중 빈칸에 알맞은 것은 무엇인가?

> 기업이 경쟁우위를 확보하기 위하여 구축, 이용하는 정시시스템. 기존의 정보시스템이 기업 내 업무의 합리화나 효율화에 역점을 두었던 것에 반하여, 기업이 경쟁에서 승리하여 살아남기 위한 필수적인 시스템이라는 뜻에서 _____이라고 한다. 그 요건으로는 경쟁 우위의 확보, 신규 사업의 창출이나 상권의 확대, 업계 구조의 변혁 등을 들 수 있다. 실례로는 금융 기관의 대규모 온라인시스템, 항공 회사의 좌석예약시스템, 슈퍼마켓(체인점) 등에서의 판매시점관리(POS)를 들 수 있다. 최근에는 대외지향적인 전략시스템뿐만 아니라 기업 구조의 재구축을 위한 업무 재설계(BPR)와 같이 경영 전략을 수립하여 그에 맞는 정보시스템을 재구축하는 접근 방식을 채용하고 있다.

① 비즈니스 프로세스 관리(BPM; Business Process Management)
② 전사적자원관리(ERP; Enterprise Resource Planning)
③ 경영정보시스템(MIS; Management Information System)
④ 전략정보시스템(SIS; Strategic Information System)
⑤ 의사결정지원시스템(DSS; Decision Support System)

02 다음 제시문에서 나타나는 사회는?

> 이 세상에서 필요로 하는 정보가 사회의 중심이 되는 사회로서 컴퓨터 기술과 정보통신 기술을 활용하여 사회 각 분야에서 필요로 하는 가치 있는 정보를 창출하고, 보다 유익하고 윤택한 생활을 영위하는 사회로 발전시켜 나가는 것을 뜻한다.

① 정보화사회
② 산업화사회
③ 농업사회
④ 미래사회
⑤ 시민사회

03 다음 중 엑셀의 틀 고정 및 창 나누기에 대한 설명으로 옳지 않은 것은?

① 화면에 나타나는 창 나누기 형태는 인쇄 시 적용되지 않는다.

② 창 나누기를 수행하면 셀 포인터의 오른쪽과 아래쪽으로 창 구분선이 표시된다.

③ 창 나누기는 셀 포인터의 위치에 따라 수직, 수평, 수직·수평 분할이 가능하다.

④ 첫 행을 고정하려면 셀 포인터의 위치에 상관없이 [틀 고정]-[첫 행 고정]을 선택한다.

⑤ 셀 편집 모드에 있거나 워크시트가 보호된 경우에는 틀 고정 명령을 사용할 수 없다.

04 A물산에 근무하는 B사원은 제품 판매 결과보고서를 작성할 때, 자주 사용하는 여러 개의 명령어를 묶어 하나의 키 입력 동작으로 만들어서 빠르게 완성하였다. 그리고 판매 결과를 여러 유통 업자에게 알리기 위해 같은 내용의 안내문을 미리 수집해 두었던 주소록을 활용하여 쉽게 작성하였다. 이러한 사례에서 사용한 워드프로세서(한글 2010)의 기능으로 옳은 것을 〈보기〉에서 모두 고른 것은?

보기	
ㄱ. 매크로	ㄴ. 글맵시
ㄷ. 메일 머지	ㄹ. 하이퍼링크

① ㄱ, ㄴ   ② ㄱ, ㄷ

③ ㄴ, ㄷ   ④ ㄴ, ㄹ

⑤ ㄷ, ㄹ

05 다음 중 워크시트의 인쇄에 대한 설명으로 옳지 않은 것은?

① 인쇄 영역에 포함된 도형은 기본적으로 인쇄가 되지 않으므로 인쇄를 하려면 도형의 [크기 및 속성] 대화 상자에서 '개체 인쇄' 옵션을 선택해야 한다.

② 인쇄하기 전에 워크시트를 미리 보려면 〈Ctrl〉+〈F2〉키를 누른다.

③ 기본적으로 화면에 표시되는 열 머리글(A, B, C 등)이나 행 머리글(1, 2, 3 등)은 인쇄되지 않는다.

④ 워크시트의 내용 중 특정 부분만을 인쇄 영역으로 설정하여 인쇄할 수 있다.

⑤ 워크시트의 셀 구분선을 그대로 인쇄하려면 페이지 설정 대화상자의 [시트] 탭에서 '눈금선'을 선택하면 된다.

※ 귀하는 지점별 매출 및 매입 현황을 정리하고 있다. 이어지는 질문에 답하시오. **[6~7]**

◢	A	B	C	D	E	F
1	지점명	매출	매입			
2	주안점	2,500,000	1,700,000			
3	동암점	3,500,000	2,500,000		최대 매출액	
4	간석점	7,500,000	5,700,000		최소 매출액	
5	구로점	3,000,000	1,900,000			
6	강남점	4,700,000	3,100,000			
7	압구정점	3,000,000	1,500,000			
8	선학점	2,500,000	1,200,000			
9	선릉점	2,700,000	2,100,000			
10	교대점	5,000,000	3,900,000			
11	서초점	3,000,000	1,900,000			
12	합계					

06 다음 중 [F3] 셀을 구하는 함수식으로 옳은 것은?

① =MIN(B2:B11)

② =MAX(B2:C11)

③ =MIN(C2:C11)

④ =MAX(C2:C11)

⑤ =MAX(B2:B11)

07 다음 중 매출과 매입의 합계를 구할 때 사용할 함수는?

① REPT   ② CHOOSE

③ SUM   ④ AVERAGE

⑤ DSUM

※ 병원에서 근무하는 귀하는 건강검진 관리 현황을 정리하고 있다. 이어지는 질문에 답하시오. **[8~9]**

	A	B	C	D	E	F
1			〈건강검진 관리 현황〉			
2	이름	검사구분	주민등록번호	검진일	검사항목 수	성별
3	강민희	종합검진	960809-2******	2018-11-12	18	
4	김범민	종합검진	010323-3******	2018-03-13	17	
5	조현진	기본검진	020519-3******	2018-09-07	10	
6	최진석	추가검진	871205-1******	2018-11-06	6	
7	한기욱	추가검진	980232-1******	2018-04-22	3	
8	정소희	종합검진	001015-4******	2018-02-19	17	
9	김은별	기본검진	891025-2******	2018-10-14	10	
10	박미옥	추가검진	011002-4******	2018-07-21	5	

08 2018년 하반기에 검진받은 사람의 수를 확인하려 할 때, 사용해야 할 함수는?(단, 하반기는 2018년 7월 1일부터이다)

① COUNT
② COUNTA
③ SUMIF
④ MATCH
⑤ COUNTIF

09 주민등록번호를 통해 성별을 구분하려고 할 때, 각 셀에 필요한 함수식으로 옳은 것은?

① [F3] ： =IF(AND(MID(C3,8,1)="2",MID(C3,8,1)="4"),"여자","남자")

② [F4] ： =IF(AND(MID(C4,8,1)="2",MID(C4,8,1)="4"),"여자","남자")

③ [F7] ： =IF(OR(MID(C7,8,1)="2",MID(C7,8,1)="4"),"여자","남자")

④ [F9] ： =IF(OR(MID(C9,8,1)="1",MID(C9,8,1)="3"),"여자","남자")

⑤ [F6] ： =IF(OR(MID(C6,8,1)="2",MID(C6,8,1)="3"),"남자","여자")

10 사원코드 두 번째 자리의 숫자에 따라 팀이 구분된다. 1은 홍보팀, 2는 기획팀, 3은 교육팀이라고 할 때, 팀명을 구하기 위한 함수로 옳은 것은?

	A	B	C	D	E
1	직원명단				
2	이름	사원코드	직급	팀명	입사년도
3	강민희	J1023	부장		1980
4	김범민	J1526	과장		1982
5	조현진	J3566	과장		1983
6	최진석	J3523	부장		1978
7	한기욱	J3214	대리		1998
8	정소희	J1632	부장		1979
9	김은별	J2152	대리		1999
10	박미옥	J1125	대리		1997

① CHOOSE, MID　　　　　　　② CHOOSE, RIGHT

③ COUNTIF, MID　　　　　　　④ IF, MATCH

⑤ IF, COUNT

05 대인관계능력

※ 다음에 제시된 상황을 읽고 이어지는 질문에 답하시오. [1~2]

> 귀하는 새로 추진하고 있는 중요한 프로젝트의 팀장을 맡았다. 그런데 어느 날부턴가 점점 사무실 분위기가 심상치 않다. 귀하는 프로젝트의 원활한 진행을 위해서는 동료 간 화합이 무엇보다 중요하다고 생각하기 때문에, 팀원들의 업무 행태를 관심 있게 지켜보기 시작했다. 그 결과, A사원이 사적인 약속 등을 핑계로 업무를 미루거나 주변의 눈치를 살피며 불성실한 자세로 근무하는 모습을 발견하였다. 또한, 발생한 문제에 대해 변명만 늘어놓는 태도로 일관해 프로젝트를 함께 진행하는 동료 직원들의 불만은 점점 쌓여만 가고 있다.

01 멤버십 유형을 나누는 두 가지 축은 마인드를 나타내는 독립적 사고 축과 행동을 나타내는 적극적 실천 축으로 나누어진다. 이에 따라 멤버십 유형은 수동형·실무형·소외형·순응형·주도형으로 구분된다. 직장 동료와 팀장의 시각으로 볼 때 A사원의 업무 행태가 속하는 멤버십 유형으로 가장 적합한 것은?

① 소외형   ② 순응형
③ 실무형   ④ 수동형
⑤ 주도형

02 '썩은 사과의 법칙'에 의하면, 팀 내 리더는 팀워크를 무너뜨리는 썩은 사과가 있을 때는 먼저 문제 상황에 대해 대화를 나누어 스스로 변화할 기회를 주어야 한다. 하지만 그 후로도 변화하지 않는다면 결단력을 가지고 썩은 사과를 내보내야 한다. 팀장으로서 할 귀하의 행동을 '썩은 사과의 법칙'의 관점에서 서술한 내용으로 가장 적절하지 않은 것은?

① '썩은 사과의 법칙'의 관점에서 A사원은 조직의 비전이나 방향은 생각하지 않고 자기중심적으로 행동하며 조직에 방해가 되는 사람이다.
② 귀하는 팀장으로서 먼저 A사원과 문제 상황에 대하여 대화를 나눠야 한다.
③ 직원의 문제에 대해 명확한 지적보다는 간접적으로 인지하게 하여 스스로 변화할 기회를 준다.
④ A사원의 업무 행태가 끝내 변화하지 않을 경우 A사원을 팀에서 내보내야 한다.
⑤ 성실하지 못한 A사원의 행동으로 인해 업무에 상당한 지장이 발생하고 있다고 할지라도 A사원에게 변화할 기회를 주어야 한다.

안심Touch

PART 4 NCS 직업기초능력평가

03 다음 〈보기〉 중 대인관계능력을 향상시키는 방법을 모두 고른 것은?

> **보기**
>
> ㉠ 상대방에 대한 이해심 　　　　　 ㉡ 사소한 일까지 관심을 두지 않는 것
> ㉢ 약속을 이행하는 것 　　　　　　 ㉣ 처음부터 너무 기대하지 않는 것
> ㉤ 진지하게 사과하는 것

① ㉠, ㉡, ㉣ 　　　　　　　　　　 ② ㉠, ㉡, ㉢
③ ㉠, ㉢, ㉤ 　　　　　　　　　　 ④ ㉠, ㉢, ㉣, ㉤
⑤ ㉠, ㉡, ㉣, ㉤

04 F사 관리팀에 근무하는 B팀장은 최근 부하직원 A씨 때문에 고민 중이다. B팀장이 보기에 A씨의 업무방법은 업무성과를 내기에 부적절해 보이지만, 자존감이 강하고 자기결정권을 중시하는 A씨는 자기 자신이 스스로 잘하고 있다고 생각하며 B팀장의 조언이나 충고에 대해 반발심을 표현하고 있기 때문이다. 이와 같은 상황에서 B팀장이 부하직원인 A씨에게 할 수 있는 가장 효과적인 코칭방법은 무엇이겠는가?

① 징계를 통해 B팀장의 조언을 듣도록 유도한다.
② 대화를 통해 스스로 자신의 잘못을 인식하도록 유도한다.
③ A씨에 대한 칭찬을 통해 업무 성과를 극대화시킨다.
④ A씨를 더 강하게 질책하여 업무방법을 개선시키도록 한다.
⑤ 스스로 업무방법을 고칠 때까지 믿어주고 기다려준다.

05 리더십의 핵심 개념 중의 하나인 '임파워먼트(Empowerment)'는 조직 현장의 구성원에게 업무 재량을 위임하고 자주적이고 주체적인 체제 속에서 구성원들의 의욕과 성과를 이끌어 내기 위한 '권한 부여', '권한 이양'을 의미한다. 다음 중 임파워먼트를 통해 나타나는 특징으로 적절하지 않은 것은?

① 구성원들 스스로 일에 대한 흥미를 느끼도록 해준다.
② 구성원들이 자신의 업무가 존중받고 있음을 느끼게 해준다.
③ 구성원들로 하여금 업무에 대해 계속해서 도전하고 성장할 수 있도록 유도할 수 있다.
④ 구성원들 간의 긍정적인 인간관계 형성에 도움을 줄 수 있다.
⑤ 구성원들이 현상을 유지하고 조직에 순응하는 모습을 기대할 수 있다.

06 다음은 옷을 파는 A씨가 손님인 B씨를 상대로 협상하는 과정을 나타낸 것이다. 다음 협상 과정에 대한 설명으로 적절하지 않은 것은?(단 A씨가 원하는 판매금액은 최소 5만 원이다)

> B씨 : 이 옷은 얼마인가요?
> A씨 : 네, 이 옷은 현재 8만 원입니다.
> B씨 : 너무 비싸네요. 조금 할인해주시면 안될까요?
> A씨 : 안됩니다. 저희도 남는 게 없어요.
> B씨 : 6만 원에 주시면 안 될까요? 너무 마음에 들어서요.
> A씨 : 7만 원에 드릴게요. 더 이상은 안 됩니다. 이 옷 정말 한 벌 남은 거에요.
> B씨 : 조금만 더 안 될까요? 부탁드릴게요.
> A씨 : 이거 참, 정말 손님께 너무 잘 어울릴 거 같아서 드리는 거예요. 그럼 6만 5천 원만 주세요.
> B씨 : 네 좋아요. 감사합니다!

① A씨의 협상전략은 상호 교환적인 양보전략으로 볼 수 있다.
② A씨는 B씨로 하여금 특별한 대우를 받았다고 느끼게 하였다.
③ A씨는 B씨의 제안을 일방적으로 수용하였다.
④ A씨는 B씨의 양보를 이끌어 내는 데 성공하였다.
⑤ A씨는 매우 중요한 것을 양보하는 것처럼 협상하였다.

07 A대리는 평소에 입사 후배인 B사원과 점심을 자주 먹곤 한다. B사원은 A대리를 잘 따르며 업무 성과도 높아서, A대리는 B사원에게 자주 점심을 사준다. 그러나 이러한 상황이 반복되자 매번 점심을 먹을 때마다 B사원은 절대 돈을 낼 생각이 없어 보인다. A대리는 후배에게 밥을 사주는 것이 싫은 것은 아니지만 매일 B사원의 몫까지 점심값을 내려니 곤란한 것은 사실이다. 당신이 A대리라면 어떻게 하겠는가?

① B사원에게 솔직한 심정을 말하여 문제를 해결해보고자 한다.
② 선배가 후배에게 밥을 얻어먹기는 부끄러우므로 앞으로도 계속해서 밥을 산다.
③ 앞으로는 입사 선배이자 상사인 G과장에게 밥을 얻어먹기로 한다.
④ B사원을 개인적으로 불러 혼을 내고 다시는 밥을 같이 먹지 않는다.
⑤ B사원에게 지금까지 사준 밥을 다 얻어먹겠다는 생각으로 한 턱 쏘라고 이야기한다.

안심Touch

08 다음은 헤밍웨이의 일화를 소개한 내용이다. 위스키 회사 간부가 헤밍웨이와 협상을 실패한 이유로 적절한 것은?

어느 날 미국의 한 위스키 회사 간부가 헤밍웨이를 찾아왔다. 헤밍웨이의 비서를 따라 들어온 간부는 헤밍웨이의 턱수염을 보고서 매우 감탄하며 말했다.

"선생님은 세상에서 가장 멋진 턱수염을 가지셨군요! 우리 회사에서 선생님의 얼굴과 이름을 빌려 광고하는 조건으로 4천 달러와 평생 마실 수 있는 술을 제공하려는데 허락해 주시겠습니까?"

그 말을 들은 헤밍웨이는 잠시 생각에 잠겼다. 그 정도 조건이면 훌륭하다고 판단했던 간부는 기다리기 지루한 듯 대답을 재촉했다.

"무얼 그리 망설이십니까? 얼굴과 이름만 빌려주면 그만인데…."

그러자 헤밍웨이는 무뚝뚝하게 말했다.

"유감이지만 그럴 수 없으니 그만 당신의 회사로 돌아가 주시기 바랍니다."

헤밍웨이의 완강한 말에 간부는 당황해하며 돌아가버렸다. 그가 돌아가자 비서는 헤밍웨이에게 왜 허락하지 않았는지를 물었고, 헤밍웨이는 대답했다.

"그의 무책임한 말을 믿을 수 없었지. 얼굴과 이름을 대수롭지 않게 생각하는 회사에 내 얼굴과 이름을 빌려준다면 어떤 꼴이 되겠나?"

① 잘못된 사람과 협상을 진행하였다.
② 자신의 특정 입장만을 고집하였다.
③ 상대방에 대해 너무 많은 염려를 하였다.
④ 협상의 통제권을 갖지 못하였다.
⑤ 협상의 대상을 분석하지 못하였다.

09 A전자 영업부에 근무하는 A사원은 제품에 대한 불만이 있는 고객의 전화를 받았다. 제품에 문제가 있어 담당부서에 고장수리를 요청했으나 연락이 없어 고객이 화가 많이 난 상태였다. 이때 직원으로서 가장 적절한 응대는?

① 고객에게 사과하여 고객의 마음을 진정시키고 전화를 상사에게 연결한다.
② 고객의 불만을 들어준 후, 고객에게 제품수리에 대해 담당부서로 다시 전화할 것을 권한다.
③ 화를 가라앉히시라고 말하고 그렇지 않으면 전화응대를 하지 않겠다고 한다.
④ 고객의 불만을 듣고 담당부서의 업무가 밀려서 연락을 못한 것이라며 부서를 옹호한다.
⑤ 회사를 대표해서 미안하다는 사과를 하고, 고객의 불만을 메모한 후 담당부서에 연락하여 해결해줄 것을 의뢰한다.

10 귀하의 쇼핑몰에서 제품을 구매한 고객의 전화문의가 접수되었다. 다음의 통화내용 중 A직원의 응대로 가장 적절하지 않은 것은?

A직원	① 네. 안녕하십니까? ○○쇼핑몰 고객지원센터 상담원 A입니다. 무엇을 도와드릴까요?
고객	아, 네. 제가 거기서 티셔츠를 샀는데 아직도 배송이 안됐어요. 어떻게 된 거예요? 배송이 왜 이렇게 오래 걸리나요?
A직원	② 네. 고객님. 빠른 처리를 위해서 몇 가지 질문을 드리겠습니다. 실례지만 저희 제품을 온라인과 오프라인 매장 중 어디에서 구매하셨습니까?
고객	음…. 온라인에서 했을 거예요.
A직원	네. 확인 감사합니다.
고객	그런데 저 지금 근무 중에 전화하는 거라 시간이 별로 없으니까 빨리 처리좀 해 주세요.
A직원	③ 네. 최대한 빠르게 처리될 수 있도록 도와드리겠습니다. 구매하신 고객님의 성함과 구매하신 온라인 아이디를 확인할 수 있을까요?
고객	□□□이구요, 아이디는 ○○○이에요.
A직원	네. 확인 감사합니다. ④ □□□고객님의 주문내역을 확인한 결과, 빠르면 오늘 오후 중으로, 늦어도 내일 정오 전까지는 도착할 예정입니다.
고객	아, 그래요? 알겠습니다.
A직원	네. 더 궁금하신 점은 없으신가요?
고객	네.
A직원	네. 귀중한 시간 내주셔서 감사합니다. 저는 상담원 A였습니다.

06 정답 및 해설

01 의사소통능력

01	02	03	04	05	06	07	08	09	10	11	12	13	14	15	16	17	18	19	20
⑤	⑤	④	②	③	②	⑤	⑤	②	⑤	③	④	②	②	②	③	①	①	④	①

01 정답 ⑤

피드백은 상대방이 원하는 경우 대인관계에 있어서 그의 행동을 개선할 수 있는 기회를 제공해줄 수 있다. 하지만 부정적이고 비판적인 피드백만을 계속적으로 주는 경우에는 오히려 역효과가 나타날 수 있으므로 피드백을 줄 때 상대방의 긍정적인 면과 부정적인 면을 균형 있게 전달하도록 유의하여야 한다.

02 정답 ⑤

(가) 발신주의(發信主義) : 성립한 문서가 상대방에게 발신된 때 효력이 발생한다.
(나) 요지주의(了知主義) : 상대방이 문서의 내용을 알게 되었을 때에 효력이 발생한다.
(다) 도달주의(到達主義) : 문서가 상대방에게 도달해야 효력이 발생한다.
(라) 표백주의(表白主義) : 결재로써 문서의 작성이 끝났을 때에 효력이 발생한다.

03 정답 ④

개방적인 질문은 상대방의 다양한 생각을 이해하고, 상대방으로부터 보다 많은 정보를 얻기 위한 방법으로 이로 인하여 서로에 대한 이해의 정도를 높일 수 있다. 그러나 G씨에게 누구와 여행을 함께 가는지 묻는 F씨의 질문은 개방적 질문이 아닌 단답형의 대답이나 반응을 이끌어 내는 폐쇄적 질문에 해당하므로 ④는 개방적인 질문 방법에 대한 사례로 적절하지 않다.

04 정답 ②

김 팀장의 업무지시에 따르면 근로자들에게 신직업자격을 알리기 위한 홍보 자료를 제작해야 한다. 즉, 홍보 자료의 대상은 근로자이므로 기능을 기업과 근로자 두 측면으로 나누어 설명하는 것은 적절하지 않다.

05 정답 ③

A씨는 안 좋은 일이 생겨도 자신을 탓하고, 사소한 실수에도 사과를 반복한다. 즉, A씨는 자기 자신을 낮은 자존감과 열등감으로 대하고 있다. 성공하는 사람의 이미지를 위해서는 자신을 너무 과소평가하지 말아야 한다. 특히, A씨와 같이 평소에 '죄송합니다.'나 '미안합니다.'를 입에 달고 사는 사람들의 경우 얼핏 보면 예의 바르게 보일 수 있으나, 꼭 필요한 경우가 아니라면 그렇게 해서 자신의 모습을 비하하지 않도록 해야 한다.

06 정답 ②

(가) 상품 생산자와 상품의 관계를 제시 → (다) '자립적인 삶'의 부연 설명 → (라) 내용 첨가 : 시장 법칙의 지배 아래에서 사람과 사람과의 관계 → (나) 결론 : 인간의 소외

07 정답 ⑤

ⓒ의 앞뒤 내용을 살펴보면 유행은 취미와 아주 밀접하게 결부된 현상이지만, 서로 다른 특징을 가진다는 내용이다. 따라서 역접 기능의 접속어 '그러나'가 오는 것이 맞다.

08 정답 ⑤

제시문에서 자동차의 통행수요를 줄임으로써, 미세먼지를 감소시키고 대기오염을 줄이자고 언급되어 있지만, 친환경 자동차의 공급에 대한 내용은 언급되어 있지 않다.

09 정답 ②

먼지의 지름이 $2.5 \sim 10\mu m$일 경우, 미세먼지라고 칭한다. 또한, 지름이 $2.5\mu m$ 이하일 경우에는 초미세먼지라고 칭한다. 따라서 지름이 $3\mu m$ 이하인 경우를 모두 초미세먼지라고 분류하지는 않는다.

10 정답 ⑤

U-City 사업이 지능화시설물 구축 혹은 통합운영센터의 건설로 표면화 되었지만 공공주도 및 공급자 중심의 스마트도시 시설투자는 정책 수혜자인 시민의 체감으로 이어지지 못하는 한계가 발생하게 된다. 또한 대기업의 U-City 참여 제한 등으로 성장 동력이 축소되는 과정을 겪어왔다.

11 정답 ③

찬성 측은 공공 자전거 서비스 제도의 효과에 대해 예상하나, 구체적인 근거를 제시하고 있지는 않다.

오답분석
① 반대 측은 자전거를 이용하지 않는 사람들도 공공 자전거 서비스 제도에 필요한 비용을 지불해야 하므로 형평성의 문제가 발생할 수 있다고 보았다.
② 찬성 측은 공공 자전거 서비스 제도로 교통 체증 문제를 완화할 수 있다고 보았으며, 반대 측은 도로에 자전거와 자동차가 섞이게 되어 교통 혼잡 문제가 발생할 수 있다고 봄으로써 서로 대립하는 논점을 가짐을 알 수 있다.
④ 반대 측은 공공 자전거 서비스 제도로 도로에 자전거와 자동차가 섞이게 되는 상황을 예상하면서 찬성 측의 주장에 대해 의문을 제기하고 있다.
⑤ 반대 측은 찬성 측의 공공 자전거 서비스는 사람들 모두가 이용할 수 있다는 주장에 대해 '물론 그렇게 볼 수도 있습니다만'과 같이 대답하며 찬성 측의 주장을 일부 인정하고 있다.

12 정답 ④

마이크로비드는 잔류성 유기 오염물질을 흡착한다.

13 정답 ②

수건이나 휴지 등을 덧댄 후 마스크를 사용하면 밀착력이 감소해 미세입자 차단 효과가 떨어질 수 있다.

14 정답 ②

글쓴이는 아담 스미스의 '보이지 않는 손'에 대해 반박하기 위해 정부가 개인의 이익 활동을 제한하지 않으면 발생할 수 있는 문제점을 예를 들어 설명하고 있다. 수용 한계를 넘은 상황에서 개인의 이익을 위해 상대방의 이익을 침범한다면, 상대방도 자신의 이익을 늘리기 위해 사육 두수를 늘릴 것이다. 이러한 상황이 장기화 된다면 두 번째 단락에서 말했던 것과 같이 '목초가 줄어들어 그 목초지에서 양을 키워 얻을 수 있는 전체 생산량이 줄어든다.' 따라서 ㉠ '농부들의 총이익은 기존보다 감소할 것'이고 이는 ㉡ '한 사회의 전체 이윤이 감소하는' 결과를 초래한다.

15 정답 ②

제시문에서는 OECD 회원국 가운데 꼴찌를 차지한 한국인의 부족한 수면 시간에 대해 언급하며, 이로 인해 수면장애 환자가 늘어나고 있음을 설명하고 있다. 또한 불면증, 수면무호흡증, 렘수면 행동장애 등 다양한 수면장애를 설명하며, 이러한 수면장애들이 심혈관계질환, 치매, 우울증 등의 원인이 될 수 있다는 점을 통해 심각성을 이야기한다. 마지막으로 이러한 수면장애를 방치해서는 안 되며, 전문적인 치료가 필요하다고 제시하고 있다. 따라서 이 글을 바탕으로 '한국인의 수면 시간'과 관련된 글을 쓴다고 할 때, 글의 주제로 가장 적절하지 않은 것은 수면 마취제와 관련된 내용인 ②이다.

16 정답 ③

사람은 한쪽 눈으로 얻을 수 있는 단안 단서만으로도 이전의 경험으로부터 추론에 의하여 세계를 3차원으로 인식할 수 있다. 즉, 사고로 한쪽 눈의 시력을 잃어도 남은 한쪽 눈에 맺히는 2차원의 상들은 다양한 실마리를 통해 입체 지각이 가능하다.

17 정답 ①

제시된 단락은 신탁 원리의 탄생 배경인 12세기 영국의 상황에 대해 이야기하고 있다. 따라서 이어지는 단락은 (가) 신탁 제도의 형성과 위탁자, 수익자, 수탁자의 관계 등장 → (다) 불안정한 지위의 수익자 → (나) 적극적인 권리 행사가 허용되지 않는 연금 제도에 기반한 신탁 원리 → (라) 연금 운용 권리를 현저히 약화시키는 신탁 원리와 그 대신 부여된 수탁자 책임의 문제점 순서로 배열하는 것이 적절하다.

18 정답 ①

제시된 글은 주로 '한 번 문이 열리면 다시 그 문을 닫기란 매우 어렵다.', '철학의 모험은 자주 거칠고 무한한 혼돈의 바다에 표류하는 작은 뗏목에 비유된다.' 등 비유적 표현으로 논의의 대상인 '철학의 특성(모험적 성격)'을 밝히고 있다.

19 정답 ④

글쓴이는 철학의 특성인 '모험성'과 '대가'를 알리기 위해 '동굴의 비유'를 인용하였다. 즉, '동굴 안'은 기존의 세계를, '동굴 밖'은 기존의 세계를 뛰어넘은 곳(진리의 세계)을, 동굴 안과 동굴 밖까지를 지나는 과정은 '모험'을 뜻한다고 볼 수 있다. 또한 동굴의 밖에 도달하여 과거 세계의 허구성을 아는 것을 '지식 획득'으로, 무지의 장막에 휩싸인 자들에게 받는 불신과 박해를 혹독한 '대가'라고 할 수 있는 것이다.

20 정답 ①

미를 도덕이나 목적론과 연관시킨 톨스토이나 마르크스와 달리 칸트는 미에 대한 자율적 견해를 지녔다. 즉, 미적 가치를 도덕 등 다른 가치들과 관계없는 독자적인 것으로 본 것이다. 따라서 문학작품을 감상할 때 다른 외부적 요소들은 고려하지 않고 작품 자체에만 주목하여 감상해야 한다는 절대주의적 관점이 이러한 칸트의 견해와 유사함을 추론할 수 있다.

02 수리능력

01	02	03	04	05	06	07	08	09	10	11	12	13	14	15	16	17	18	19	20
②	③	④	②	②	③	④	②	③	③	⑤	②	①	⑤	①	③	④	④	⑤	②

01 정답 ②

집에서 약수터까지의 거리는 $\frac{1}{2}\times(10\times60)=300$m, 동생의 속력은 $300\div(15\times60)=\frac{1}{3}$ m/s이다. 형이 왕복한 시간은 $10\times2=20$ 분이므로 형이 집에 도착할 때까지 동생이 이동한 거리는 $\frac{1}{3}\times(20\times60)=400$m이다. 따라서 동생이 집에서부터 떨어진 거리는 $300-100=200$m이다.

02 정답 ③

전체 8명에서 4명을 선출하는 경우의 수에서 남자만 4명을 선출하는 경우를 제외하면 된다.
$${}_8C_4 - {}_5C_4 = \frac{8\times7\times6\times5}{4\times3\times2\times1} - \frac{5\times4\times3\times2}{4\times3\times2\times1}$$
$$\therefore 70-5=65\text{가지}$$

03 정답 ④

진수, 민영, 지율, 보라 네 명의 최고점을 각각 a, b, c, d점이라고 하자.
$a+2b=10 \cdots \bigcirc$
$c+2d=35 \cdots \bigcirc\!\!\bigcirc$
$2a+4b+5c=85 \cdots \bigcirc\!\!\bigcirc\!\!\bigcirc$
ⓒ과 ㉠을 연립하면 $2\times10+5c=85 \rightarrow 5c=65 \rightarrow c=13$
c의 값을 ㉡에 대입하여 d를 구하면 $13+2d=35 \rightarrow 2d=22 \rightarrow d=11$
따라서 보라의 최고점은 11점이다.

04 정답 ②

• 산지에서 구매한 가격을 a라 하면

   협동조합이 도매상에 판매한 가격 : $\left(1+\frac{20}{100}\right)\times a=1.2a$

• 도매상의 판매가를 x라 하면 $\frac{80}{100}x=1.2a \rightarrow x=1.5a$

   소매상의 판매가 : $\left(1+\frac{20}{100}\right)\times1.5a=1.8a$

따라서 협동조합의 최초 구매가격 대비 80% 상승했다.

안심Touch

05 정답 ②

P지점에서 Q지점까지 가는 경우의 수와 S지점에서 R지점까지 가는 경우의 수를 곱하면 P지점에서 Q, S지점을 거쳐 R지점으로 가는 방법을 구할 수 있다.

P지점에서 Q지점으로 가는 최단거리 경우는 $\frac{5!}{3! \times 2!} = \frac{5 \times 4 \times 3 \times 2}{3 \times 2 \times 2} = 10$가지이고, S지점에서 R지점까지 가는 경우는 총 $\frac{3!}{2!} = 3$가지이다. 따라서 P지점에서 Q, S지점을 거쳐 R지점으로 가는 경우의 수는 모두 $10 \times 3 = 30$가지이다.

06 정답 ③

일본에 수출하는 용접 분야 기업의 수는 96개이고, 중국에 수출하는 주조 분야 기업의 수는 15개이므로 $96 \div 15 = 6.4$이다. 따라서 7배가 되지 않는다.

오답분석

① 열처리 분야 기업 60개 중 13개 기업이므로 $\frac{13}{60} \times 100 = 21.67\%$이므로 20% 이상이다.

② 금형 분야 기업의 수는 전체 기업 수의 40%인 1,016개보다 적으므로 옳은 설명이다.

④ 소성가공 분야 기업 중 미국에 수출하는 기업의 수(94개)가 동남아에 수출하는 기업의 수(87)보다 많다.

⑤ 주조 분야 기업 중 일본에 24개의 기업이 수출하므로 가장 많은 기업이 수출하는 국가이다.

07 정답 ④

• 준엽 : 국내 열처리 분야 기업이 가장 많이 수출하는 국가는 중국(13개)이며, 가장 많이 진출하고 싶어 하는 국가도 중국(16개)으로 같다.

• 진경 : 용접 분야 기업 중 기타 국가에 수출하는 기업 수는 77개로, 용접 분야 기업 중 독일을 제외한 유럽에 진출하고 싶어 하는 기업의 수인 49개보다 많다.

오답분석

• 지현 : 가장 많은 수의 금형 분야 기업이 진출하고 싶어 하는 국가는 유럽(독일 제외)이다.

• 찬영 : 표면처리 분야 기업 중 유럽(독일 제외)에 진출하고 싶어 하는 기업은 13개로, 미국에 진출하고 싶어하는 기업인 7개의 2배인 14개 미만이다.

08 정답 ②

㉠ 근로자가 총 90명이고 전체에게 지급된 임금의 총액이 2억 원이므로 근로자당 평균 월 급여액은 $\frac{2억\ 원}{90명} = 222만$ 원이다. 따라서 평균 월 급여액은 230만 원 이하이다.

㉡ 월 210만 원 이상 급여를 받는 근로자 수는 $26 + 12 + 8 + 4 = 50$명이다. 따라서 총 90명의 절반인 45명보다 많으므로 옳은 설명이다.

오답분석

㉢ 월 180만 원 미만의 급여를 받는 근로자 수는 $6 + 4 = 10$명이다. 따라서 전체에서 $\frac{10}{90} = 11\%$의 비율을 차지하고 있으므로 올바르지 않은 설명이다.

㉣ '월 240만 원 이상 270만 원 미만'의 구간에서 월 250만 원 이상 받는 근로자의 수는 주어진 자료만으로는 확인할 수 없다. 따라서 올바르지 않은 설명이다.

09　정답　③

제품별 밀 소비량 그래프에서 라면류와 빵류의 밀 사용량의 10%는 각각 6.6톤, 6.4톤이다. 따라서 과자류에 사용될 밀 소비량은 총 $42+6.6+6.4=55$톤이다.

10　정답　③

A ~ D과자 중 밀을 가장 많이 사용하는 과자는 45%를 사용하는 D과자이고, 가장 적게 사용하는 과자는 15%인 C과자이다. 따라서 두 과자의 밀 사용량 차이는 $42\times(0.45-0.15)=42\times0.3=12.6$톤이다.

11　정답　⑤

주어진 〈조건〉에 따라 각 상품의 할인가 판매 시의 괴리율을 계산하면 다음과 같다.

• 세탁기 : $\frac{640,000-580,000}{640,000}\times100 \fallingdotseq 9.3\%$

• 무선전화기 : $\frac{181,000-170,000}{181,000}\times100 \fallingdotseq 6.0\%$

• 오디오세트 : $\frac{493,000-448,000}{493,000}\times100 \fallingdotseq 9.1\%$

• 골프채 : $\frac{786,000-720,000}{786,000}\times100 \fallingdotseq 8.3\%$

• 운동복 : $\frac{212,500-180,000}{212,500}\times100 \fallingdotseq 15.2\%$

따라서 상품 중 운동복의 괴리율이 15.2%로 가장 높다.

12　정답　②

ㄴ. 2016년과 2019년 처리 건수 중 인용 건수 비율은 2016년은 $\frac{3,667}{32,737}\times100 \fallingdotseq 11.20\%$, 2019년은 $\frac{3,031}{21,080}\times100 \fallingdotseq 14.38\%$로 2019년과 2016년 처리 건수 중 인용 건수 비율의 차이는 $14.38-11.20=3.18\%$p이다.

[오답분석]

ㄱ. 기타처리 건수의 전년 대비 감소율은 다음과 같다.

• 2017년 : $\frac{12,871-16,674}{16,674}\times100 \fallingdotseq -22.81\%$

• 2018년 : $\frac{10,166-12,871}{12,871}\times100 \fallingdotseq -21.02\%$

• 2019년 : $\frac{8,204-10,166}{10,166}\times100 \fallingdotseq -19.30\%$

따라서 기타처리 건수의 감소율은 매년 감소하였다.

ㄷ. 소성합의 선수의 저리 선수 대비 비율은 2017년은 $\frac{2,764}{28,744}\times100 \fallingdotseq 9.62\%$로, 2018년의 $\frac{2,644}{23,573}\times100 \fallingdotseq 11.22\%$보다 낮다.

ㄹ. 조정합의 건수 대비 의견표명 건수 비율은 2016년은 $\frac{467}{2,923}\times100 \fallingdotseq 15.98\%$, 2017년은 $\frac{474}{2,764}\times100 \fallingdotseq 17.15\%$, 2018년은 $\frac{346}{2,644}\times100 \fallingdotseq 13.09\%$, 2019년은 $\frac{252}{2,567}\times100 \fallingdotseq 9.82\%$이다.

조정합의 건수 대비 의견표명 건수 비율이 높은 순서로 나열하면 2017년 – 2016년 – 2018년 – 2019년이다. 또한, 평균처리일이 짧은 해 순서로 나열하면 2017년 – 2019년 – 2016년 – 2018년이다. 따라서 평균처리일 기간과 조정합의 건수 대비 의견표명 건수 비율의 순서는 일치하지 않는다.

13 정답 ①

• 남자의 고등학교 진학률 : $\dfrac{861,517}{908,388} \times 100 \fallingdotseq 94.8\%$

• 여자의 고등학교 진학률 : $\dfrac{838,650}{865,323} \times 100 \fallingdotseq 96.9\%$

14 정답 ⑤

공립 중학교의 남녀별 졸업자 수가 알려져 있지 않으므로 계산할 수 없다.

15 정답 ①

2018년 3개 기관의 전반적 만족도의 합은 6.9+6.7+7.6=21.2이고 2019년 3개 기관의 임금과 수입 만족도의 합은 5.1+4.8+4.8=14.7이다. 따라서 2018년 3개 기관의 전반적 만족도의 합은 2019년 3개 기관의 임금과 수입 만족도의 합의 $\dfrac{21.2}{14.7} \fallingdotseq$ 1.4배이다.

16 정답 ③

2019년에 기업, 공공연구기관의 임금과 수입 만족도는 전년 대비 증가하였으나, 대학의 임금과 수입 만족도는 감소했으므로 옳지 않은 설명이다.

오답분석

① 2018년, 2019년 현 직장에 대한 전반적 만족도는 대학 유형에서 가장 높은 것을 확인할 수 있다.
② 2019년 근무시간 만족도에서는 공공연구기관과 대학의 만족도가 6.2로 동일한 것을 확인할 수 있다.
④ 사내분위기 측면에서 2018과 2019년 공공연구기관의 만족도는 5.8로 동일한 것을 확인할 수 있다.
⑤ 2019년 직장유형별 근무시간에 대한 만족도의 전년 대비 감소율은 다음과 같다.

• 기업 : $\dfrac{6.5-6.1}{6.5} \times 100 \fallingdotseq 6.2\%$

• 공공연구기관 : $\dfrac{7.1-6.2}{7.1} \times 100 \fallingdotseq 12.7\%$

• 대학 : $\dfrac{7.3-6.2}{7.3} \times 100 \fallingdotseq 15.1\%$

따라서 옳은 설명이다.

17 정답 ④

2016년부터 2018년까지 경기 수가 증가하는 스포츠는 배구와 축구 2종목이다.

오답분석

① 2016년 농구 경기 수의 전년 대비 감소율은 $\dfrac{413-403}{413} \times 100 \fallingdotseq 2.4\%$이며, 2019년 농구 경기 수의 전년 대비 증가율은 $\dfrac{410-403}{403} \times 100 \fallingdotseq 1.7\%$이다. 따라서 2016년 농구 경기 수의 전년 대비 감소율이 더 높다.
② 2015년 농구와 배구의 경기 수 차이는 413-226=187회이고, 야구와 축구의 경기 수 차이는 432-228=204회이다. 따라서 $\dfrac{187}{204} \times 100 \fallingdotseq 91.7\%$이므로 90% 이상이다.

③ 5년 동안의 종목별 스포츠 경기 수 평균은 다음과 같다.

- 농구 : $\dfrac{413+403+403+403+410}{5}=406.4$회

- 야구 : $\dfrac{432+442+425+433+432}{5}=432.8$회

- 배구 : $\dfrac{226+226+227+230+230}{5}=227.8$회

- 축구 : $\dfrac{228+230+231+233+233}{5}=231.0$회

따라서 야구 평균 경기 수는 축구 평균 경기 수의 약 1.87배로 2배 이하이다.

⑤ 2019년 경기 수가 5년 동안의 각 종목별 평균 경기 수보다 적은 스포츠는 야구이다.

18　정답 ④

한 달을 기준으로 S씨가 지출하게 될 자취방 월세와 자취방에서 대학교까지 왕복 시 거리비용을 합산하면 다음과 같다.

- A자취방 : $330,000+(1.8\times2,000\times2\times15)=438,000$원
- B자취방 : $310,000+(2.3\times2,000\times2\times15)=448,000$원
- C자취방 : $350,000+(1.3\times2,000\times2\times15)=428,000$원
- D자취방 : $320,000+(1.6\times2,000\times2\times15)=416,000$원
- E자취방 : $340,000+(1.4\times2,000\times2\times15)=424,000$원

따라서 S씨가 선택할 수 있는 가장 저렴한 비용의 자취방은 D자취방이다.

19　정답 ⑤

D대리의 청렴도 점수를 a로 가정하고, 승진심사 평점 계산식을 세우면

$60\times0.3+70\times0.3+48\times0.25+a\times0.15=63.6$점 $\rightarrow$ $a\times0.15=12.6$ $\rightarrow$ $a=\dfrac{12.6}{0.15}=84$

따라서 D대리의 청렴도 점수는 84점임을 알 수 있다.

20　정답 ②

B과장의 승진심사 평점은 $80\times0.3+72\times0.3+78\times0.25+70\times0.15=75.6$점이다.

따라서 승진후보에 들기 위해 필요한 점수는 $80-75.6=4.4$점임을 알 수 있다.

03 문제해결능력

01	02	03	04	05	06	07	08	09	10	11	12	13	14	15	16	17	18	19	20
①	①	③	②	①	④	①	①	④	②	④	②	②	②	③	③	①	②	①	⑤

01 정답 ①

제시된 신제품 판매 동향 보고서를 보면 판매 부진 원인은 독특한 향 때문인 것으로 나타났다. 그러므로 독특한 향을 개선, 즉 제품 특성을 개선하면 판매 부진을 면할 수 있을 것이다.

02 정답 ①

B는 피자 두 조각을 먹은 A보다 적게 먹었으므로 피자 한 조각을 먹었다. 또한 네 사람 중 B가 가장 적게 먹었으므로 D는 반드시 두 조각 이상 먹어야 한다. 따라서 A는 두 조각, B는 한 조각, C는 세 조각, D는 두 조각의 피자를 먹었다.

03 정답 ③

가입금액 한도 내에서 보상하되 휴대품손해로 인한 보상 시, 휴대품 1개, 또는 1쌍에 대해서만 20만 원 한도로 보상한다.

04 정답 ②

제시된 자료를 이용해 원격훈련지원금 계산에 필요한 수치를 정리하면 다음과 같다.

구분	원격훈련 종류별 지원금	훈련시간	훈련수료인원	기업 규모별 지원 비율
X기업	5,400원	6시간	7명	100%
Y기업	3,800원	3시간	4명	70%
Z기업	11,000원	4시간	6명	50%

세 기업의 원격훈련지원금을 계산하면 다음과 같다.
- X기업 : $5,400 \times 6 \times 7 \times 1 = 226,800$원
- Y기업 : $3,800 \times 3 \times 4 \times 0.7 = 31,920$원
- Z기업 : $11,000 \times 4 \times 6 \times 0.5 = 132,000$원

따라서 올바르게 짝지어진 것은 ②이다.

05 정답 ①

배정하는 방 개수를 x개라 하고 신입사원 총인원에 대한 방정식을 세우면 $4x + 12 = 6(x-2)$ → $2x = 24$ → $x = 12$개
따라서 신입사원들이 배정받는 방은 12개이고, 신입사원은 총 60명이다.

06 정답 ④

알파벳 순서에 따라 숫자로 변환하면 다음과 같다.

a	b	c	d	e	f	g	h	i	j	k	l	m
1	2	3	4	5	6	7	8	9	10	11	12	13
n	o	p	q	r	s	t	u	v	w	x	y	z
14	15	16	17	18	19	20	21	22	23	24	25	26

intellectual의 품번을 규칙에 따라 정리하면 다음과 같다.

- 1단계 : 9, 14, 20, 5, 12, 12, 5, 3, 20, 21, 1, 12
- 2단계 : $9+14+20+5+12+12+5+3+20+21+1+12=134$
- 3단계 : $|(14+20+12+12+3+20+12)-(9+5+5+21+1)|=|93-41|=52$
- 4단계 : $(134+52) \div 4+134=46.5+134=180.5$
- 5단계 : 180.5의 소수점 이하 첫째 자리에서 버림하면 180이다.

따라서 제품의 품번은 180이다.

07 정답 ①

세 번째와 다섯 번째 조건으로부터 A사원은 야근을 3회, 결근을 2회 하였고, 네 번째와 여섯 번째 조건으로부터 B사원은 지각을 2회, C사원은 지각을 3회 하였다. C사원의 경우 지각을 3회 하였으므로 결근과 야근을 각각 1회 또는 2회 하였는데, 근태 총 점수가 −2점이므로 지각에서 −3점, 결근에서 −1점, 야근에서 +2점을 얻어야 한다. 마지막으로 B사원은 결근을 3회, 야근을 1회 하여 근태 총 점수가 −4점이 된다. 이를 표로 정리하면 다음과 같다.

(단위 : 회)

구분	A	B	C	D
지각	1	2	3	1
결근	2	3	1	1
야근	3	1	2	2
근태 총 점수(점)	0	−4	−2	0

따라서 C사원이 지각을 가장 많이 하였다.

08 정답 ①

07번의 결과로부터 A사원과 B사원이 지각보다 결근을 많이 하였음을 알 수 있다.

09 정답 ④

오답분석

① 자사의 유통 및 생산 노하우가 부족하다고 분석하였으므로 적절하지 않다.
② 디지털마케팅 전략을 구사하기에 역량이 미흡하다고 분석하였으므로 적절하지 않다.
③ 분석 자료를 살펴보면, 경쟁자 중 상위업체가 하위업체와의 격차를 확대하기 위해서 파격적인 가격정책을 펼치고 있다고 하였으므로 적절하지 않다.
⑤ 브랜드 경쟁력을 유지하기 위해 20대 SPA 시장 진출이 필요하며, 자사가 높은 브랜드 이미지를 가지고 있다는 내용은 자사의 상황분석과 맞지 않는 내용이므로 적절하지 않다.

10 정답 ②

A호텔 연꽃실은 2시간 이상 사용할 경우 추가비용이 발생하고, 수용 인원도 부족하다. B호텔 백합실은 1시간 초과 대여가 불가능하며, C호텔 매화실은 이동수단을 제공하지만 수용 인원이 적절하지 않다. 나머지 C호텔 튤립실과 D호텔 장미실을 비교했을 때, C호텔의 튤립실은 예산초과로 예약할 수 없으므로 이 대리는 대여료와 수용 인원의 조건이 맞는 D호텔 연회장을 예약하면 된다. 따라서 이 대리가 지불해야 하는 예약금은 D호텔 대여료 150만 원의 10%인 15만 원이다.

11 정답 ④

예산이 200만 원으로 증액되었을 때, 조건에 해당하는 연회장은 C호텔 튤립실과 D호텔 장미실이다. 예산 내에서 더 저렴한 연회장을 선택해야 한다는 조건이 없고, 이동수단이 제공되는 연회장을 우선적으로 고려해야 하므로 이 대리는 C호텔 튤립실을 예약할 것이다.

12 정답 ②

B는 뒷면을 가공한 이후 A의 앞면 가공이 끝날 때까지 5분을 기다려야 한다. 즉, 뒷면 가공 → 5분 기다림 → 앞면 가공 → 조립이 이루어지므로 총 45분이 걸리고, 유휴 시간은 5분이다.

13 정답 ②

두 번째, 다섯 번째 조건과 여덟 번째 조건에 따라 회계직인 D는 미국 서부의 해외사업본부로 배치된다.

14 정답 ②

주어진 〈조건〉에 따르면 가능한 경우는 총 2가지로 다음과 같다.

구분	인도네시아	미국 서부	미국 남부	칠레	노르웨이
경우 1	B	D	A	C	E
경우 2	C	D	B	A	E

㉠ 경우 2로 B는 미국 남부에 배치된다.
㉣ 경우 1, 2 모두 노르웨이에는 항상 회계직인 E가 배치된다.

[오답분석]
㉡ 경우 1로 C는 칠레에 배치된다.
㉢ 경우 1일 때, A는 미국 남부에 배치된다.

15 정답 ③

B안의 가중치는 전문성인데 자원봉사제도는 (−)이므로 부당한 판단이다.

16 정답 ③

〈조건〉에 의해서 각 팀은 새로운 과제를 3, 2, 1, 1, 1개 맡아야 한다. 기존에 수행하던 과제를 포함해서 한 팀이 맡을 수 있는 과제는 최대 4개라는 점을 고려하면 다음과 같은 경우가 나온다.

구분	기존 과제 수	새로운 과제 수		
(가)팀	0	3	3	2
(나)팀	1	1	1	3
(다)팀	2	2	1	1
(라)팀	2	1	2	1
(마)팀	3	1		

ㄱ. a는 새로운 과제 2개를 맡는 팀이 수행하므로 (나)팀이 맡을 수 없다.
ㄷ. 기존에 수행하던 과제를 포함해서 2개 과제를 맡을 수 있는 팀은 기존 과제 수가 0개이거나 1개인 (가)팀과 (나)팀인데 위의 세 경우 모두 2개 과제를 맡는 팀이 반드시 있다.

오답분석
ㄴ. f는 새로운 과제 1개를 맡는 팀이 수행하므로 (가)팀이 맡을 수 없다.

17 정답 ①

구매방식에 따른 구매가격은 다음과 같다.

• 스마트폰 앱 : $30,000 \times \left(1 - \dfrac{25}{100}\right) = 22,500원$

• 전화 : $(30,000 - 3,000) \times \left(1 - \dfrac{10}{100}\right) = 24,300원$

• 회원카드와 쿠폰 : $30,000 \times \left(1 - \dfrac{15}{100}\right) \times \left(1 - \dfrac{10}{100}\right) = 22,950원$

• 직접방문 : $30,000 \times \left(1 - \dfrac{30}{100}\right) + 3,000 = 24,000원$

• 교환권 : 24,000원

따라서 스마트폰 앱을 이용해 구매하는 것이 가장 저렴하다.

18 정답 ②

(현재의 운행비용) $= 20 \times 4 \times 3 \times 100,000 = 24,000,000원$

운송횟수는 12회, 물량은 기존의 1일 운송량은 $12 \times 1,000 = 12,000$상자이다.

차량 적재율이 1,000상자에서 1,200상자로 늘어나므로 $12,000 \div 1,200 = 10$회의 운행으로 가능하다.

이때, 개선된 운행비용은 $20 \times 10 \times 100,000 = 20,000,000원$이다.

그러므로 그 차액은 $24,000,000 - 20,000,000 = 4,000,000원$이다.

19 정답 ①

첫 번째 조건에서 원탁 의자에 임의로 번호를 적고 회의 참석자들을 앉혀 본다.

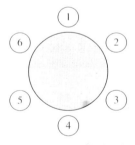

네 번째 조건에서 A와 B 사이에 2명이 앉으므로 임의로 1번 자리에 A가 앉으면 4번 자리에 B가 앉는다. 그리고 B자리 바로 왼쪽에 F가 앉기 때문에 F는 5번 자리에 앉는다. 만약 6번 자리에 C 또는 E가 앉게 되면 2번과 3번 자리에 D와 E 또는 D와 C가 나란히 앉게 되어 세 번째 조건에 부합하지 않는다. 따라서 6번 자리에 D가 앉아야 하고 두 번째 소건에서 C가 A 옆자리에 있어야 하므로 2번 자리에 C가, 나머지 3번 자리에는 E가 앉게 된다.

따라서 나란히 앉게 되는 참석자들은 선택지 중 A와 D이다.

20 정답 ⑤

E는 교양 수업을 신청한 A보다 나중에 수강한다고 하였으므로 목요일 또는 금요일에 강의를 들을 수 있다. 이때, 목요일과 금요일에는 교양 수업이 진행되므로 'E는 반드시 교양 수업을 듣는다.'의 ⑤는 항상 참이 된다.

오답분석

① A가 수요일에 강의를 듣는다면 E는 교양 2 또는 교양 3 강의를 들을 수 있다.
② B가 수강하는 전공 수업의 정확한 요일을 알 수 없으므로 C는 전공 1 또는 전공 2 강의를 들을 수 있다.
③ C가 화요일에 강의를 듣는다면 D는 교양 강의를 듣는다. 이때, 교양 수업을 듣는 A는 E보다 앞선 요일에 수강하므로 E는 교양 2 또는 교양 3 강의를 들을 수 있다.

구분	월(전공 1)	화(전공 2)	수(교양 1)	목(교양 2)	금(교양 3)
경우 1	B	C	D	A	E
경우 2	B	C	A	D	E
경우 3	B	C	A	E	D

④ D는 전공 수업을 신청한 C보다 나중에 수강하므로 전공 또는 교양 수업을 들을 수 있다.

04 정보능력

01	02	03	04	05	06	07	08	09	10
④	①	②	②	①	⑤	③	⑤	③	①

01 정답 ④

전략정보시스템은 기업의 전략을 실현하여 경쟁우위를 확보하기 위한 목적으로 사용되는 정보시스템으로 기업의 궁극적 목표인 이익에 직접 영향을 줄 수 있는 시장점유율 향상, 매출신장, 신상품 전략, 경영전략 등의 전략계획에 도움을 준다.

오답분석

① 비즈니스 프로세스 관리 : 기업 내외의 비즈니스 프로세스를 실제로 드러나게 하고, 비즈니스의 수행과 관련된 사람 및 시스템을 프로세스에 맞게 실행·통제하며, 전체 비즈니스 프로세스를 효율적으로 관리하고 최적화할 수 있는 변화 관리 및 시스템 구현 기법
② 전사적정보 : 인사·재무·생산 등 기업의 전 부문에 걸쳐 독립적으로 운영되던 각종 관리시스템의 경영자원을 하나의 통합시스템으로 재구축함으로써 생산성을 극대화하려는 경영혁신기법
③ 경영정보시스템 : 기업 경영정보를 총괄하는 시스템으로서 의사결정 등을 지원하는 종합시스템
⑤ 의사결정지원시스템 : 컴퓨터의 데이터베이스 기능과 모델 시뮬레이션 기능을 이용하여 경영의 의사결정을 지원하는 시스템

02 정답 ①

정보화사회란 정보가 사회의 중심이 되는 사회로서 기술과 정보통신을 활용하여 사회 각 분야에서 필요로 하는 가치 있는 정보를 창출하고, 보다 유익하고 윤택한 생활을 영위하는 사회로 발전시켜 나가는 사회를 의미한다.

03 정답 ②

창 나누기를 수행하면 셀 포인터의 왼쪽과 위쪽으로 창 구분선이 표시된다.

04 정답 ②

반복적인 작업을 간단히 실행키에 기억시켜 두고 필요할 때 빠르게 바꾸어 사용하는 기능은 매크로이며, 같은 내용의 편지나 안내문 등을 여러 사람에게 보낼 때 쓰이는 기능은 메일 머지이다.

05 정답 ①

인쇄 영역에 포함된 도형, 차트 등의 개체는 기본적으로 인쇄가 된다.

06 정답 ⑤

• MAX : 최댓값을 구한다.
• MIN : 최솟값을 구한다.

07 정답 ③

SUM 함수는 인수들의 합을 구할 때 사용한다.
• [B12] : 「=SUM(B2:B11)」
• [C12] : 「=SUM(C2:C11)」

오답분석

① REPT : 텍스트를 지정한 횟수만큼 반복한다.
② CHOOSE : 인수 목록 중에서 하나를 고른다.
④ AVERAGE : 인수들의 평균을 구한다.
⑤ DSUM : 지정한 조건에 맞는 데이터베이스에서 필드 값들의 합을 구한다.

08 정답 ⑤

• COUNTIF : 지정한 범위 내에서 조건에 맞는 셀의 개수를 구한다.
• 함수식 : =COUNTIF(D3:D10, "＞＝2018-07-01")

오답분석

① COUNT : 범위에서 숫자가 포함된 셀의 개수를 구한다.
② COUNTA : 범위가 비어 있지 않은 셀의 개수를 구한다.
③ SUMIF : 주어진 조건에 의해 지정된 셀들의 합을 구한다.
④ MATCH : 배열에서 지정된 순서상의 지정된 값에 일치하는 항목의 상대 위치 값을 찾는다.

09 정답 ③

오답분석

①・② AND 함수는 인수의 모든 조건이 참(TRUE)일 경우에 성별을 구분하여 표시할 수 있으므로 적절하지 않다.
④ 함수식에서 "남자"와 "여자"의 입력 순서가 바뀌었다.
⑤ 함수식에서 "2"와 "3"이 아니라, "1"과 "3"이 입력되어야 한다.

10 정답 ①

「=CHOOSE(MID(B3, 2, 1), "홍보팀", "기획팀", "교육팀")」

05 대인관계능력

01	02	03	04	05	06	07	08	09	10
④	③	③	②	⑤	③	①	⑤	⑤	②

01 정답 ④

스스로 하는 일이 없고, 제 몫의 업무를 제대로 수행하지 못하는 A사원은 수동형에 가깝다고 볼 수 있다.

멤버십의 유형

구분	자아상	동료 및 리더의 시각	조직에 대한 자신의 느낌
소외형	• 자립적인 사람 • 일부러 반대의견 제시 • 조직의 양심	• 냉소적 • 부정적 • 고집이 셈	• 자신을 인정해주지 않음 • 적절한 보상이 없음 • 불공정하고 문제가 있음
순응형	• 기쁜 마음으로 과업 수행 • 팀플레이를 함 • 리더나 조직을 믿고 헌신함	• 아이디어가 없음 • 인기 없는 일은 하지 않음 • 조직을 위해 자신과 가족의 요구를 양보함	• 기존 질서를 따르는 것이 중요 • 리더의 의견을 거스르는 것은 어려운 일임 • 획일적인 태도 및 행동에 익숙함
실무형	• 조직의 운영방침에 민감 • 사건을 균형 잡힌 시각으로 봄 • 규정과 규칙에 따라 행동함	• 개인의 이익을 극대화하기 위한 흥정에 능함 • 적당한 열의와 평범한 수완으로 업무 수행	• 규정준수를 강조 • 명령과 계획의 빈번한 변경 • 리더와 부하 간의 비인간적 풍토
수동형	• 판단, 사고를 리더에게 의존 • 지시가 있어야 행동	• 지시를 받지 않고 스스로 하는 일이 없음 • 제 몫을 하지 못함 • 업무 수행에는 감독이 필요	• 조직이 나의 아이디어를 원치 않음 • 노력과 공헌을 해도 아무 소용이 없음 • 리더는 항상 자기 마음대로 함
주도형	• 우리가 추구하는 유형, 모범형 • 독립적·혁신적 사고 • 적극적 참여와 실천		

02 정답 ③

'썩은 사과의 법칙'에 따르면, 먼저 A사원에게 문제 상황과 기대하는 바를 분명히 전한 뒤 스스로 변화할 기회를 주어야 한다.

03 정답 ③

오답분석

ⓒ 인간관계에서의 커다란 손실은 사소한 것으로부터 비롯되기 때문에 사소한 일에 대한 관심을 두는 것은 매우 중요하다.

ⓔ 거의 모든 대인관계에서 나타나는 어려움은 역할과 목표에 대한 갈등과 애매한 기대 때문에 발생한다. 신뢰의 예입은 처음부터 기대를 분명히 해야 가능하다.

대인관계능력 향상 방안
• 상대방에 대한 이해심 · 사소한 일에 대한 관심
• 약속의 이행 · 기대의 명확화
• 언행일치 · 진지한 사과

04 정답 ②

대화를 통해 부하직원인 A씨 스스로 업무성과가 떨어지고 있고, 업무방법이 잘못되었음을 인식시켜서 이를 해결할 방법을 스스로 생각하도록 해야 한다. 이후 B팀장이 조언하며 A씨를 독려한다면, B팀장은 A씨의 자존감과 자기결정권을 침해하지 않으면서, A씨 스스로 책임감을 느끼고 문제를 해결할·가능성이 높아지게 된다.

오답분석
① 징계를 통해 억지로 조언을 듣도록 하는 것은 자존감과 자기결정권을 중시하는 A씨에게 적절하지 않다.
③ 칭찬은 A씨로 하여금 자신의 잘못을 인식하지 못하도록 할 수 있어 적절하지 않다.
④ 자존감과 자기결정권을 중시하는 A씨에게 강한 질책은 효과적이지 못하다.
⑤ A씨가 자기 잘못을 인식하지 못한 상태로 시간만 흘러갈 수 있다.

05 정답 ⑤

현상을 유지하고 조직에 순응하려는 경향은 반임파워먼트 환경에서 나타나는 모습이다.

임파워먼트 환경의 특징
• 업무에 있어 도전적이고 흥미를 가지게 된다.
• 학습과 성장의 기회가 될 수 있다.
• 긍정적인 인간관계를 형성할 수 있다.
• 개인들이 조직에 공헌하며 만족하는 느낌을 가질 수 있다.
• 자신의 업무가 존중받고 있음을 느낄 수 있다.

06 정답 ③

6만 원에 사고자 했던 B씨의 제안에 대해 협상을 통해 6만 5천 원에 거래하였음을 볼 때, ③은 적절하지 않은 설명이다.

오답분석
① A씨의 협상전략은 자신의 양보만큼 상대방의 양보도 요구하는 상호 교환적인 양보전략으로 볼 수 있다.
② 한 벌 남은 옷이라는 점과 손님에게 잘 어울려서 싸게 드린다는 점으로 B씨로 하여금 특별한 대우를 받았다고 느끼게 하였다.
④ 6만 원에 사고 싶어했던 B씨와 6만 5천 원에 거래를 성사시키면서 B씨의 양보를 이끌어 내는 데 성공했다고 볼 수 있다.
⑤ 한 벌 남은 옷이라는 점을 내세우면서 자신에게 중요한 것을 양보하는 것처럼 협상했다고 볼 수 있다.

07 정답 ①

B사원은 A대리가 느끼는 부담감을 알지 못하거나 인지하고는 있지만 어떻게 해야 할지 모르는 상황일 수도 있다. 이럴 때는 서로 마음을 터놓고 이야기하며 함께 해결하고자 하는 태도를 가져야 한다.

08 정답 ⑤

마지막 헤밍웨이의 대답을 통해 위스키 회사 간부가 협상의 대상인 헤밍웨이를 분석하지 못하였음을 알 수 있다. 헤밍웨이의 특징, 성격 등을 파악하고 헤밍웨이로 하여금 신뢰감을 느낄 수 있도록 협상을 진행하였다면 협상의 성공률은 올라갔을 것이다.

09 정답 ⑤

화가 난 고객을 대응하는 데 있어서는 먼저 고객을 안정시키는 것이 최우선이며, 이후에 고객이 이해할 수 있는 수준의 대응을 제시한다.

10 정답 ②

전체적인 대화 내용을 살펴보면, 고객이 자신이 주문한 제품이 언제 배송이 되는지를 문의하고 있다. 특히, 고객의 대화 내용 중 '아직도, 배송이 안됐어요. 배송이 왜 이렇게 오래 걸리나요?'라는 부분에서 배송에 대한 불만을 표하고 있음을 알 수 있다. 이 같은 고객 불만을 응대할 경우에는 고객에게 불편을 끼친 부분에 대해서 양해를 먼저 구하는 것이 기본적인 응대 방법이다. 따라서 업무 처리 전에 '먼저 불편을 드려서 죄송합니다.'라는 식으로 고객의 감정에 동의하는 말을 하는 것이 적절하다.

좋은 책을 만드는 길
독자님과 함께하겠습니다.

도서나 동영상에 궁금한 점, 아쉬운 점, 만족스러운 점이
있으시다면 어떤 의견이라도 말씀해 주세요.
시대고시기획은 독자님의 의견을 모아 더 좋은 책으로 보답하겠습니다.

www.sidaegosi.com

2021 대전도시철도공사 일반직 · 공무직 채용 일반상식 + NCS

초 판 발 행	2021년 10월 15일 (인쇄 2021년 10월 07일)
발 행 인	박영일
책 임 편 집	이해욱
저 자	SD적성검사연구소
편 집 진 행	김준일 · 김은영 · 남민우 · 신수연 · 김유진
표지디자인	김지수
편집디자인	배선화 · 윤준호
발 행 처	(주)시대고시기획
출 판 등 록	제10-1521호
주 소	서울시 마포구 큰우물로 75 [도화동 538 성지 B/D] 9F
전 화	1600-3600
팩 스	02-701-8823
홈 페 이 지	www.sidaegosi.com
I S B N	979-11-383-0932-5
정 가	18,000원